Georg Souvignier / Frank Vogelsang

Leben, sterben – und dann?

Georg Souvignier / Frank Vogelsang

Leben, sterben – und dann?

Die Deutsche Nationalbibliothek verzeichnet diese Publikation
in der Deutschen Nationalbibliographie; detaillierte bibliographische
Daten sind im Internet über www.dnb.de abrufbar

wbg Academic ist ein Imprint der wbg

Die Herausgabe des Werkes wurde durch die
Vereinsmitglieder der wbg ermöglicht.
Umschlagsabbildung: Hieronymus Bosch – art database, Public Domain,
https://commons.wikimedia.org/w/index.php?curid=147990
Satz und eBook: Satzweiss.com Print, Web, Software GmbH
Gedruckt auf säurefreiem und
alterungsbeständigem Papier
Printed in Germany

Besuchen Sie uns im Internet: www.wbg-wissenverbindet.de

ISBN 978-3-534-40764-4

Elektronisch ist folgende Ausgabe erhältlich:
eBook (PDF): 978-3-534-40765-1

Inhalt

Frank Vogelsang, Georg Souvignier

Leben, Sterben – und dann? Eine Einführung

Das kirchliche Magazin „Chrismon" hat im Frühjahr 2022 eine repräsentative Umfrage zu den Vorstellungen von Menschen in Deutschland über den Zustand nach dem Tod durchgeführt. Das Ergebnis zeigte vor allem, wie unterschiedlich diese Vorstellungen heute sind: Für die einen leben die Toten in der Erinnerung der Lebenden weiter, für andere ist der Tod einfach unwiderruflich das Ende, ein spurloses Vergehen, für eine weitere Gruppe gehen die Toten in den alles umfassenden Naturkreislauf von Werden und Vergehen auf, wiederum andere behaupten schließlich die Unsterblichkeit der Seele oder erwarten ein letzten Gericht. Offenkundig ist, dass es keine für alle gültige Vorstellung über den Zustand nach dem Tod gibt. Die Bindung an bestimmte kulturell oder religiös vorgegebene Vorstellungen hat in unserer Gesellschaft stark nachgelassen. Diese Freiheit lässt aber jede Antwort unsicherer werden, jede Überzeugung, jede Festlegung hat mögliche Alternativen. Das Verhältnis von Leben und Tod ist für die meisten so fragwürdig geworden, dass die wenigsten darüber reden. Der Tod mag in aktuellen Unterhaltungsformaten wie den allgegenwärtigen Krimis eine Rolle spielen, in der Lebenswelt der Menschen ist er kaum ein Thema. Die Zurückhaltung gegenüber einer Thematisierung des Todes hängt mit der Individualisierung der Vorstellungen über den Tod zusammen, die gemeinsame Grundlage für ein offenes Gespräch oder eine kulturelle Auseinandersetzung wird immer kleiner.

Der vorliegende Band dokumentiert die interdisziplinäre Tagung „Leben, Sterben – und dann?", die im Spätsommer 2021 in der Bischöflichen Akademie des Bistums Aachen in Kooperation mit der Evangelischen Akademie im Rheinland und der Stiftung „Theologie und Natur" stattgefunden hat. Es ging in dieser Diskussion nicht darum, eine für alle gültige Antwort zu finden. Vielmehr war es das Ziel, unterschiedliche Zugänge und Vorstellungen kennenzulernen und zu diskutieren und damit der geschilderten kulturellen Zurückhaltung gegenüber einer Diskussion über den Tod etwas entgegenzusetzen.

Menschliches Leben findet nicht in sich selbst genüge, sondern fragt über sich hinaus. Der Tod bleibt deshalb auch in der gegenwärtigen Lebenswelt eine befragungswürdige Größe. In der Auseinandersetzung mit dem Thema Tod sind existentielle Fragen des Lebens berührt. Schon wenn wir nach dem Leben fragen, fragen wir auch zugleich nach seiner Grenze. Die Grenze des Lebens nennen wir traditionell „den Tod". Wie auch immer wir die Frage beantworten wollen, was das Leben ist, so müssen wir uns auch zu seiner Begrenztheit verhalten. Doch ist die Grenze des Lebens nicht klar definierbar. In dem Titel der Tagung und dieses Buches liegt das Gewicht auf dem offenen Ende „- und dann?".

Der Ausdruck „Tod" weist auf etwas anderes als den Prozess des Sterbens am Ende des Lebens. Letzteren kann man naturwissenschaftlich-medizinisch detailliert untersuchen. Der Sterbeprozess ist ein Prozess der Auflösung der Integrität eines lebenden Organismus. Er ist aber ohne Zweifel Teil des Lebens. Die Diskussion um die Definition des „Hirntodes" zeigt, wie detailliert das moderne Wissen um den Sterbeprozess des Menschen geworden ist. Doch ist das Sterben in diesem Sinne ein kontinuierlicher Prozess, der keine klare eindeutige Grenze, schon gar keinen Übergang kennt. Der Begriff „Tod" ist aber gerade dadurch ausgezeichnet, dass er eine klare Unterscheidung zum Leben setzt. Wo Leben ist, ist nicht der Tod und umgekehrt. Darauf bezieht sich im Kern das klassische Argument des griechischen Philosophen Epikur: Angst vor dem Tod müsse niemand haben, denn wo der Tod ist, hat das Leben geendet, und wo Leben ist, ist der Tod noch nicht. Das Rätselhafte des Todes steckt also schon in der Vorstellung, dass er ein Anderes gegenüber dem Leben markiert, von dem wir als Lebende nichts wissen können.

Der eingeführte Begriff „Tod" ist nur scheinbar präzise, es bleibt unklar, worum es hier überhaupt geht. Wenn wir den Begriff „Tod" nutzen, haben wir unweigerlich eine schwer zu definierende Transzendenz berührt, sind wir über das Leben und auch den recht gut zu beschreibenden Sterbeprozess hinaus gegangen. Der Tod als solcher bleibt undefinierbar, ungreifbar. Das gilt sogar, wenn Vorstellungen über ein Jenseits noch gar nicht berührt sind.

Die christliche Rede von der Auferstehung ist dementsprechend auch kein festes Konzept, sondern der Versuch einer Bearbeitung von offenen Fragen, wie der Tod zu deuten ist. Die Botschaft ist hier: Gott hat die Bedrohung des Todes überwunden. Der Tod hat nicht das letzte Wort. Angesichts des dargestellten Rätsels, das der Tod für uns darstellt, ist die Rede von der Auferstehung eine Weise, mit diesem Rätsel umzugehen. Der Tod, interpretiert als mächtige und endgültige Grenze, ist durch die Auferstehung Christi überwunden. Diese Aussage löst das Rätsel des Todes nicht auf, sie betont nur, dass Gottes Zuwendung stärker ist als der Tod.

Der Philosoph **Manfred Stöckler** zeichnet in seinem Beitrag die sehr unterschiedlichen Antworten der Geschichte der europäischen Philosophie nach. Die Pluralität der Antworten, die es heute gibt, ist nicht so erstaunlich, wenn man sich die Vielfalt der Antworten in der Kulturgeschichte vor Augen führt. Sowohl in der Antike als auch in der Zeit, die der Renaissance folgte, gab es sehr unterschiedliche Vorstellungen über den Zustand nach dem Tod. Ein berühmtes Konzept zur Bewältigung der Frage nach dem Verhältnis von Leben und Tod ist schon sehr früh, schon bei Platon, die Vorstellung einer unsterblichen Seele. Es beantwortet die Frage nach der Kontinuität, die über den Tod hinaus reichen soll: Der Tod ist nicht absolut, er wird verstanden als der Trennungsort von Körper und Seele. Das heißt, dass das, was die Identität eines Menschen ausmacht, über den Tod hinaus erhalten bleibt. Dem gegenüber gab es schon in der Antike sehr andere Konzepte, etwa bei Epikur oder anderen Naturphilosophen. Sie lehnten ein Seelenkonzept ab und sahen in dem Leben einen materiellen Naturprozess, der mit einem irreversiblen Ende abschließt. Durch die christliche Mission überwog im Mittelalter die Vorstellung der Auferstehung des Fleisches, das mehr meint als eine Kontinuität der Seele. Der Mensch muss sich nach dem Tod vor Gottes Gericht bewähren. Erst in der Renaissance brach die geschlossene Konzeption wieder auf, Alternativen wurden denkbar. In der

Moderne werden vor allem existenzphilosophische Ansätze diskutiert, die die individuelle Beziehungssetzung von Tod und Leben thematisieren. Ist der Tod ein Übel? Die Frage wird aktuell diskutiert, denn offenkundig ist der Tod immer auch eine Infragestellung von Sinn-Erfahrungen im Leben. Die Aufgabe der Philosophie kann nicht darin bestehen, letzte Antworten zu geben, vielleicht eher darin, falsche Einstellungen und Vorstellungen in der Auseinandersetzung mit letzten Antworten zu kritisieren.

Die Antworten auf die Fragen nach dem Tod leiten sich immer auch aus den herrschenden Weltbildern ab. Mit dem Aufkommen der Naturwissenschaften gibt es deshalb eine große Skepsis gegenüber traditionellen metaphysischen Antworten. Viel plausibler erscheinen im naturwissenschaftlichen Zeitalter Antworten, die sich in der einen oder anderen Weise aus empirischen Untersuchungen ableiten können. Doch wie aber soll eine naturwissenschaftliche Empirie möglich sein, wo das Leben aufhört und es per definitionem keine Erfahrungen mehr gibt?

Der Biologe **Jörg Mey** nähert sich der Thematik der Grenze des Lebens über eine Analyse der Alterungsprozesse. Zu Beginn macht er allerdings eine wichtige Einschränkung: Der Tod tritt nicht nur durch Alterung ein, sondern auch durch äußere Einwirkungen, Unfälle, Krankheiten. Doch das endliche Leben ist unmittelbar mit dem Altern verbunden, das Altern kennzeichnet eine zunächst einmal unüberwindbare biologische Lebensgrenze, während Krankheiten und Unfälle immer auch vermieden werden könnten. Gibt es aber Möglichkeiten, auf die scheinbar unausweichlichen Alterungsprozesse Einfluss zu nehmen? Der Organismus ist im Alter immer weniger in der Lage, geschädigte Zellen zu ersetzen. Mey konzentriert sich auf die Zellebene und deren Veränderung im Laufe des Lebens. Er beschreibt Zellen, die nach vielen Teilungen ihre Funktion für den Organismus verlieren. Eine entscheidende Frage ist, warum die Zellen ihre Regenerationsfähigkeit verlieren. Mey ist grundsätzlich optimistisch, dass es gelingen kann, die Alterungsprozesse auf zellulärer Ebene entscheidend zu verzögern – eine Überwindung des Todes wäre das jedoch nicht. Aufgrund der Vielzahl der Faktoren und immer noch großer Risiken ist ein Durchbruch in kürzerer Zeit nicht zu erwarten. Doch auch wenn er gelänge, stellten sich ganz andere Fragen. Etwa die Frage der Gerechtigkeit, wer in den Genuss einer solchen, sicherlich aufwändigen und teuren Behandlung kommen kann.

Fred Salomon thematisiert den Sterbeprozess aus der Perspektive eines Intensivmediziners und Ethikers. Er stellt dar, wie in der hochkomplexen Umgebung einer intensivmedizinischen Betreuung mit dem Thema des Sterbens umgegangen wird. Hier kommt es sehr auf Regularien für die medizinische Betreuung an, bei der der Wille der Patientin, des Patienten berücksichtigt werden muss. Das ist für die moderne Medizin eine große Herausforderung, denn die Einrichtungen sind nicht auf die Begleitung in den Tod ausgerichtet, sondern darauf, Leben zu retten. Können kurative Ziele, die die Heilung anstreben, und palliative Ziele, die das Sterben begleiten, miteinander in Einklang gebracht werden? Salomon plädiert auch im Rahmen der Intensivmedizin für die Fähigkeit zur Akzeptanz der Endlichkeit des Lebens und damit auch einer Akzeptanz des Todes. Menschen, die in der intensivmedizinischen Behandlung von Patientinnen und Patienten arbeiten, benötigen eine gute Urteilskraft, um die Situationen zu identifizieren, in denen der eintretende Tod akzeptiert werden sollte. Jede Therapiebegrenzung setzt eine Akzeptanz des Todes voraus. Da so viele Menschen heute in Krankenhäusern sterben, muss eine Kultur des Sterbens auch dort etabliert werden.

Menschen, die dem Tod sehr nah waren, deren Vitalfunktionen versagten und die aufgrund der medizinischen Betreuung ins Leben zurückfanden berichten in einzelnen Fällen von besonderen und eindrücklichen Erfahrungen, die sie während dieser Phase gemacht haben. Sie sprechen dann oft von außerkörperlichem Erleben, einem Weg durch einen Tunnel oder einer Begegnung mit einem Licht. Dabei wird häufig betont, dass Worte das Erlebte nicht wirklich wiedergeben können. Ihre Erfahrungen und Berichte kann man als empirische Spuren und als Annäherungen an das deuten, was uns allen unbekannt ist. So argumentieren Betroffene von Nahtoderlebnissen. Der Philosoph, Theologe und Psychologe **Joachim Nicolay** geht in seinem Beitrag der Frage nach, wie die Menschen ihre Nahtoderfahrungen schildern, welche besonderen Bedingungen diesen Erfahrungen unterliegen. Manche Menschen berichten von Erfahrungen mit der Grenze. Lassen sich hieraus Aussagen über den Tod, über das Jenseits zum Leben ableiten?

Sind sie authentische Zeugnisse von Transzendenz- oder Jenseitserfahrungen, also von Erfahrungen jenseits der Todesgrenze? Es lassen sich offenkundig Elemente dieser Erfahrungen identifizieren, die nicht kulturspezifisch sind. Dies betrifft vor allem die Tiefenstruktur der Erlebnisschilderungen wie Übergangsphänomene und Tunnelerfahrungen. Die Erfahrungen haben oft eine religiöse Qualität. Eine Hermeneutik kann sich dem Geschilderten annähern, aber sie kann das Berichtete nicht ausdeuten. Am Ende stehen auch hier im Umgang mit dem Tod offene Fragen und ein Hinweis auf die Erklärungslücke.

Die Physikerin **Barbara Drossel** blickt in ihrem Beitrag über die naturwissenschaftlich orientierte Empirie von Sterbeprozessen hinaus und fragt nach der Vereinbarkeit der christlichen Auferstehungsaussage mit den Vorgaben der physikalischen Forschung. Die Vorstellung von der Auferstehung ist in der Moderne nur schwer vermittelbar, da sie vorauszusetzen scheint, dass bei der Auferstehung die Gesetze der Physik gebrochen werden. Eine entscheidende Frage ist, ob Jesus von Nazareth auferstanden sein kann. Ist dies als ein historisches Datum vorstellbar? Barbara Drossel plädiert in der Analyse physikalischer Gesetze dafür, dass diese Gesetze kontingente Ereignisse nicht ausschließen. Eine genauere Analyse zeigt, dass diese Naturgesetze ihrerseits kontingent sind. Drossel plädiert deshalb für eine nicht reduktive und nicht deterministische Sicht auf die Welt, die sich gegen die Verkürzung wendet, alles aus den Gesetzmäßigkeiten der kleinsten Teile ableiten zu wollen. So kann auch eine Kausalität denkbar werden, die von dem Umfassenderen auf seine Teile wirkt. Die Geschichte Gottes mit seiner Schöpfung gehört nach Drossel zu den umfassenderen Bedingungen der Geltung physikalischer Gesetze. Die leibliche Auferstehung wiederum gehört zur Geschichte Gottes, sie zeigt Gottes Ja zu seiner Schöpfung. In diesem Ja steckt damit eine Überwindung des Todes, die nicht den physikalischen Gesetzen widerspricht.

Die Grenze des Lebens, der Tod, bleibt trotz naturwissenschaftlicher Forschungen ungreifbar. Der Umgang mit der offenen Frage von Leben und Tod muss in jeder Kultur gestaltet werden. Es war schon für die antike Philosophie ein herausragendes Ziel, durch die Gestaltung des Lebens mit der Tatsache des Todes umgehen zu lernen. Die antike Philosophie war insofern immer auch Lebenskunst und diese impliziert eine Auseinandersetzung mit dem Tod. Nur so ist ein angemessenes Verständnis des Lebens möglich. Die gegenwärtige Kultur der westlichen Hemisphäre stellt allerdings nur wenige Ressourcen bereit, um die Frage zu artikulieren oder sie mit anderen zu teilen. Wichtige Spuren der zeitgenössischen Auseinandersetzung finden sich in der Kunst oder in der Literatur.

Die Zeichnungen von Martí Faber, von denen einige in diesem Buch abgebildet sind, thematisieren den Prozess des Sterbens und die Nähe des Todes auf eine sehr eindrückliche Weise. **Martí Faber** kommt mit ihren Zeichnungen den sterbenden Menschen sehr nah. Die Bilder zeigen Menschen, die in ihrer letzten Lebensphase kurz vor dem Tod stehen. Entstanden sind sie in Tagen und Wochen, in denen Martí Faber sie in einem Hospiz begleitete und Zeit mit ihnen verbrachte. **Ulrich Harbecke** interpretiert in seinem Beitrag das Schaffen der Künstlerin. Ein Mensch in der Nähe des Todes tritt aus den gesellschaftlichen Konventionen heraus, es zeigen sich archaische Dimensionen. Was Faber in der Begegnung mit diesen Menschen wahrnimmt und die Beziehung, die dabei entsteht, drückt sie zeichnerisch aus. So teilt sie mit ihnen das letzte Stück ihres Lebensweges. Was bleibt, sind Spuren dieses Beziehungsgeschehens. Sie sind eine Bejahung des Lebens ganz in der Nähe des Todes.

Ein anderer Weg, sich jener unbekannten Sphäre des Todes zu nähern, sind die Mittel literarischer Werke. Poetische und narrative Texte suchen oft die Grenze zu dem gerade noch Aussagbaren. Wo vertraute Worte versagen, experimentieren poetische Texte und Prosatexte mit neuen Wegen des Ausdrucks. Die Literaturwissenschaftlerin **Monika Fick** untersucht die Werke von Rainer Maria Rilke und Christoph Ransmayr auf ihre Aussagen über den Tod. Rilke konzentriert sich in radikaler Abwendung von Jenseitsvorstellungen auf den vorfindlichen „Weltinnenraum“. In dieser Welt gilt es nach Rilke, das Ich zu überschreiten, sich für das Empfangen von dem sensibel zu machen, was nicht Ich ist. Um dies zu erreichen, ist aber eine fundamentale Bejahung des Todes notwendig. Die Verbundenheit mit der Welt, mit dem Leben können nach Rilke nur die spüren, die auch bereit sind, den Schmerz des Todes zu akzeptieren. Gegen eine solche Kultivierung des Todes setzt Ransmayr eine archaische Vorstellung des Todes. Er ist Repräsentant einer verwilderten Natur, die nicht auf die Opfer schaut, sondern primitiven Trieben den Vorzug gibt. Die Natur ist erst einmal menschenfern. Sie kümmert sich nicht um Einzelschicksale. Trotz der unterschiedlichen Perspektiven streben beide Schriftsteller zu einer gelingenden Einbettung in die Natur, wenn der Mensch zu echter Selbsttranszendenz, das heißt auch der Akzeptanz des Todes, bereit ist.

Der Tod ist in dieser Hinsicht die radikale Infragestellung des einzelnen Menschen und seiner Identität. Mit jeder ernsthaften Diskussion des Todes stellt sich immer auch die Frage der oder des Teilnehmenden: „Wer bin ich, der ich lebe und irgendwann tot sein werde?" Antworten auf diese Frage müssen sich auch angesichts des eigenen Todes bewähren. Ist menschliche Identität zeitlich begrenzt, lässt sich eine solche kurze, ephemere Identität überhaupt bejahen, strebt nicht alles menschliche Leben nach Ewigkeit, nach Rettung vor dem vollständigen Verschwinden?

Auf die Frage nach der Bedrohung der Identität durch den Tod versucht gerade die christliche Theologie mit der Vorstellung der Auferstehung eine Antwort zu geben. Die Identität über den Tod hinaus ist in der christlichen Theologie nur von Gottes Handeln her zu bestimmen. Gottes Zusage, die in der Auferstehung seines Sohnes deutlich wird, gilt für alle Menschen. Doch sind damit nicht alle Fragen beantwortet, manche stellen sich eher in verschärfter Form. Wie soll denn die Kontinuität zwischen dem lebenden und dem toten Menschen gedacht werden? Wieso vergeht nicht mit dem Tod jede Identität, warum ist mit dem Leben nicht alles vorbei? Der evangelische Systematiker **Dirk Evers** sieht die Identität des Menschen durch Gottes Zusage gewahrt. Ihm geht es nicht um eine numerische oder qualitative Identität, die auch Dingen zugesprochen werden kann, sondern um die personale Identität. Nicht eine unabhängige Seele sichert die Identität über den Tod hinaus, die Zuwendung Gottes allein ist es. Damit wendet er sich gegen die Vorstellung einer Seele, die Trägerin der Identität über den Tod hinaus ist. Eine Form der Seelenlehre vertritt etwa der katholische Systematiker Matthias Reményi, der als Gesprächspartner ebenfalls an der Tagung teilgenommen hat: Wenn das Leben endet, so trifft das nur den Körper des Menschen. Jedoch besteht der Mensch nicht nur aus einem Körper, sondern auch aus einer formgebenden und das Sein verleihenden

Seele, die weiter bestehen bleibt. Sie ist in der Lage, die Identität des Menschen zu tragen. Nach Evers aber ist es allein Gottes Handeln, das die Identität sicherstellt. Ist die Identitätsbildung im Leben die Aufgabe des Menschen, so ruht sie nach dem Tod in dem Handeln Gottes. Dieser Wechsel impliziert auch den klassischen Gedanken des Gerichts: Ich muss mir sagen lassen, wer ich bin. Indem Gott das Integral der menschlichen Identität bildet, gerade auch durch die Berücksichtigung sozialer Beziehungen und der Vermeidung der Reduktion auf ein vereinzeltes Individuum, spricht er letztendlich das große Ja dem Menschen zu. Entscheidend für die christliche Theologie ist: Menschliche Identität knüpft an der selbstgestalteten Identität im Leben an, geht aber nach dem Tod über alle weltlich greifbaren Manifestationen hinaus.

Der Tod verliert auch durch eine multidiziplinare Diskussion wie in der Tagung „Leben, sterben – und dann?" seine Rätselhaftigkeit nicht. Aber die Spuren und Antwortversuche können sich vielleicht gegenseitig stärken und erhellen. Menschliche Kultur war und wird auch in Zukunft immer durch den Umgang mit der Frage nach dem Tod geprägt sein. Jede Kultur braucht dementsprechend Orte, an denen die Frage artikuliert werden kann. Das in diesem Buch dokumentierte Fachgespräch war ein solcher Ort. Vielleicht kann es Denkanstöße geben und weitere Gespräche anregen.

Manfred Stöckler

Der Tod als Thema der Philosophie

Sterben und Tod sind vielfach Thema von Literatur, Kunst und Wissenschaft und Gegenstand der Religions- und Kulturgeschichte. Der Tod ist auch in vielfältiger Weise Thema der Philosophie, ohne dass sich dafür eine eigene Unterdisziplin entwickelt hätte. Die Endlichkeit des menschlichen Lebens und der Umgang mit seinem Ende wurden und werden in der Philosophie vor dem Hintergrund unterschiedlicher historischer und systematischer Positionen diskutiert. In der Öffentlichkeit sind wohl insbesondere ethische Fragen wie die nach der Bewertung der Selbsttötung oder der Tötung auf Verlangen und Probleme des ärztlichen Handelns in Todesnähe präsent (Sterbehilfe, Todesdefinitionen, Hirntodkriterium).

In meinem Beitrag will ich vor allem auch – unserem Tagungsthema entsprechend – auf die Thematik einer Weiterexistenz nach dem Tod eingehen. Dabei soll deutlich werden, was das speziell Philosophische im theoretischen Umgang mit dem Tod ist. Wie bei jeder Charakterisierung des Vorgehens der Philosophie sind dabei Voraussetzungen eines bestimmten Philosophieverständnisses unvermeidbar. Ich versuche damit aber zurückhaltend zu sein. Auch die Themenauswahl in meinem Vortrag ist selektiv und subjektiv. Z. B. werden Fragen der Medizinethik nicht erörtert.[1] Die Themenauswahl ist u. a. durch meine Heimat in der theoretischen Philosophie bestimmt, beschränkt sich aber nicht auf theoretische Fragen. Dieser Zugang hat im Kontext dieses Bandes vielleicht einen gewissen Wert, weil dadurch Positionen ins Spiel kommen, die in der Theologie nicht immer im Blick sind, und zugleich philosophische Voraussetzungen in Frage gestellt werden, die dort zuweilen recht zügig akzeptiert werden.

1 Vgl. dazu z. B. Birnbacher, D., Tod, Berlin 2017, insbes. Kap. 2.

Meinen Beitrag beginne ich mit Überlegungen antiker Philosophen, die ein Spektrum auch heute noch relevanter Thesen präsentieren. Es schließt sich eine Auswahl an Positionen aus dem Mittelalter und der Neuzeit an, von denen mir Montaigne und Kant am wichtigsten sind. Weitere Abschnitte handeln von der Existenzphilosophie, die untersucht, welche Folgen unser Wissen über unseren Tod auf das „Leben im Schatten des Todes" hat, sowie von dem Disput zwischen Thomas Nagel und Bernard Williams, die in der Tradition der analytischen Philosophie über die Frage streiten, ob der Tod ein Übel ist. Danach folgt ein eher methodisches oder erkenntnistheoretisches Kapitel zum Beitrag der Philosophie zum Thema Tod. Dabei greife ich auch die Frage auf, warum sich gegenwärtig wichtige Hauptströmungen der Philosophie so schwer damit tun, die Möglichkeit eines Lebens nach dem Tode zu akzeptieren oder überhaupt in systematischer Weise zu erfassen. Die Frage nach einem Weiterleben nach dem Tod ist in der neueren Philosophie – sofern sie nicht religiös motiviert oder explizit christlich ist – nämlich eher ein Randthema. Das ist eine Herausforderung an eine christliche Theologie, die den Kontakt zur Philosophie nicht aufgeben will.

Dieser Überblick ist notwendig unvollständig. Man kann Autoren vermissen und die Darstellung an vielen Stellen als zu kursorisch und zu undifferenziert empfinden. Wer es genauer wissen will, muss sich mit den angegebenen Texten beschäftigen.[2]

1. Antike Philosophen über den Tod

Die ersten beiden Philosophen, die ich vorstellen will, haben einander entgegengesetzte Auffassungen von der Bedeutung des Todes und der Möglichkeit eines Weiterlebens nach dem Tod. Während Epikur in seinem materialisti-

---

2 Vgl. Wittwer, H. (Hg.), Der Tod. Philosophische Texte von der Antike bis zur Gegenwart, Stuttgart 2004 (mit informativen Einleitungen); Gehring, P., Theorien des Todes zur Einführung, Hamburg 2010 (historische Perspektive, Veränderungen der Todeskonzepte, auch medizinische und sozialwissenschaftliche Aspekte); Choron, J., Der Tod im abendländischen Denken, Stuttgart 1967. Hinweise gibt es auch in Handbüchern, z. B. Art. „Tod" in: Ritter, G./ Gründer, K. (Hg.), Historisches Wörterbuch der Philosophie, Bd. 10, Basel 1998, Sp. 1227–1242.

schen Weltbild die völlige Auslöschung der Seele lehrt, entwickelt Platon philosophische Argumente für die Unvergänglichkeit der Seele. Der Tod ist die Trennung der Seele vom Körper. Platon vertritt also eine dualistische Konzeption, Körper und Seele sind zwei ganz unterschiedliche Arten von Entitäten, und Seelen können unabhängig von materiellen Körpern existieren.

Platon (427–347) erörtert den Tod und damit verbunden den Seelenbegriff in vielen seiner Dialoge. Dabei greift er auf Lehren zurück, die er vorfindet, z. B. auf den Gedanken der Pythagoreer, dass der Körper gleichsam ein Gefängnis für die Seele sei, aus dem sie durch den Tod befreit wird.[3] Der Wert von Platons unterschiedlichen Argumenten für die Unvergänglichkeit der Seele besteht auch darin, dass in den verschiedenen Ansätzen jeweils näher bestimmt wird, was er unter „Seele" genauer versteht: Beseelt ist, was sich selbst bewegt, was lebendig ist, die Seele ist aber auch der Kern der Person, das „Ich" und der Ursprung von Handlungen.[4] Platons Annahme der Existenz einer unsterblichen Seele wird motiviert durch seine Ideenlehre und durch die Rolle, die Ideen als abstrakte Formen im Erkenntnisprozess spielen. Seine Vorstellung ist, dass die Seele eines Menschen schon vor seiner Geburt existiert und sie dann schon die Ideen „sieht" und kennenlernt, wodurch verschiedene Leistungen unseres Denkens erklärt werden können. In dieser Konzeption kann der Tod für den Philosophen etwas Gutes sein, weil der Körper ein Hindernis für die Erkenntnis der Ideen ist.

Platon setzt an verbreiteten Vorstellungen von der Weiterexistenz des Menschen nach dem Tode und einer Wiedergeburt der Seele an. Man könnte darin eine philosophische Explikation und argumentative Rechtfertigung solcher Überzeugungen sehen. Es ist eine schwierige Frage der Platon-Interpretation, wie wörtlich die Weiterexistenz der Seele als Träger der persönlichen Identität der Individuen zu verstehen ist. Sein Schüler Aristoteles wollte Platons Dualismus von Körper und Seele und insbesondere der Annahme der Weiterexistenz der individuellen Seele jedenfalls nicht folgen. Wichtig ist

---

3 Vgl. Gehring, Theorien des Todes (Fußnote 2), Kap. 1 insbes. zum Dialog Phaidon und zum Umfeld Platons.

4 Vgl. von Kutschera, F., Platon: Der Vorrang des Geistigen, in: Meixner, U./Newen, A. (Hg.), Seele, Denken, Bewusstsein, Berlin 2003, 1–19, und Graeser, A., Sophistik und Sokratik, Plato und Aristoteles, in: Röd, W. (Hg.), Geschichte der Philosophie, Band 2, München 1983, 172–177.

aber, dass eine der Auslegungstraditionen von Platons Seelenlehre die christliche Theologie lange Zeit stark beeinflusst hat. Platons Ausführungen sind weder reine Tröstungsliteratur noch überzeugen sie als zwingende Beweise. In bildhafter Redeweise – oft in Form eines Mythos – versucht er etwas Ungewisses in Annäherung zu erfassen.

Die Seele, die sich vom Körper gelöst hat, geht

> „zu dem ihr Ähnlichen, dem Unsichtbaren, zu dem Göttlichen, Unsterblichen, Vernünftigen, wohin gelangt ihr dann zuteil wird, glückselig zu sein, von Irrtum und Unwissenheit, Furcht und wilder Liebe und allen andern menschlichen Übeln befreit, indem sie, wie es bei den Eingeweihten heißt, wahrhaft die übrige Zeit mit Göttern lebt. Wollen wir so sagen, o Kebes, oder anders? – So, beim Zeus, sprach Kebes" (Phaidon, 81a).

Platons Seelenlehre erhält eine zusätzliche Plausibilität durch unsere alltägliche innere Erfahrung, in der uns Denken und Fühlen zunächst nicht als körperliche Prozesse erscheinen. Im Unterschied dazu geht Epikur (341–270) von einer durch Naturerfahrung geprägten Weltsicht aus, die ihn zu einer atomistischen Kosmologie und einem materialistischen Menschenbild führt. Darin ist für eine unsterbliche Seele und ein Weiterleben nach dem Tod kein Platz.[5] Epikur folgt der atomistischen Naturphilosophie Demokrits, die mit Platons Dualismus nicht vereinbar ist. Neben der Übereinstimmung mit dem Atomismus betrachtet Epikur als weiteren Vorzug seiner Lehre, dass durch sie den Menschen die Furcht vor dem Jenseits genommen werden kann, in dem gegebenenfalls schlimme Qualen drohen. Der Tod kann kein Übel, kann nichts Schlechtes sein, weil gut und schlecht in der Erfahrung liegt. Tod und Totsein kann aber nicht erfahren werden. In seinem Brief an Menoikeus begründet er, warum wir uns vor dem Tod nicht fürchten müssen:

> „Gewöhne dich an den Gedanken, dass der Tod uns nichts angeht. Denn alles Gute und alles Übel beruht auf Empfindung, der Tod aber ist der Verlust der Empfindung. Daher macht die rechte Einsicht, dass der Tod uns nichts angeht, das sterbliche Leben genussvoll, indem sie diesem nicht ein Dasein von unbegrenzter Dauer hinzufügt, sondern indem sie das Verlangen nach Unsterblichkeit beseitigt [...] Das schauerlichste Übel, der Tod, geht uns also nichts an.

---

5 Zu Epikur und Lukrez vgl. Choron, Der Tod im abendländischen Denken (Fußnote 2), 59–64.

Denn solange wir sind, ist der Tod nicht da, und sobald er da ist, sind wir nicht mehr. Folglich geht er weder die Lebenden an noch die Toten, denn die einen betrifft er nicht und die anderen sind nicht mehr."[6]

Dieser Gedanke klingt noch im 20. Jahrhundert bei Ludwig Wittgenstein nach: „Der Tod ist kein Ereignis des Lebens. Den Tod erlebt man nicht."[7] Epikurs Argument ist allerdings nicht unproblematisch. Ein Ereignis kann nicht nur dann ein Übel sein, wenn es zum Zeitpunkt seines Eintretens sinnlich erfahrbar ist.[8]

Bei Epikur wird deutlich, dass theoretische Fragen und praktische existenzielle Fragen miteinander verknüpft sind. Darin und in vielen anderen Hinsichten folgt ihm der römische Dichter und Philosoph Lukrez (96–55), der in seinem Lehrgedicht *De rerum natura* (Über die Natur der Dinge)[9] die Natur sprechen lässt:

„[...] Was bejammerst den Tod und beweinst du?
Denn wenn das Leben dir lieb gewesen, das früher geführte,
und nicht alle Genüsse, in lecke Gefäße geschüttet
gleichsam, flossen hindurch und danklos wurden zunichte,
warum gehst du nicht fort als ein Gast des Lebens, gesättigt,
und ergreifst nicht, o Tor, mit Gleichmut sichere Ruhe?"[10]

Lukrez weiß natürlich, dass wir uns mit dem Tod nicht leicht abfinden und uns nicht gut vorstellen können, eines Tages nicht mehr zu sein. Aber auch hier hat Lukrez ein theoretisches Argument zur Linderung einer existenziellen Bedrohung. Dieses Argument wird auch heute noch als „Symmetrieargument" diskutiert: Wir haben keine Einwände gegen die Nichtexistenz *vor* unserer Geburt. Die Nichtexistenz *nach* dem Tode ist der Nichtexistenz vor der Geburt in allen relevanten Hinsichten gleich. Also sollten wir auch keine Ein-

---

6 Hier zitiert aus Jürss, F./ Müller, R./ Schmidt, E. G./ Boer, E. (Hg.), Griechische Atomisten – Texte und Kommentare zum materialistischen Denken der Antike, Leipzig [4]1991, 236.

7 Wittgenstein, L., Tractatus logico-philosophicus 6.4311.

8 Das analysiert Michael Quante in: ders., Tod, wo ist Dein Stachel? Über einen Zusammenhang von Endlichkeit und personaler Lebensform des Menschen, Paderborn 2019, 39–40.

9 Alle Lukrez-Zitate in der Übersetzung von Büchner, K., Lukrez, De rerum natura, lat./deutsch, Stuttgart 1973.

10 De rerum natura, III (Fußnote 9), 933–938.

wände gegen die Nichtexistenz nach unserem Tode haben. Lukrez formuliert das Argument so:

> „Denke desgleichen daran, wie nicht vergangenes Alter
> ewiger Zeit je betraf uns damals, bevor wir geboren.
> Dies stellt nun die Natur als Spiegel der kommenden Zeiten
> uns vor Augen nach unserm Tod, wenn alles zu Ende,
> zeigt sich vielleicht etwas Schauriges dort, lässt sich Düsteres sehen
> irgend etwas, sind nicht freier von Sorgen als jeglicher Schlaf wir?"[11]

Auch dieses Argument ist problematisch: Entstehen und Vergehen sind nicht symmetrisch, z. B. bewirkt der Tod, dass zur Lebenszeit entwickelte Optionen nicht realisiert und während des Lebens entstandene Wünsche nicht erfüllt werden.[12] Durch unsere Geburt haben wir eine Ausrichtung auf die Zukunft, die die Symmetrie zwischen der Nichtexistenz vor der Geburt und der Nichtexistenz nach dem Tod bricht, jedenfalls im Hinblick darauf, wie wir während des Lebens die Endlichkeit unseres Daseins bewerten.

Mit der Vorstellung einer selbständigen Seele, die sich im Tod vom Körper trennt und der materialistischen Position der Atomisten, in der die Seele nach dem Tod nicht weiterexistiert, sind zwei grundlegende Positionen entwickelt, an die das philosophische Nachdenken in Zukunft anschließt. Ein reizvolles Beispiel ist Cicero (106–43), der sich im ersten Buch der Gespräche in Tusculum (Tusculanae Disputationes) mit dem Tod beschäftigt.[13] Dabei geht es zum einen um ein theoretisches Verständnis, wenn er auf Vorstellungen Platons zurückgreift, aber vor allem geht es ihm um ein gelingendes Leben und die dazu notwendige vernünftige Einstellung zum Tod. So schreibt Cicero:

> „In Wahrheit aber begegnet man dann dem Tode am gleichmütigsten, wenn sich das untergehende Leben an seinen eigenen Leistungen trösten kann.

---

[11] De rerum natura, III (Fußnote 9), 972–977.

[12] Vgl. auch hier Quante, Tod, wo ist Dein Stachel? (Fußnote 8), 40–46. Für das Symmetrie-Argument gibt es unterschiedliche Rekonstruktionen, in denen es unterschiedliche Überzeugungskraft entwickelt, vgl. Luper, S., Death, in: Stanford Encyclopedia of Philosophy, Fall 2021 edition, https://plato.stanford.edu/archives/fall2021/entries/death/, Abschnitt 5.2, Zugriff 23. Juni 2022.

[13] Vgl. dazu die lesenswerte Darstellung, Forschner, M., Eine humane Sicht des Endes, in: ders., Über das Handeln im Einklang mit der Natur, Darmstadt 1998, 142–165.

> Keiner hat zu kurz gelebt, der die Pflicht vollkommener Tugend vollkommen erfüllt hat. Mir selbst sind viele Situationen für meinen Tod zurechtgekommen. Hätte ich doch damals sterben können! Denn ich konnte nichts mehr dazu gewinnen, die Aufgaben des Lebens waren erfüllt, nur die Kämpfe mit dem Schicksal blieben übrig. Darum, wenn nur die Vernunftgründe allein nicht dazu führen, dass wir den Tod zu verachten vermögen, so wird doch das verflossene Leben es zustande bringen, dass wir den Eindruck haben, wir hätten genug und übergenug gelebt."[14]

Cicero berichtet ausführlich über unterschiedliche Vorstellungen über die Seele und ihr Schicksal nach dem Tode. Trotz aller Zweifel glaubt Cicero, dass die Seele den Tod überdauert, dass sittliche Größe den Menschen glücklich macht, dass ein göttlicher Sinn im Weltgeschehen waltet.[15] Eine solche Gelassenheit eines skeptischen Glaubens zeigt sich auch, wenn Cicero in einer anderen Schrift Cato den Älteren sagen lässt:

> „Aus diesen Gründen, lieber Scipio, [...] ist das Alter mir leicht, und zwar nicht nur unbeschwerlich, sondern sogar angenehm. Denn wenn ich mich darin irre, der ich glaube, dass die Seelen der Menschen unsterblich sind, so irre ich mich gerne und möchte auch nicht, dass mir dieser Irrtum, durch den ich mich freue, solange ich lebe, entwunden werde. Wenn ich aber als Toter, wie manche kleinlichen Philosophen meinen, nicht mehr empfinde und gewahre, dann fürchte ich nicht, dass diese Philosophen, wenn sie tot sind, diesen meinen Irrtum verlachen werden."[16]

Diese Einstellung ist sympathisch, aber sie begibt sich in die Nähe von Positionen, die durch den Vorwurf gefährdet sind, dass die theoretische Annahme der Unsterblichkeit der Seele mehr durch ihre erwünschten angenehmen Folgen als durch metaphysische Argumente begründet ist.

---

14 Cicero, Gespräche in Tusculum, Buch I, 109, zitiert nach der von O. Gigon herausgegeben Ausgabe Düsseldorf/Zürich 2003, 55.

15 Vgl. Forschner, Eine humane Sicht des Endes (Fußnote 13), 163.

16 Cicero, Cato maior de senectute XXIII, 85, hier zitiert nach Forschner, Eine humane Sicht des Endes (Fußnote 13), 164–165.

2. Umbrüche und Kontinuitäten

Die bisher dargestellten antiken Positionen stehen für unterschiedliche philosophische Zugangsweisen zum Tode, die in abgewandelter Form auch in der Gegenwart noch wichtig sind. Es wäre reizvoll, die Geschichte philosophischer Theorien über den Tod weiter im Detail zu verfolgen.[17] Ich muss mich hier auf wenige Anmerkungen zu Theorien aus der Spätantike, dem Mittelalter und der Neuzeit beschränken und dabei vieles auslassen, was für die europäische Geistes- und Kulturgeschichte wichtig ist.

Seit der Spätantike bis in die Neuzeit hinein ist Philosophie im Abendland vor allem christliche Philosophie. Die Entscheidung, die christliche Heilsbotschaft mit den Mitteln der weltlichen Vernunft und unter Verwendung von antiken und damit heidnischen Quellen zu formulieren, führt zu einem Theoriensystem, in dem Philosophie und Theologie nicht zu trennen sind. In diesem System fungieren die Bibel und die sich in einem langen Prozess ausbildende Lehrtradition der Kirche als weitere Quellen des Wissens. Auch wenn diese Lehren umfangreich institutionell und mit Machtinstrumenten geschützt wurden, darf man die Vielfalt der Denkansätze im Verlauf der Jahrhunderte und die Lebendigkeit der Auseinandersetzung darüber insbesondere auch zwischen den einzelnen Orden nicht unterschätzen. Die komplexe Verknüpfung von Offenbarung und Vernunft bestimmen auch die Theorien über den Tod, die hier nicht im Detail dargestellt werden können. Nach neutestamentlicher Botschaft hat Christus den Tod besiegt.[18] Die Gläubigen werden auferstehen und immer bei Gott sein. In der weiteren Entwicklung wird der Gedanke wichtig, dass das Schicksal der Menschen nach dem Tod davon abhängt, wie sie gelebt haben, und es werden Szenarien eines Jüngsten Gerichts ausgemalt. Hervorzuheben ist ein besonderes Merkmal der christlichen Todesvorstellung: Die Auferstehung ist nicht nur eine Auferstehung der Seele, sondern auch des „Fleisches", also des Körpers, wenn auch in

---

17 Unternommen hat das Petra Gehring in: dies., Theorien des Todes (Fußnote 2); vgl. auch Wittwer, Der Tod (Fußnote 2).

18 Bemerkenswert ist, dass der neutestamentliche Auferstehungsglaube nicht die Konzeption einer unsterblichen Seele im Sinne späterer philosophischer Theorieansätze voraussetzt.

verwandelter Form. Diese christliche Auferstehungshoffnung wurde von den Kirchenvätern und den Theologen des Mittelalters weiter spezifiziert. Dabei waren zunächst an Platons Dualismus orientierte Vorstellungen einflussreich, die aber nicht ganz bruchlos mit der biblischen Botschaft vereinbar sind. Insbesondere bereitete die Unsterblichkeit der Seele eine Reihe von Detailproblemen. Solche im engeren Sinn philosophische Herausforderungen ergaben sich auch, als Thomas von Aquin im 13. Jahrhundert den Seelenbegriff des Aristoteles zur Geltung brachte, der zur Konsequenz hatte, dass eine leiblose Seele nicht die ganze Person sein kann.[19]

Die Lehre, dass der Mensch als Einheit von Körper und Seele wieder auferweckt wird, ist einerseits ein bemerkenswerter Zug der christlichen Anthropologie, die hierin der Geringschätzung der Materie, die bestimmte Platoninterpretationen auszeichnet, letztlich nicht folgt. Die Auferstehung des Körpers wirft aber auch, wenn man sie im Detail durchdenkt, eine Reihe theoretischer Fragen auf, von denen einige schon bei Augustinus diskutiert werden: Menschen sterben als Frühgeburten, in der Blüte ihres Lebens oder im Greisenalter mit einem kranken und verfallenden Körper. Die Frage ist, in welchem Alter sich ihr Körper nach der Auferstehung befindet. Die Antwort von Augustinus zeigt, dass er, bei allen Schwierigkeiten, die man heute mit vielen seiner Theorien haben mag, ein kluger Kopf war: Die Menschen werden nach der Auferstehung in dem Alter sein, in dem auch Christus bei seiner Auferstehung war.[20] Dieses Detail zeigt, in welche Schwierigkeiten man gerät, wenn die bildhafte Rede über „das Leben danach" zu sehr mit den Vorstellungen des diesseitigen Lebens ausgemalt wird und dabei zugleich an strengen philosophischen, speziell erkenntnistheoretischen Begründungsansprüchen festgehalten wird.

In der Renaissance geht der Einfluss der christlichen Lehre auf die Philosophie des Todes zurück. Der Glaube kann die, auch durch die Lebensumstände geschürte, Todesfurcht nicht eindämmen, die kirchliche Betonung der Sterblichkeit des Menschen, die Drohungen des Jüngsten Gerichts und

[19] Siehe Art. „Tod", in: Ritter et al., Historisches Wörterbuch (Fußnote 2), Sp. 1230–1231.

[20] Vgl. Gehring, Theorien des Todes (Fußnote 2), 65. Die Überlegungen von Augustinus findet man im Gottesstaat (De civitate dei), Buch XXII, Kap. 12–16.

das Ausmalen ewiger Qualen im Jenseits unterlaufen den Trost der christlichen Botschaft.[21] In der Philosophie gibt es verschiedene Neuansätze. Dabei tritt die Verknüpfung von Sünde, Strafe und Tod in den Hintergrund.[22] Vergessene Autoren der Antike werden wieder gelesen. Das veranschaulicht u. a. der Essay „Philosophieren heißt sterben lernen" von Michel de Montaigne (1533–1592). Schon der Titel dieses Essays greift einen Gedanken von Platon und Cicero auf, im Text werden u. a. Lukrez, Horaz und Seneca zitiert. Vorstellungen über ein Jenseits spielen keine Rolle. Es geht um den rechten Umgang mit dem Tod während des Lebens. „Sterbenlernen bedeutet die Fähigkeit zu erlangen, den Tod gelassen zu erwarten und hinzunehmen. Diese Fähigkeit ist nach Montaigne eine notwendige Voraussetzung dafür, ein gelingendes Leben zu führen, das frei von Angst ist."[23] Montaigne schreibt:

> „Wann immer euer Leben endet, ist es vollendet. Die Nützlichkeit des Lebens liegt nicht in der Länge, sie liegt im Gebrauch: Mancher hat lange gelebt, der wenig gelebt hat. Geht deshalb achtsam mit ihm um, solang ihr da seid. Ob ihr genug gelebt habt, hängt von eurem Willen ab, nicht von der Zahl der Jahre. Dachtet ihr denn, ihr würdet niemals dort ankommen, wohin ihr zeitlebens unterwegs wart? Wie könnte es einen Weg geben, der nicht am Ziel endete! Und wenn es euch erleichtert, in Gesellschaft zu sein – nun, schließt sich nicht alle Welt eurem Gang an?"[24]

Dem Skeptiker Montaigne fehlt die sichere Erwartung des ewigen Lebens, dafür wird bei ihm die neue Lebenseinstellung der Renaissance mit ihrer Wertschätzung der Natur und der sinnlichen Erfahrung sichtbar.[25]

> „Ich will, dass der Tod mich beim Kohlpflanzen antreffe – aber derart, dass ich mich weder über ihn noch gar über meinen unfertigen Garten gräme."[26]

Die Philosophie der Neuzeit ist vor allem auch durch ihr Bestreben geprägt, die Quellen des Wissens zu prüfen und Methoden der Erkenntniskritik zu

21 Vgl. Choron, Der Tod im abendländischen Denken (Fußnote 2), 97–103.
22 Vgl. Gehring, Theorien des Todes (Fußnote 2), 75 und 80.
23 Wittwer, Der Tod (Fußnote 2), 96.
24 Essay 20, 1. Buch, zitiert nach de Montaigne, M., Essais, übersetzt von Hans Stillet, Frankfurt a. M. 1998, 51.
25 Choron, Der Tod im abendländischen Denken (Fußnote 2), 107.
26 Montaigne, Essay 20 (Fußnote 24), 49.

entwickeln. Der Rationalismus setzt dabei auf die Kraft der natürlichen Vernunft. In diesem Rahmen werden von verschiedenen Autoren rein philosophische Beweise für die Unsterblichkeit der Seele entwickelt.[27] René Descartes (1596–1650) vertritt z. B. einen Dualismus von Leib und Seele, die als Substanzen aufgefasst werden, welche unabhängig voneinander existieren können. Das ist für ihn die Grundlage für die Unsterblichkeit der Seele. Die Argumente, die im Rationalismus in Anschlag gebracht werden, sind ein kognitiv reizvolles Thema für eine Theoriegeschichte der Metaphysik, der Nutzen für die Hoffnung der Menschen auf ein Weiterleben nach dem Tod und auf ein Wissen über die Art dieser Weiterexistenz ist aber sehr beschränkt. Für die weitere Geschichte ist wichtig, dass in diesem Zusammenhang eine genauere Bestimmung darüber gebraucht und teilweise entwickelt wird, was man unter der Seele eigentlich versteht. Ist die Seele als Substanz zu denken, geht es um geistige Fähigkeiten, um die Einheit der inneren Erfahrung, um das Ich, um den Kern der Person? Die Klärung solcher Fragen beschäftigt auch noch die gegenwärtige Philosophie.

Im Gegensatz zum Rationalismus vertraut der Empirismus auf die Sinneserfahrung als Quelle und Prüfstein unseres Wissens. Ein prominenter Vertreter ist David Hume (1711–1776). Auf der Grundlage seiner empiristischen Erkenntnistheorie kritisiert er in seinem Essay „Über die Unsterblichkeit der Seele“ gängige philosophische Beweise für die Unsterblichkeit der Seele. Der Anspruch ist zunächst nur, zu zeigen, dass die Unsterblichkeit der Seele nicht mit Mitteln der Vernunft bewiesen werden kann. Die Schlusspassage des Essays, nach der diese „große und wichtige Wahrheit“ der Unsterblichkeit der Seele ausschließlich durch göttliche Offenbarung festgestellt werden kann, wird von vielen Kommentatoren aber als ironischer Hinweis darauf gesehen, dass es nach Hume keinen guten Grund für die Annahme der Unsterblichkeit der Seele gibt.[28]

---

[27] Vgl. Choron, Der Tod im abendländischen Denken (Fußnote 2), Abschnitte 12–15; Gehring, Theorien des Todes (Fußnote 2), Abschnitt 3.1; Art. „Unsterblichkeit“, in: Ritter, J./ Gründer, K./ Gabriel, G. (Hg.), Historisches Wörterbuch der Philosophie, Bd. 11, Basel 2001, Sp. 275–294, insbes. Abschnitt IV.

[28] Vgl. Wittwer, Der Tod (Fußnote 2), 120. Humes Essay findet man in Hume, D., Die Naturgeschichte der Religion, Hamburg 1984, 79–87. In dieser Sammlung gibt es auch eine Schrift zur Verteidigung des Suizids.

Bei Immanuel Kant (1724–1804) wird der Tod nicht wie etwa bei Montaigne existenziell, d. h. in seiner Bedeutung für die Lebensführung, thematisiert. Dementsprechend geht es Kant auch bei der Idee der Unsterblichkeit der Seele nicht um eine philosophische Stütze für religiösen Trost, sondern um eine Analyse des Begriffs der Seele, um eine Prüfung der in der Geschichte der Metaphysik vielfach unternommenen Beweise der Unsterblichkeit der Seele sowie um eine moralphilosophische Neubestimmung dieser Idee.

Auf der Grundlage seiner erkenntnistheoretischen Kritik an der rationalistischen Metaphysik widerlegt Kant die Argumente, die in der sog. Rationalen Psychologie für die Unsterblichkeit der Seele geführt wurden. Er weist ihnen Fehlschlüsse nach, die darauf beruhen, dass nicht zwischen verschiedenen Bedeutungen von „Subjekt" und „Denken" unterschieden wird. Es findet eine Verwechslung statt zwischen a) der inneren Erfahrung des Subjekts, das sich bei der Verbindung der Vorstellungen zur Einheit des Bewusstseins als etwas Identisches erlebt, und b) der Vorstellung einer Seele als objekthafter Substanz.[29]

Über die Seele und ihre Unsterblichkeit kann man nach Kant nicht in gleicher Weise Wissen haben wie über Gegenstände der Erfahrung. Er rechtfertigt die Hoffnung auf die Unsterblichkeit der Seele und die Unzerstörbarkeit der Person auf einem anderen Weg, der nicht vom Wissen, sondern vom moralischen Bewusstsein ausgeht. Die Annahme der Unsterblichkeit der Seele ist dabei nicht Ausdruck eines Wunschdenkens, sondern, so Kant, ein „Postulat der praktischen Vernunft".[30] Der Grundgedanke ist dieser: Als vernunftbegabtes Wesen sind wir uns des moralischen Gesetzes der reinen praktischen Vernunft („Sittengesetz") und seiner objektiven Gültigkeit bewusst. Daher erkennen wir die Verbindlichkeit unbedingter moralischer Pflichten

[29] Hinweise zu Details des einschlägigen Paralogismenkapitels der Kritik der reinen Vernunft findet man in der Kant-Literatur, z. B. bei Mohr, G., Immanuel Kant, Theoretische Philosophie. Texte und Kommentar, Band 3, Frankfurt a. M. 2004, 284.

[30] Für einen Zugang zu den einschlägigen Schriften Kants vgl. z. B. Höffe, O., Immanuel Kant, München 1983, 248–252, und die prägnante Darstellung der Argumentationsidee in Löffler, W., Einführung in die Religionsphilosophie, Darmstadt 2019, 119–122.

an. Nun sind wir Menschen im irdischen Leben aber zum einen moralisch unvollkommen: Vollkommene Sittlichkeit ist nur denkbar als unendlicher Fortschritt, und diesen kann es nur als unbegrenzte Weiterexistenz geben. Zum anderen fordert die Vernunft als „höchstes Gut" die „genaue [...] Übereinstimmung der Glückseligkeit mit der Sittlichkeit"[31]. Kant nennt dies „ein a priori notwendiges Objekt unseres Willens"[32]. Ein notwendiger Zusammenhang zwischen Tugend und Glück ist in der Sinnenwelt – also in unserem irdischen Leben – aber ausgeschlossen und Moralität ist nur da möglich, wo wir nicht aus subjektivem Glücksstreben handeln. Da nun die Proportionalität von Tugend und Glück wiederum nur unter der Bedingung unendlicher Fortexistenz vernünftiger Wesen als möglich gedacht werden kann, ist die Annahme der Unsterblichkeit der Seele nach Kant ein Postulat der reinen praktischen Vernunft und als solches ein praktisch-notwendiger „Vernunftglaube". So folgt die Überzeugung, dass wir als handelnde Wesen nach dem Tod weiter existieren, Kant zufolge aus der Analyse der Voraussetzungen, die notwendig sind, um uns als Wesen verstehen zu können, die sittlich handeln können und ethische Ansprüche an uns selbst und an andere haben. Über die Art der Existenz nach dem Tode wird darüber hinaus nichts weiter ausgeführt. Voraussetzung ist aber die Annahme, dass wir (auch) „intelligible" Wesen sind, d. h. Wesen, die (auch) in einer nicht vollständig durch Raum, Zeit und Kausalität bestimmten Welt existieren.

Das philosophische Interesse beginnt sich damit auf der theoretischen Seite deutlicher aus der Metaphysik in die Philosophie des Geistes zu verschieben, d. h. auf die Frage, wie Denken und Fühlen mit dem materiellen Körper zusammenhängen. Insgesamt treten eher praktische Fragen nach der Lebensführung von handelnden und reflektierenden moralischen Wesen in den Vordergrund. Das 19. Jahrhundert diskutiert vielfältige Lehren über die individuelle Fortexistenz der Menschen, auch im Lichte der Naturphilosophie und der Biologie sowie im sozialen Kontext.[33]

---

31 Kant, I., Kritik der praktischen Vernunft, Gesammelte Schriften, „Akademieausgabe", AA 5:125.

32 Ebd., AA 5:114.

33 Vgl. Gehring, Theorien des Todes (Fußnote 2), 101–117; Art. „Unsterblichkeit" im Historischen Wörterbuch (Fußnote 27), Sp. 288–290.

Nach materialistischer Auffassung, die sich im 19. Jahrhundert im Fahrwasser des Siegeszugs der Naturwissenschaften verbreitet, gibt es neben der Welt in Raum und Zeit keine zweite Welt, wie man sie für eine Existenz nach dem Tod annehmen müsste. Einflussreich war insbesondere die Kritik, die Ludwig Feuerbach (1804–1872) an Konzeptionen der Unsterblichkeit übte. In seinem Weltbild gibt es keine Grundlage für eine jenseitige Welt, und er kritisiert die Lehren der christlichen Theologie. Im Zuge seiner Religionskritik gibt Feuerbach darüber hinaus eine Erklärung für die Entstehung und die Verbreitung des Glaubens an die Weiterexistenz des Menschen nach dem Tod, den man in vielen Kulturen finden kann. Diese Erklärung ist anthropologisch, sie stützt sich auf ein Menschenbild, das durch Tätigkeit und Zukunftsorientierung geprägt ist: Wir Menschen leben mit dem Blick auf die Zukunft, diese Orientierung wird über den Tod hinaus verlängert und auf die Zeit nach dem Tod projiziert[34] und erweist sich so als eine Illusion.

> „Das Jenseits ist [...] seiner psychologischen Genesis und Notwendigkeit nach nichts anderes als die Vorstellung der Zukunft, die aber der Mensch als einen von der wirklichen Zukunft unterschiedenen Zustand hypostasiert [vergegenständlicht], verselbständigt [...]."[35]

Daraus folgt die Empfehlung, unsere Sterblichkeit zu akzeptieren. Das bezieht sich aber nur auf den „naturgemäßen" Tod am Ende eines langen Lebens: Wir müssen versuchen, alles zu vermeiden, was zu einem vorzeitigen Tod führt.

> „Der naturgemäße Tod, *der* Tod, der das Resultat der vollendeten Lebensentwicklung [ist], ist kein Übel; aber wohl der Tod, der eine Folge der Not, des Lasters, des Verbrechens, der Unwissenheit, der Rohheit [ist]. Diesen Tod schafft aus der Welt oder sucht ihn wenigstens soviel als möglich zu beschränken."[36]

---

34 Vgl. die Einführung bei Wittwer, Der Tod (Fußnote 2), 138–139, und die Darstellung in Choron, Der Tod im abendländischen Denken (Fußnote 2), 194–206.

35 Feuerbach, L., Die Unsterblichkeitsfrage vom Standpunkt der Anthropologie, in: Kleinere Schriften III (1846–1850), hg. von W. Schuffenhauer, Berlin 1971, 319, hier zitiert nach Wittwer, Der Tod (Fußnote 2), 139.

36 Ebd., 214, wieder zitiert nach Wittwer, Der Tod (Fußnote 2), 139 (mit zwei Ergänzungen).

So geht seine philosophische Reflexion über den Tod zusammen mit einer Kritik der sozialen und politischen Verhältnisse.

3. Leben mit der Endlichkeit

Spätestens seit dem Ausgang des 19. Jahrhunderts werden in der Philosophie metaphysische Fragen wie die nach der Weiterexistenz der Seele in einem Jenseits kaum noch diskutiert. Die erkenntnistheoretischen Hauptströmungen der Philosophie jener Zeit bestreiten die Möglichkeit oder jedenfalls die Erkennbarkeit einer jenseitigen Welt und einer Weiterexistenz nach dem Tode.[37] Dieser Wegfall der Transzendenz und der Hoffnung auf ein Weiterleben kann dazu führen, alles für sinnlos zu halten und in Hoffnungslosigkeit zu verfallen. Michael Quante spricht treffend von einer fundamentalen Alternative für den philosophischen Umgang mit dem Tod:

> „Entweder sucht man nach Spuren der Transzendenz und Weisen, der Endlichkeit zu entkommen. Oder man entwirft eine Konzeption der personalen Lebensführung für endliche Wesen, in welcher radikale Endlichkeit ohne Auswege und ohne Ausweichstrategien akzeptiert oder hingenommen werden."[38]

Beispiele für den zweiten Weg findet man insbesondere auch in der Existenzphilosophie, die nicht nach abstrakten metaphysischen Konstruktionen, sondern vor allem nach Bedeutung und Sinnentwürfen konkreter menschlicher Existenzen strebt. Konzeptionen für ein gutes Lebens unter der Annahme, dass der Tod das absolute Ende eines menschlichen Lebens ist, wurden allerdings schon in der Antike entwickelt.[39] Wir werden einen Blick darauf werfen, welche neuen Aspekte das 20. Jahrhundert beitragen kann.

Als Beispiel sollen uns die Analysen von Martin Heidegger (1889–1976) zur Bedeutung des Todes für das Dasein des Menschen dienen. Diese Analysen sind nicht als psychologische Lebensberatung gedacht. Sie sind in einem komplexen Gedankengebäude und in einer intensiven Auseinandersetzung

---

37 Vgl. Art. „Unsterblichkeit" im Historischen Wörterbuch (Fußnote 27), Sp. 290.

38 Quante, Tod, wo ist Dein Stachel? (Fußnote 8), 78.

39 Vgl. z. B. Wittwer, H., Philosophie des Todes, Stuttgart 2009, 54–58.

mit der Geschichte der abendländischen Philosophie verankert, die hier nicht dargestellt werden können, zumal Heidegger sie seinen LeserInnen in seiner sehr eigenwilligen Terminologie präsentiert. Ich versuche die Folgerungen für unser Thema kurz zu umreißen.[40]

Thematisiert wird nicht der Tod allgemein, sondern der jeweils eigene Tod eines individuellen Menschen. Der Tod prägt die eigene Existenz. Der Einzelne muss sich die Endlichkeit seines Lebens vor Augen führen und gedanklich vorwegnehmen, dass das eigene Leben ein Ende haben wird. Dieses Ende gleicht nicht dem Endpunkt eines Weges, sondern es bestimmt durch das Bewusstsein der Endlichkeit das gesamte Leben. „Das endliche sterbliche Leben als Ganzes zu erfassen heißt, es in dieser spannungsvollen Gerichtetheit zu seinem Ende hin, von seinem Ende her zu begreifen.“[41] Das menschliche Leben ist auf die Zukunft und auf die Verwirklichung von Möglichkeiten ausgerichtet. Am Ende gibt es aber keine neuen Projekte und keine Möglichkeiten mehr. Es braucht Mut, sich der Möglichkeit des Nicht-mehr-Seins zu stellen, den Tod nicht zu verdrängen und gerade dadurch sein eigenes Leben zu finden. Unser Tod geht uns in jedem Augenblick unseres Lebens etwas an. Die Auseinandersetzung damit gibt unserem Leben Ernst und ist etwas Gutes.

Mit Blick auf Heidegger und im Widerspruch zu ihm bestreitet Jean-Paul Sartre (1905–1980), dass der Tod das ist, was dem Leben Sinn gibt. Wir können den Tod nicht durch seine Erwartung in unseren Existenzentwurf einbeziehen. Der Tod ist ein Ereignis, das von außen kommt und nicht in den Sinnzusammenhang unseres eigenen Lebens integriert werden kann.[42]

---

40 Die wichtigsten Passagen finden sich in der Schrift „Sein und Zeit“. Für eine erste knappe Einführung und für weitere Hinweise vgl. Gehring, Theorien des Todes (Fußnote 2), 149ff., und Angehrn, E., Vom Anfang und Ende. Leben zwischen Geburt und Tod, Frankfurt a. M. 2020, 179–182. Siehe auch Quante, Tod, wo ist Dein Stachel? (Fußnote 8) 51–57 (u. a. mit Hinweisen zu Heideggers Betonung der Zukunftsorientierung des Menschen und zu der mit dem Tod verbunden Angst), die Darstellungen bei Choron, Der Tod im abendländischen Denken (Fußnote 2), 131–171, und Schumacher, B., Der Tod in der Philosophie der Gegenwart, Darmstadt 2004, 89–111.

41 Angehrn, Vom Anfang und Ende (Fußnote 40), 182.

42 Vgl. zu Sartre die Einleitung und die Ausschnitte aus Sartres „Das Sein und das Nichts“ in Wittwer, Der Tod (Fußnote 2), 216–217, ausführlich zu Sartre:

Michael Quante setzt sich in einer kurzen Schrift zugleich konstruktiv und kritisch mit der Existenzphilosophie auseinander und entwickelt daraus eine eigene Konzeption, die einen Zusammenhang von Personsein und dem Wissen um den Tod herstellt.[43] Quante kritisiert - mit Karl Jaspers - die Betonung, die bei Heidegger und Sartre auf der Vereinzelung und der Isolation des einzelnen Menschen angesichts des Todes liege, und betont, dass wir soziale und auf Kommunikation angelegte Wesen sind.[44] Daraus folgt die Idee einer personalen Lebensform, die die Endlichkeit radikal ernst nimmt. Die philosophische Explikation dieser Position

> „[...] beruht auf dem Entschluss – im Sinne einer Dezision –, der eigenen Endlichkeit nicht durch den Sprung in die Transzendenz auszuweichen und dennoch an dem Projekt einer verantwortlichen, solidarischen und sinnhaften Lebensführung nach Möglichkeit gut begründet festzuhalten."[45]

Die Existenzphilosophie bringt einen Themenwechsel gegenüber den Diskussionen um eine Weiterexistenz des Menschen nach dem Tode. Es bleiben dabei aber Fragen offen. Dieter Birnbacher präsentiert z. B. eine Reihe von kritischen Überlegungen zu Heideggers „todesorientierten Perspektive" auf das Leben - die er ähnlich schon bei Georg Simmel findet - und zu verschiedenen Varianten der Individualität des Todes in der Existenzphilosophie. Er stellt dagegen, dass Sinnfindung und Lebensglück nicht allein vom Bewusstsein der Endlichkeit des Lebens und generell nicht nur von eigenen Entscheidungen abhängen.[46] Die Stärken der Existenzphilosophie werden vielleicht besser sichtbar, wenn sie nicht in abstrakten philosophischen Kontexten bleibt, sondern, wie etwa bei Albert Camus, in eher literarischen Formen auf die konkrete Lebenswirklichkeit der Menschen eingeht. Die Philosophie kann vermutlich einige Voraussetzungen für ein gutes Leben analysieren, aber mit einschlägigen Rezepten und Bewältigungsstrategien scheint sie ge-

---

Schumacher, Der Tod in der Philosophie der Gegenwart (Fußnote 40), 117–137, und vor allem die erhellenden Ausführungen von Quante, Tod, wo ist Dein Stachel (Fußnote 8), 57–62.

43 Quante, Tod, wo ist Dein Stachel? (Fußnote 8).

44 Ebd., 64–69.

45 Ebd., 80.

46 Birnbacher, Tod (Fußnote 1), 127–134, vgl. auch die darin enthaltenen Gedanken zur Angst und weitere psychologische Überlegungen.

nerell überfordert zu sein. Die Situation des Menschen angesichts der Begrenztheit des irdischen Lebens lässt viele Optionen offen. Mit den Worten von Emil Angehrn:

> „Die Empfehlung, sich bewusst auf die Begrenztheit des Irdischen einzustellen und ein Leben zu führen, das der Endlichkeit alles Menschlichen Rechnung trägt, kann sich mit religiösen Vorstellungen eines Lebens nach dem Tode ebenso verbinden wie mit neuen Akzenten individueller Autonomie oder kultivierter Lebenskunst. Sie kann sich um eine reflektierte Selbstbescheidung bemühen, um eine Umlenkung des natürlichen Lebenswillens, der nicht um jeden Preis ein möglichst langes Leben erstrebt, und eine Einwilligung in das Zu-Ende-Gehen – bis hin zum freiwilligen Scheiden aus einem Leben ohne Sinn oder voller Leiden."[47]

4. Ist der Tod ein Übel?

Der Disput, den ich jetzt vorstellen möchte, ist inhaltlich und stilistisch eher in der angelsächsischen Philosophie angesiedelt. Die Frage, ob der Tod ein Übel ist, wird hier im Vergleich zur Existenzphilosophie distanzierter erörtert und als Wertfrage behandelt. Man kann bei vielen Dingen und Ereignissen fragen, ob sie wertvoll oder vielmehr ein Übel sind. Diese Frage wird nun im Hinblick auf den Tod gestellt. Thomas Nagel (geb. 1937) vertritt die These, dass der Tod ein Übel ist, weil mit seinem Eintreten all das Gute ein Ende hat, das uns das Leben bietet. Bernard Williams (1929–2003) findet auch, dass ein vorzeitiger Tod ein Übel ist, betont aber, dass es doch gut ist, dass das Leben irgendwann endet. Für Nagel ist der Tod ein Übel, weil ein Fortdauern des Lebens es ermöglicht, weitere gute Dinge zu erreichen. Williams stellt dagegen, dass wir nicht die bleiben könnten, die wir sind, wenn wir immer weiterleben könnten.[48]

Das zentrale Argument von Williams beruht auf der Prämisse, dass im Leben von Menschen, die sehr lange leben – kontrafaktisch angenommen:

---

[47] Angehrn, Vom Anfang und Ende (Fußnote 40), 177.

[48] Vielleicht hatten es die unsterblichen olympischen Götter in dieser Hinsicht einfacher.

weit über die biologischen Grenzen hinaus –, nichts Neues mehr geschieht und sich Langeweile ausbreitet. Williams erörtert das an dem Fall Elina Makropulos, einer fiktiven Figur in einem Schauspiel von Karel Čapek, die auch in eine Oper von Leoš Yanáček aufgenommen wurde.[49] Elina Makropulos bleibt 300 Jahre lang 42 Jahre alt und hat alles erlebt „was einem Menschen von 42 widerfahren und sinnvoll erscheinen kann". Im Alter von 342 Jahren wird sie des Lebens überdrüssig („letztlich ist es das gleiche: Singen und Schweigen") und verweigert die erneute Einnahme des Lebenselixiers. Es ist gut, nicht zu lange zu leben, so lautet die These von Bernard Williams.

Thomas Nagel hält dagegen, wobei er seine eigene Situation einschließt:

> „Vielleicht werde ich meines Lebens eines Tages überdrüssig sein, doch gegenwärtig kann ich mir dies nicht vorstellen und daher auch nicht all die gebildeten und ansonsten völlig vernünftigen Leute verstehen, die aufrichtig behaupten, in ihrer Sterblichkeit kein Unglück zu sehen."[50]

Nagels Position beruht auf folgender Überlegung:

> „Zu sterben ist nicht etwa schlecht aufgrund positiv damit einhergehender Qualitäten, sondern aufgrund des negativen Sachverhalts, dass da vormals etwas Wünschenswertes war, das uns der Tod genommen hat."[51]

Nagel greift damit auch das Symmetrie-Argument von Lukrez an. Wie Lukrez glaubt er nicht an ein Leben nach dem Tode, widerspricht aber dessen Auffassung, dass der Tod kein Unglück sei.[52]

Zu der Streitfrage zwischen Williams und Nagel sind viele Arbeiten erschienen, die sich mit Details des Problems auseinandersetzen.[53] Dieter

---

[49] Williams, B., Die Sache Makropulos: Reflexionen über die Langeweile der Unsterblichkeit (1972), in: ders., Probleme des Selbst. Philosophische Aufsätze 1956–1972, Stuttgart 1978, 133–162.

[50] Nagel, T., Der Blick von nirgendwo (1986), Frankfurt a. M. 1992, 387. In der zu dieser Stelle gehörenden Anmerkung fragt Nagel, ob es denn sein kann, dass Bernard Williams leichter zu langweilen ist als er.

[51] Nagel, T., Der Tod (1970), in: ders., Letzte Fragen. Mortal Questions, Hamburg ^{2}2012, 21.

[52] Ebd., 24f.

[53] Z. B. Rosati, C. S., The Makropulos Case Revisited, in: Bradley, B./ Feldman, F./ Johansson, J. (Hg.), The Oxford Handbook of Philosophy of Death, Oxford 2013, 355–390. Kreuels, M., Über den vermeintlichen Wert der Sterblichkeit. Ein Essay

Birnbacher weist auf verschiedene grundsätzliche Unklarheiten und problematische Prämissen in den Diskussionen um die Frage hin, ob die Unsterblichkeit wünschenswert sei.[54] Gedankenexperimente wie der Fall Makropulos sind sicher reizvoll und ein zulässiges philosophisches Werkzeug. Aber insgesamt scheint mir hier der genuin philosophische Beitrag begrenzt zu sein, weil die Argumente beider Seiten starke Prämissen verwenden, deren Zulässigkeit besser gleich in empirischen Wissenschaften oder in Religion, Kunst und Literatur erörtert werden sollten.

Mit den Überlegungen von M. Heidegger und T. Nagel haben wir zwei ganz unterschiedliche Weisen kennengelernt, wie Philosophie den Tod thematisieren kann. Ernst Tugendhat (geb. 1930) hat beide Zugänge verglichen. Das ist interessant, weil Tugendhat sowohl die Tradition, aus der Heidegger kommt, als auch die angelsächsisch orientierte sprachanalytische Philosophie sehr gut kennt, und zudem in seinem Aufsatz reflektiert, wie Philosophie überhaupt etwas zum Thema Tod beitragen kann.[55] Tugendhat stellt fest, dass die beiden Autoren unterschiedliche Fragen verfolgen. Heidegger geht es um das Problem, was es für das Leben bedeutet, zu wissen, dass man sterblich ist. Nagel stellt die Frage, ob und wieso der Tod ein Übel ist. Tugendhat arbeitet einen Zusammenhang zwischen beiden Fragen heraus, indem er Nagels Frage etwas umformuliert: Warum fürchten wir uns vor dem Tod? Genauer: Warum fürchten wir uns davor, bald zu sterben? Seine Antwort lautet: Weil wir durch den Tod „die Chance verlieren, dem Leben einen Sinn zu geben oder mehr Sinn zu geben".[56] Gegenstand der Furcht – oder der Angst, Tugendhat macht hier im Unterschied etwa zu Heidegger und Sartre keinen Unterschied – wäre dann, dass man kurz vor dem Tod die Einsicht gewinnt, falsch gelebt zu haben. In der Ausarbeitung seiner These

in analytischer Existenzphilosophie, Berlin 2015, argumentiert für die These, dass Sterblichkeit nicht notwendig mit denjenigen Eigenschaften des menschlichen Lebens zusammenhängt, die als Bestandteile eines wünschenswerten Lebens gelten.

54 Birnbacher, Tod (Fußnote 1), 52–59.

55 Tugendhat, E., Gedanken über den Tod, in: Stamm, M. (Hg.), Philosophie in synthetischer Absicht, Stuttgart 1998, 487–512. Wittwer, H., Der Tod (Fußnote 2), hat Auszüge daraus in seine Sammlung übernommen (296–311); vgl. auch Wittwers kurze Einführung dazu (ebd., 294–295).

56 Tugendhat, Gedanken über den Tod (Fußnote 55), zitiert nach den Auszügen in Wittwer, Der Tod (Fußnote 2), 303.

beruft sich Tugendhat auf die Erzählung *Der Tod des Iwan Iljitsch* von Leo Tolstoi.[57] Tugendhat macht damit deutlich, dass die Philosophie keinen privilegierten Zugang zum Tod hat, dass sie vielmehr von jeweils vorhandenen Ansichten ausgehen muss. Die philosophische Zutat bestehe dann darin, Begriffe und Positionen zu klären und einseitige Auffassungen durch Ergänzungen zu korrigieren.[58]

5. Philosophieren über den Tod: Möglichkeiten und Grenzen

Nach meinem bisher vor allem an der Philosophiegeschichte orientierten Durchgang möchte ich zum Abschluss noch einige systematische und methodische Fragen aufgreifen. Dabei soll es zunächst um die theoretische Frage gehen, wie eine Weiterexistenz nach dem Tod philosophisch konzipiert werden kann. Danach folgen einige Überlegungen zu der eher praktischen Frage, ob und wie die Philosophie helfen kann, die richtige Einstellung zum Tod zu finden, insbesondere unter der Voraussetzung, dass der Tod das absolute Ende der menschlichen Existenz ist.

Die Hauptströmungen der neueren Philosophie gehen nicht von einer Weiterexistenz des Menschen nach seinem Tod aus. Heideggers Überlegungen und der Disput zwischen Nagel und Williams haben als gemeinsame Voraussetzung, dass es bei der Bewertung der Bedeutung des Todes für den Menschen gerade wichtig ist, dass es kein „Danach" gibt. Zumindest für die Gegenwart trifft Dieter Birnbachers Diagnose zu: „Die Frage nach einem möglichen Weiterleben nach dem Tode ist für die Philosophie nur ein Randthema – im Unterschied zur Theologie."[59] Damit ist ein Spannungsfeld eröffnet, das entsteht, wenn die christliche Botschaft von der Auferstehung des

---

57 „[...] ich [E. Tugendhat] meine, dass das, was Heidegger über das Sein zum Tode sagt, lediglich der Versuch ist, das, was Tolstoi in der Form einer Erzählung beschrieben hat, begrifflich zu fassen – und Tolstoi gelang das ohne die Sophistereien, die sich bei Heidegger finden [...]", ebd. 305.

58 Vgl. das Zitat aus Tugendhat, Gedanken über den Tod (Fußnote 55), in Wittwer, Der Tod (Fußnote 2), 295.

59 Birnbacher, Tod (Fußnote 1), 105.

Leibes im Rahmen einer Theologie formuliert wird, die sich nicht in Gegensatz zu empirischen Wissenschaften und zu erkenntnistheoretischen und metaphysischen Standards der Philosophie setzen will. Während dieser Tagung sind im Beitrag von Dirk Evers schon Probleme und offene Fragen eines solchen philosophischen Rahmens für die Lehre von der Auferstehung gezeigt worden, u. a. in ihrer historischen Perspektive.[60]

Ich will mich nicht in die einschlägige theologische Fachdiskussion einmischen und beschränke mich auf einige Anmerkungen aus der sicheren Entfernung eines theoretischen Philosophen. Die begrifflichen Probleme, die man aus dieser Sicht mit einem Weiterleben nach dem Tod hat, schildert Dieter Birnbacher.[61] Eine erste Schwierigkeit ergibt sich aus der Frage, wie das biologische Ende eines Menschenlebens mit seiner Fortexistenz als Person vereinbar ist. Einmal geht es dabei um die „Lücke", die gegebenenfalls zwischen dem biologischen Tod und einer späteren Wiederauferstehung auftritt. Ist eine solche diskontinuierliche Existenz einer Person denkbar und begrifflich darstellbar? Und was sind die Kriterien der Identität zwischen der Existenz davor und danach? Birnbacher diskutiert verschiedene Vorschläge, insbesondere auch im Hinblick auf eine rein geistige Fortexistenz. Da wir Bewusstsein aber üblicherweise nur in Abhängigkeit von physischen Substraten kennen, schließt Birnbacher, sicher in Übereinstimmung mit den meisten, die sich mit der Philosophie des Geistes beschäftigen,[62] eine rein geistige personale Fortexistenz aus – wenn sie auch denkmöglich ist. Eher möglich sei eine „Wiederverkörperung".[63] Dennoch rechtfertigt eine solche reine Möglichkeit noch nicht eine begründete Hoffnung, dass wir den Tod tatsächlich überdauern, insbesondere weil die Art der Fortexistenz unklar ist. Man kann nicht in gleicher Weise auf alles hoffen, was weder bewiesen

---

60 Vgl. die Beiträge in diesem Band, insbes. auch die ausführliche und tiefgehende Untersuchung von Reményi, M., Auferstehung denken. Anwege, Grenzen und Modelle personaleschatologischer Theoriebildung, Freiburg 2016.

61 Birnbacher, Tod (Fußnote 1), 105–126.

62 Vgl. die Argumente gegen die Akzeptierbarkeit der Vorstellung von einer unsterblichen Seele, die W. Detel skizziert: ders., Philosophische Anthropologie (Grundkurs Philosophie, Bd. 8), Stuttgart 2022, 203–206.

63 Birnbacher, Tod (Fußnote 1), 122.

noch widerlegt ist. Es muss auch beachtet werden, welche Chancen auf Realisierung die vorhandenen Bedingungen zulassen.[64]

> „Für die Fortexistenz über den biologischen Tod hinaus bedeutet das, dass man zwar im begrifflichen Sinn soweit auf ein Weiterleben hoffen kann, als man von dessen Möglichkeit überzeugt ist, dass aber daran gezweifelt werden muss, ob eine solche Überzeugung auch nur im Ansatz berechtigt ist. Auch wenn für eine Weiterexistenz weder die logische noch – zumindest für die Weiterexistenz des Körpers – die ontologische und die nomologische Möglichkeit bestritten werden kann, reicht das schwerlich hin, der realen Möglichkeit eine ebenso günstige Prognose zu stellen. Beruhigen wir uns also bei dem Gedanken, dass wir möglicherweise Grund haben zu hoffen, dass einiges oder sogar vieles von uns unseren Tod überdauern wird, dass wir aber nicht ernsthaft hoffen können, dass wir selbst dazugehören."[65]

Es ist offenbar schwierig, die Art und Weise, wie das Weiterleben nach dem Tode aussehen soll, genauer in Begriffe zu fassen. Hier hatten es Philosophen und Theologen in der Antike und im Mittelalter einfacher, weil sie auf einen – mittlerweile überwiegend als diskreditiert geltenden – Denkrahmen zurückgreifen konnten, in dem die geschilderten Schwierigkeiten nicht auftraten. Was ist es, was den Zerfall des menschlichen Körpers im Tod übersteht? Auf was beziehen wir uns, wenn wir von Personen sprechen oder „Ich" sagen? Gegenwärtig wird man sich z. B. noch mehr als früher darum sorgen, was genau unter „Seele" verstanden wird, wenn man von einer unsterblichen Seele spricht. Ein weiteres wichtiges Problem ist, dass die Annahme einer Weiterexistenz nach dem Tode die Existenz einer Welt außerhalb von Raum und Zeit voraussetzt, die zudem zur diesseitigen Welt in eine zeitliche Relation gebracht werden kann. Unsere Konzeption von „danach" ist uns zunächst durch die Abfolge von Ereignissen innerhalb der physischen Welt zugänglich. Wenn von einer Weiterexistenz nach dem Tod die Rede ist, wird traditionell eine Beziehung zwischen Zeit und Ewigkeit aufgerufen.[66] Sind solche Konzeptionen aus heutiger Sicht wirklich zu rechtfertigen? Viele Vertreterinnen und Vertreter der gegenwärtigen Philosophie werden das be-

---

64 Ebd., 120.
65 Ebd., 125.
66 Vgl. Reményi, Auferstehung denken (Fußnote 60), 365f.

streiten. Das liegt sicher auch an der weiten Verbreitung des Naturalismus in der Philosophie, einer Auffassung, die keinen Platz für die Existenz einer Welt außerhalb der physischen Welt in Raum und Zeit hat.

Auf eine solche Spannung zwischen Philosophie und Theologie kann die Theologie unterschiedlich reagieren. Sie kann die theoretischen Friktionen ausklammern oder ganz auf die argumentative Verteidigung der eigenen Positionen verzichten. Dagegen betont Winfried Löffler die vielleicht begrenzte, aber unverzichtbare Rolle von Argumenten bei der Begründung und Klärung von religiösen und allgemein weltanschaulichen Inhalten.[67] Ein anderer Weg ist, die Glaubensinhalte so zu formulieren, dass sie mit den ansonsten in der Philosophie üblichen erkenntnistheoretischen und argumentativen Maßstäben nicht in Konflikt geraten. Beispiele für die Anwendung eines solchen Programms auf ein Weiterleben nach dem Tod findet man vor allem im angelsächsischen Bereich in Detailstudien aus der sog. analytischen Ontologie. Es scheint aber, dass dabei eine Weiterexistenz nach dem Tode von der Intervention Gottes abhängt, also nicht ohne theistische – von der Existenz Gottes ausgehende – Prämissen auskommt.[68]

Offenbar kommt es hier auf grundlegende Vorstellungen über die Welt an: Ist die raumzeitliche Welt alles, was es gibt, oder kann man von der Existenz Gottes und einer jenseitigen Welt ausgehen? Solche tiefliegenden metaphysischen Rahmenannahmen sind argumentativ nicht endgültig beweis- oder widerlegbar. Aber sie können jeweils in einem gewissen Umfang gerechtfertigt werden, wenn auch über diese Begründungen keine Einigkeit herstellbar ist. Z. B. argumentiert Ansgar Beckermann für die Auffassung, dass der Theismus unvernünftig ist,[69] während Winfried Löffler rationale Argumente zur Stützung des Theismus vorstellt und diese Position für tragfähig hält.[70] Löffler entwirft auch einen methodischen Rahmen, der Kriterien zur Beur-

---

[67] Löffler, Einführung in die Religionsphilosophie (Fußnote 30), ab 179, insbes. 195f.

[68] Vgl. z. B. Zimmerman, D., Personal Identity and the Survival of Death, in: Bradley et al., Oxford Handbook (Fußnote 53), 97–154, und Feldman, F., Death and the Disintegration of Personality, 60–79 in demselben Handbuch.

[69] Beckermann, A., Ein nüchterner Blick auf die Welt, in: Jaster, R./ Schulte, P. (Hg.), Glaube und Rationalität. Gibt es gute Gründe für den (A)theismus?, Paderborn 2019, 15–30.

[70] Löffler, Einführung in die Religionsphilosophie (Fußnote 30), insbes. 188–189.

teilung von Begründungen (oder auch Zurückweisungen) solcher tiefliegender „Weltbildsätze", die nicht beweisbar, aber auch nicht irrational sind, zur Verfügung stellt.[71] Unter einer Weltanschauung versteht Löffler ein „Bündel lebenstragender Überzeugungen (egal ob implizit oder explizit)", die „wohl im Denken und Handeln jedes Menschen aufweisbar" sind. Zugleich stellt er fest, dass Argumente pro und contra bestimmter Weltanschauungen die meisten Menschen kaum beeinflussen.[72]

Wir haben schon in diesem eher theoretischen Feld gesehen, dass es nicht *die eine* Philosophie des Todes gibt, so wie es vielleicht die Physik des Planetensystems gibt. Es gibt viele ganz verschiedene Fragestellungen im Umkreis des Themas, und zu fast allen Fragen gibt es unterschiedliche Antworten, die von unterschiedlichen Motiven, methodischen Einstellungen und Weltsichten abhängen. Wir haben uns hier vor allem mit Überlegungen zu zwei Fragenkreisen beschäftigt: 1. Gibt es gute Gründe für die Annahme der Weiterexistenz eines Menschen nach dem Tod? 2. Wie können und sollen wir angesichts der Endlichkeit unserer Existenz leben? Zwischen den beiden Fragekreisen gibt es zudem theoretische Abhängigkeiten, auch wenn sie häufig in voneinander eher getrennten philosophischen Schulen und Traditionen erörtert werden.

Es gibt auch unterschiedliche Vorstellungen, was die Philosophie methodisch zu einer Auseinandersetzung und zu einem Umgang mit dem Tod beitragen kann. Aus meiner Sicht würde ich die Aufgaben der Philosophie so beschreiben: Die Philosophie soll zum einen helfen, uns klar und nachvollziehbar über unsere Vorstellungen über den Tod und seine Bedeutung für unser Leben zu verständigen. Dazu gehört die Klärung von Begriffen – wie „unsterbliche Seele" –, aber auch – insbesondere bei unterschiedlichen Auffassungen – die Prüfung der Argumente, mit denen wir unsere Aussagen zum Tod rechtfertigen. Eine Frage ist z. B., wie weit es legitim und vertretbar ist, in Bildern, analog oder „in mythischer Redeweise" über das Jenseits zu sprechen.

---

71 Ebd., Kap. 5, und Löffler, W., Weltbildsätze. Nicht beweisbar, aber auch nicht irrational, in: Jaster et al., Glaube und Rationalität (Fußnote 69), 79–104.

72 Löffler, Einführung in die Religionsphilosophie (Fußnote 30), 195.

Zum andern hat die Philosophie eine Integrationsaufgabe.[73] Dazu gehört die Rechtfertigung der Auswahl der Wissensquellen, die wir zulassen wollen – persönliche spirituelle Erfahrungen, heilige Schriften oder Ergebnisse der Wissenschaft –, oder die Abstimmung unserer Vorstellungen von Zeit mit der Rede von einer Existenz *nach* dem Tod. Ein weiteres Beispiel sind Diskussionen, ob und wie Nahtod-Erfahrungen Konsequenzen für die Vorstellungen von einer Weiterexistenz in einem Jenseits haben.[74] Wie wir gesehen haben, hängt die Möglichkeit der Annahme einer Existenz nach dem Tode offenbar davon ab, welche grundlegenden metaphysischen Rahmenannahmen man macht.

Eine dritte Aufgabe der Philosophie ist, ausreichend viele – evtl. auch ungewohnte – Gesichtspunkte in die Diskussionen einzubringen und dadurch Einseitigkeiten zu vermeiden. Dazu sollten Ideen und Sichtweisen aus der philosophischen Tradition lebendig erhalten sowie Erfahrungen und Erkenntnisse aus anderen Wissenschaften in die aktuelle Diskussion eingebracht werden.

Das ist insbesondere wichtig, wenn es um praktische Fragen, um Einstellungen und Bewertungen geht, etwa um die Frage, ob wir uns zu Recht vor dem Tod fürchten. Hier muss auch geklärt werden, welche Bedeutung man der Trostfunktion des Weiterlebens nach dem Tod zuweist.[75] Unter welchen Bedingungen kann man die weite Verbreitung der Hoffnung auf ein Weiterleben im Jenseits oder eines Glaubens an die Auferstehung als Hinweis auf ihren Wahrheitsgehalt werten oder ist es angemessener, sie als Wunschdenken und Illusionen zu betrachten? Wir haben gesehen, dass schon in theoretischen Fragen, wie der nach dem Weiterleben nach dem Tod, eine Vielfalt an Positionen vertreten werden. Die Vielfalt vergrößert sich nochmals, wenn es um Haltungen zum Leben und zum Tod geht. In diesem Bereich ist auch viel weniger klar, was philosophisches Argumentieren überhaupt ausrichten kann. Wichtig sind Argumente vielleicht bei den Verknüpfungen zwischen

---

73 In Löffler, Einführung in die Religionsphilosophie (Fußnote 30), 30–34, findet man eine schöne Charakterisierung der Philosophie als Integrationswissenschaft.

74 Eine zu Recht sehr kritische Bewertung der Aussagekraft von Nahtod-Erfahrungen findet man bei Wetz, F. J., Tot ohne Gott, Aschaffenburg 2019, 77–94.

75 Ebd., 103.

theoretischen Vorstellungen und praktischen Einstellungen.[76] Die theoretischen Positionen legen in solchen Fällen aber eher nur Rahmenbedingungen fest.

Die Philosophie, so mein etwas skeptisches Fazit, scheint eher die Rolle zu haben, vor erkennbar falschen Vorstellungen und Einstellungen zu bewahren. Sicherlich ist die Frage, ob der Tod das absolute Ende ist oder ob es eine Weiterexistenz danach gibt, eine wichtige Frage.[77] Aber wichtiger scheint mir zu sein, dass beim Nachdenken über den Tod vor allem auch über Sinn und Bedeutung des menschlichen Lebens gesprochen wird. Beim Tod geht es immer auch um eine Antwort auf die Frage, wie wir gut und richtig leben. Auf der Suche nach dieser Antwort sollte man sich aber nicht nur in der Philosophie umtun.[78]

6. Drei Arten, einen Beitrag über den Tod zu beenden

Auch ein Text über den Tod muss ein gutes Ende haben. Bei der Suche danach habe ich drei Zitate gefunden, und da ich mich nicht entscheiden konnte, will ich alle drei zu Hilfe nehmen. Ich werde sie hier ohne weiteren Kommentar anfügen, zumal sie jeweils schon einmal am Ende eines wichtigen Textes gestanden haben.

Mit dem ersten Zitat beendet Sokrates seine Verteidigungsrede beim Prozess vor dem athenischen Volksgericht, der zu seiner Verurteilung zum Tode führte:

---

[76] So versteht Lukrez seine Position als Hilfe, den Tod nicht zu fürchten, u. a. weil die Vorstellungen von Strafen und Qualen im Jenseits durch sein atomistisches Weltbild gegenstandslos werden.

[77] Vgl. dazu auch die anthropologischen und historischen Überlegungen in der Einleitung von Choron, Der Tod im abendländischen Denken (Fußnote 2).

[78] Ich danke Svantje Guinebert, Frank Kannetzky, Georg Mohr und Anne Thaeder für tatkräftige Hilfe und kundige Kommentare zu einer früheren Fassung meines Beitrags.

> „Aber es ist Zeit von hier wegzugehen, für mich um zu sterben, für euch um zu leben. Was aber von beidem besser ist, das wissen die unsterblichen Götter, von den Menschen aber, glaube ich, weiß es keiner."[79]

Noch deutlicher skeptisch schließt in der Gegenwart Thomas Nagel:

> „Wir mögen den Tod wohl klarer sehen, doch können wir ihm keinesfalls entrinnen, indem wir ihn aus einer Perspektive einfangen, die der Tod mit zerstören wird." [...] „Unser Problem hat in diesem Sinne keine Lösung – doch das fassen zu können heißt für uns, so weitgehend in der Nähe zur Wahrheit leben, wie dies eben möglich ist."[80]

Und zum Schluss noch einmal Cicero, der nach den Gesprächen über den Tod auch einen freundlichen Blick auf die Philosophie wirft:

> „Gut, aber jetzt wollen wir ein wenig an unsere Gesundheit denken; morgen und solange wir eben in Tusculanum Zeit haben, wollen wir dies weiterführen und besonders, was die Sorgen, Ängste und Begierden zu heilen vermag. Denn dies ist die kostbarste Frucht der ganzen Philosophie."[81]

---

79 Platon, Apologie, 42a, zitiert auch von Cicero, Gespräche in Tusculum (Fußnote 14), I 99.

80 Am Schluss von Nagel, Der Blick von nirgendwo (Fußnote 50).

81 Cicero, Gespräche in Tusculum (Fußnote 14), Ende des ersten Buches.

Jörg Mey

Biologische Unsterblichkeit

1. Einleitung: Sterblichkeit und biologisches Alter

Wir haben uns damit abgefunden sterben zu müssen. Den Traum aber, das Leben zu verlängern, gibt es wahrscheinlich seit sich die Menschen ihrer Sterblichkeit bewusst sind. Dass die Lebenszeit ins Unendliche ausgedehnt werden könnte, ist natürlich prinzipiell unmöglich, denn selbst wenn wir nicht alterten, müsste jeden von uns irgendwann einmal, selbst bei geringer Wahrscheinlichkeit, ein tödlicher Unfall treffen. Es wäre nur eine Frage der Zeit. Mehr Lebenszeit wäre aber wohl nicht schlecht, vorausgesetzt, es ist eine schöne Zeit, ein gesundes, sinnvolles Leben.

Fortschritte der Zellbiologie lassen uns das biologische Altern immer besser verstehen. Daher darf man fragen, ob sich der Alterungsprozess aufhalten lässt und man den Moment des Todes in eine unabsehbare Zukunft hinausschieben kann. Um das zu erforschen, werden gerade viele Firmen gegründet und hunderte Millionen US-$ investiert.[1] Offensichtlich hätte die Möglichkeit, die Lebenszeit von Menschen auf unbestimmte Zeit zu verlängern, soziale Konsequenzen und würde interessante ethische Probleme aufwerfen. Darum soll es hier nicht gehen, sondern nur um die Frage, ob es möglich sein wird.

Das Phänomen der Sterblichkeit wurde im 19. Jahrhundert zum ersten Mal quantitativ erfasst. Vor zweihundert Jahren unterschied der Mathematiker

1 Die Top-ten Anti-Aging startups (nach Kapitalinvestition) waren am 25.07.2022: *Calico* 1,5 Mrd US-$, *Samumed* 799 Mio US-$, *Celularity* 370 Mio US-$, *Insilico Medicine* 366 Mio US-$, *Human Longevity* 330 Mio US-$, *Unity Biotechnology* 291 Mio US-$, *Altos Labs* 270 Mio US-$, *BlueRock Therapeutics* 225 Mio US-$, *Juvenescence* 219 Mio US-$, *Osiris Therapeutics* 65 Mio US-$, https://medicalstartups.org/top/aging.

Benjamin Gompertz die altersabhängige Mortalität von einer zufälligen, durch vermeidbare Umwelteinflüsse begründeten Mortalität.[2] Während letztere in der Zeit ungefähr gleichbleibt, steigt die altersabhängige Komponente exponentiell mit dem Lebensalter und kann mit einer von Gompertz entwickelten Funktion beschrieben werden. Die Unterscheidung zwischen altersabhängiger und altersunabhängiger Sterblichkeit bezeichnet man als das Gompertz-Makeham-Gesetz. Altern bedeutet, dass mit jedem Lebensjahr die Wahrscheinlichkeit zunimmt, im kommenden Jahr zu sterben. Ab dem Erwachsenenalter verdoppelt sie sich etwa alle acht Jahre. Das hat biologische Ursachen. Wenn man diese beseitigen könnte, hätten wir etwas erreicht, was ich als biologische Unsterblichkeit bezeichnen würde. Wegen der immer vorhandenen zeitunabhängigen Todesursachen bleibt die Lebenszeit natürlich trotzdem begrenzt.[3]

Die auf dem biologischen Altern beruhende Sterblichkeit ist kein Naturgesetz, denn sie gilt nicht für alle Lebewesen. Einzeller sind potenziell unsterblich.[4] Biologische Unsterblichkeit gilt auch für menschliche Zelllinien. Die erste dieser transformierten Zelllinien wurden 1951 etabliert. Es sind die berühmten HeLa-Zellen, benannt nach Henrietta Lacks, von der sie stammen. Frau Lacks starb vor über 70 Jahren an Krebs, aber ihre Zellen, mit denen z. B. die Polio-Schutzimpfung entwickelt wurde, gibt es noch heute. Die wahrscheinlich ältesten vielzelligen Lebewesen auf der Erde sind Kiefern in Nevada (Great Basin bristlecone pines, *Pinus longaeva*). Aus Bohrkernen der Jahresringe dieser Bäume weiß man, dass manche schon über 4800 Jahre alt sind. Auch unter mehrzelligen Tieren ist die Lebenserwartung so unterschiedlich, dass vielleicht nicht alle Spezies dem Gompertz-Makeham-Gesetz

---

[2] Gompertz, B., On the nature of the function expressive of the law of human mortality and on a new mode of determining the value of life contingencies, Phil. Trans. Royal Soc. London 115 (1825), 513–585, doi:10.1098/rstl.1825.0026.

[3] Auch wenn die Wahrscheinlichkeit zu sterben nicht zunimmt, werden mit der Zeit immer weniger Individuen einer Generation überleben. Das führt notwendig zu einer exponentiell abnehmenden Überlebensfunktion. Der radioaktive Zerfall folgt der gleichen Dynamik.

[4] *De facto* geht natürlich die große Mehrheit der Bakterien und Protisten nach kurzer Zeit zugrunde, aber jeder der heute auf der Erde lebenden Einzeller ist viele Millionen Jahre alt. Eine Zelle, die sich symmetrisch teilt, lebt ja in ihren beiden Nachkommen weiter.

unterliegen.[5] Es gibt Tierarten, die gar nicht zu altern scheinen.[6] Für alle Säugetiere und den Menschen gilt aber, dass sie auch biologisch altern und deshalb sterben. Nur die genetische Information in den Gameten überdauert die Zeit, die Organismen selbst vergehen. Bedauerlicherweise betrifft der biologische Altersprozess alle Organe und mindert die Lebensqualität (Abbildung 1). Warum ist das so? Wer die biologische Alterung aufhalten möchte, muss versuchen, diese Frage zu beantworten. Betrachten wir zunächst, was die Evolutionsbiologie dazu sagt.

2. Warum altern wir? Erklärungsversuche der Evolutionsbiologie

Seit Darwins Theorie stellt sich die Frage, weshalb die Evolution perfekt angepasste Arten hervorgebracht hat, die viele Jahre des Lebens genießen, um dann unausweichlich dem Altern zum Opfer zu fallen. Weshalb haben sich keine Mechanismen entwickelt, die es den Individuen erlauben, ihre gesunde, fortpflanzungsfähige Lebensphase unbegrenzt zu erhalten?

Am Ende des 19. Jahrhunderts stellte August Weismann (1834–1914), der die Unterscheidung zwischen Soma und Keimbahn entdeckte,[7] die Hypothese auf, dass der Alterungsprozess ein adaptives, angeborenes Programm sei, um die Entstehung neuer Generationen und damit Evolution zu ermöglichen.

---

5 https://genomics.senescence.info/species/index.html; Jones, O. R./ Scheuerlein, A./ Salguero-Gómez, R. et al., Diversity of ageing across the tree of life, Nature 505 (2014), 169–173.

6 Die Beispiele findet man unter den Süßwasserpolypen und Medusen, die relativ einfach aufgebaut sind und sich ungeschlechtlich vermehren können. Vgl. Fußnote 57.

7 Weismann, A., Das Keimplasma: eine Theorie der Vererbung, Jena 1892; Weismann, A., Prof. Weismann's theory of heredity, Nature 41 (1890), 317–323. Die Zellen, beginnend bei der befruchteten Eizelle, die im Laufe der Individualentwicklung zur Bildung von Eizellen oder Spermien führen, sind die Keimbahn. Die Gesamtheit aller übrigen Zellen wurden von Weismann als Soma bezeichnet. Nur genetische Mutationen in der Keimbahn werden an die nächste Generation vererbt und können der Selektion unterliegen. Die Urkeimzellen werden meist schon in der frühen Embryonalentwicklung von den Somazellen getrennt.

Ältere Individuen sterben, damit sie nicht mit ihren eigenen Nachkommen um Ressourcen konkurrieren. Reproduktion und Tod sind notwendig, wenn die physiologische Alterung der Individuen unvermeidbar ist. Wenn sie es nicht ist, hält dieses Argument, wie Weismann später selbst schrieb, logisch nicht stand, weil Individuen, die nicht altern und weiter Nachkommen zeugen würden, sich in der Population durchsetzen müssten.[8]

Warum also Altern? Gibt es das programmierte Altern überhaupt? Weismanns Argument setzt voraus, dass in jedem Fall ein physiologischer Verfallsprozess unausweichlich ist. Mit der Zeit kommt es zur Akkumulation von Schäden des Erbguts, die nicht repariert werden. Toxische Endprodukte des Metabolismus werden nicht vollständig entsorgt. Zellen verlieren ihre Teilungsfähigkeit. Aber ist das zwingend notwendig? Weshalb hat die natürliche Selektion nicht zu besseren Reparaturmechanismen von DNA-Schäden, zur Eliminierung von Stoffwechselabfällen oder zu unbegrenzter Teilungsfähigkeit geführt? In den Zellen der Keimbahn ist das ja möglich, genauso wie in allen einzelligen Lebewesen und vielleicht in den Vielzellern mit extrem hoher Lebenserwartung.

Die klassische Erklärung der Seneszenz[9] stammt von Peter Medawar, der 1960 den Nobelpreis für seine Arbeiten zur Organtransplantation erhielt. Unter natürlichen Bedingungen wird die Lebenserwartung durch Fressfeinde, Hunger, Krankheiten, Unfälle begrenzt. Zum Beispiel werden Zootiere viel älter als freilebende Individuen der gleichen Art.[10] In Freiheit sterben 90 % der Mäuse, bevor sie ein Alter von zehn Monaten erreichen, während unter Laborbedingungen die Lebenserwartung bei zwei Jahren liegen kann. In der Natur überwiegt die zufällige Komponente im Gompertz-Makeham-Modell der Sterblichkeit, und die biologisch mögliche Lebenszeit wird selten erreicht. Da mit fortschreitender Zeit die Wahrscheinlichkeit noch zu existieren absinkt, nimmt das Fortpflanzungspotenzial notwendigerweise ab. Wenn

---

8 Weismann, A., Essays upon heredity, Oxford 1891; Weismann, A., Über Leben und Tod, Jena 1892.

9 Medawar, P. B., An Unsolved Problem of Biology, London 1952.

10 Tidière, M./ Gaillard, J.-M./ Berger, V. et al., Comparative analyses of longevity and senescence reveal variable survival benefits of life zoos across mammals, Sci. Rep. 8 (2016), 36361.

der reproduktive Wert der Individuen mit der Zeit verschwindet, gibt es keinen Evolutionsdruck auf Prozesse, die das Altern verhindern. Natürliche Selektion fördert deshalb sexuelle Reproduktion und nicht physiologische Mechanismen, die der Mortalität entgegenwirken. Es gäbe dann also kein „programmiertes Altern", sondern nur das Fehlen von nachhaltigen Regenerationsmechanismen.

Dieser grundlegenden Theorie kann man spätere Erklärungsmodelle hinzufügen, die ihr nicht widersprechen. In den 50er Jahren, zu Beginn der molekularen Genetik, entdeckte man, dass ein Gen viele unterschiedliche Wirkungen im Körper haben kann. Dieses Phänomen wird Pleiotropie genannt. So kann eine Mutation gleichzeitig positive und negative Auswirkungen haben, z. B. das Überleben von geschädigten Zellen fördern aber gleichzeitig die Entstehung von Tumoren wahrscheinlicher machen. Entzündungsmechanismen schützen gegen Infektionen, schädigen aber auch den Körper. Diese Beobachtung führte George C. Williams zur Theorie der antagonistischen Pleiotropie.[11] Dauerhaft lebensverlängernde Reparaturprozesse wären demnach unmöglich, weil sie unvermeidbare negative Nebeneffekte hätten. Von der anderen Seite betrachtet, mögen Gene, die für Entwicklung oder sexuelle Reproduktion gut sind, negative Auswirkungen im Alter haben. Diese, einem langen individuellen Leben abträglichen Gene unterliegen dann aber einer positiven Selektion. Obwohl es richtig ist, dass Änderungen im Erbgut meistens komplexe Auswirkungen für den Gesamtorganismus haben, hat es sich als schwierig erwiesen, diese Theorie experimentell zu bestätigen.

Auf den genannten Hypothesen aufbauend postuliert die Disposable-Soma-Theorie[12], dass Alterung nicht Ergebnis eines genetischen Programms ist, sondern sich in der Anhäufung von Schäden im Organismus begründet.

---

[11] Williams, G. C., Pleiotropy, natural selection and the evolution of senescence, Evolution 11 (1957), 398–411. Mit Entzündung bezeichnet man bestimmte Reaktionen des Körpers auf schädliche Reize, die dazu dienen, Krankheitserreger zu beseitigen. Auch viele pathologische Vorgänge im Körper lösen Entzündungen aus. Diese können chronisch werden und haben dann mehr schädliche als schützende Wirkungen.

[12] Kirkwood, T. B., Evolution of ageing, Nature 270 (1977), 301–304; Lee, R. D., Rethinking the evolutionary theory of aging: Transfers, not birth, shape senescence in social species, Proc. Natl. Acad. Sci. USA 100 (2003), 9637–9642.

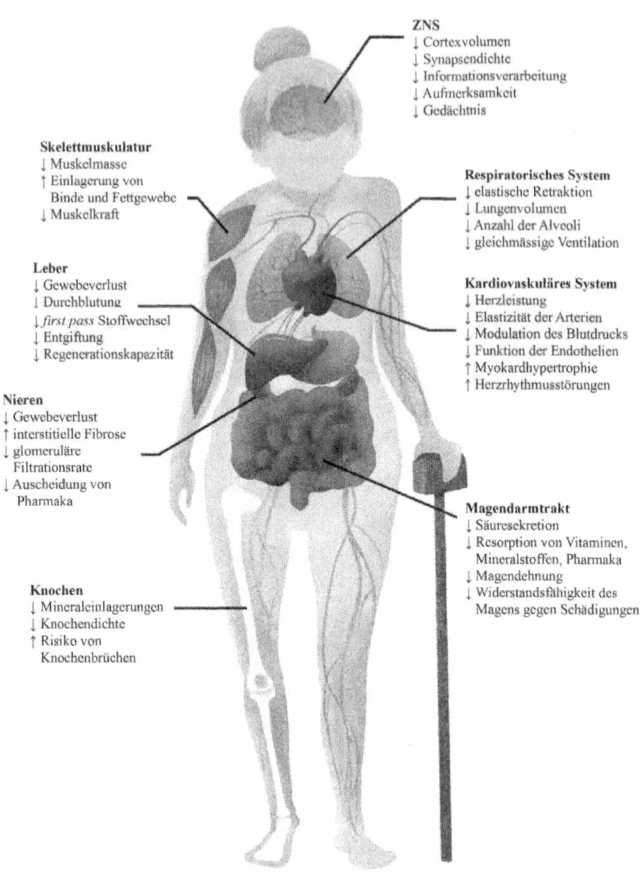

Abbildung 1: Degenerative Veränderungen der Organsysteme im Alter. Verändert nach Soto-Perez-de-Celis, E. et al. (Fußnote 14).

Physiologische Mechanismen, die dem entgegenwirken könnten, unterliegen der Selektion nur in dem Maße als sie das Leben in der Reproduktionsphase verlängern. Hier gibt es einen Kompromiss zwischen Wachstum, Reparatur und Erhaltung einerseits und der genetischen Reproduktion andererseits.

Die Selektion führt dazu, dass Mechanismen optimiert werden, viele Nachkommen zu erzeugen zu Lasten von solchen, die das Leben verlängern. Arten, die sich nur einmal paaren, zum Beispiel der pazifische Lachs oder viele Insekten, illustrieren das Prinzip, denn die Individuen dieser Spezies sterben bald nach der Fortpflanzung. Die natürliche Selektion fördert ja die Ausbreitung von Genen, und die Organismen profitieren nur insofern als sie Träger dieser Gene sind.[13] Es gilt für (fast) alle vielzelligen Organismen: physiologische Reparaturmechanismen, die in der Jugend funktionieren, versagen im Alter, nachdem das genetische Material weitergegeben wurde. Dieser zeitlich zunehmende Verlust an Regenerationsfähigkeit kommt dem Konzept des programmierten Sterbens im Sinne von August Weismann sehr nahe.

Ich möchte es bei dieser kurzen Skizze der evolutionären Erklärungen belassen, denn die historische Evolution, wie immer sie ablief, impliziert keine theoretisch unüberwindlichen Schranken für die Zukunft. Ein Beispiel, wie die Wissenschaft die Selektion gewissermaßen überlistet hat, ist die Empfängnisverhütung, die die Sexualität von der Reproduktion abkoppelt. Wenn wir die molekularen Mechanismen verstehen, die dem Alterungsprozess zu Grunde liegen, können wir vielleicht auch diesen verändern. Die Entmachtung des Alterns ist grundsätzlich der empirischen Untersuchung zugänglich.

3. Was geschieht beim Altern?

Das physiologische Altern ist anscheinend unaufhaltsam, vielfältig und auf allen Ebenen des Organismus beobachtbar (Abbildung 1).[14] Obwohl die physiologische Alterung alle Organe betrifft, hat man bei Mäusen, Fruchtfliegen, Nematoden und anderen Tierarten eine Reihe von Genen gefunden, deren Mutationen das Leben deutlich verlängern. Es zeigt sich, dass manche Hypothesen der Evolutionsbiologie bestätigt werden. Zum Beispiel spielt der

13 Dawkins, R., The Selfish Gene, Oxford 1982.

14 Soto-Perez-de-Celis, E./ Li, D./ Yan, Y./ Lau, Y. M./ Hurria, A., Functional versus chronological age: geriatric assessments to guide decision making in older patients with cancer, Lancet Oncol. 19 (2018), e305–e316.

Transkriptionsfaktor NFκB[15] eine zentrale Rolle in der Regulation von Entzündung, die ja bei der Abwehr von Krankheitserregern notwendig ist. Entzündungen, vor allem wenn sie chronisch werden, schädigen aber auch den Organismus, und eine experimentelle Inhibition von NFκB verzögert das Altern.[16]

Den so unterschiedlichen Verfallsprozessen liegt jedenfalls zu Grunde, dass der Organismus mit der Zeit immer weniger in der Lage ist, geschädigte Körperzellen zu ersetzen. Von Ausnahmen wie Nervenzellen abgesehen, leben die einzelnen Zellen nicht so lange wie der ganze Organismus. Sie sterben und müssen von sich teilenden Stammzellen ersetzt werden. Dieser Prozess kommt im Alter zum Stillstand, weil die Stammzellen ihre Teilungsfähigkeit verlieren.

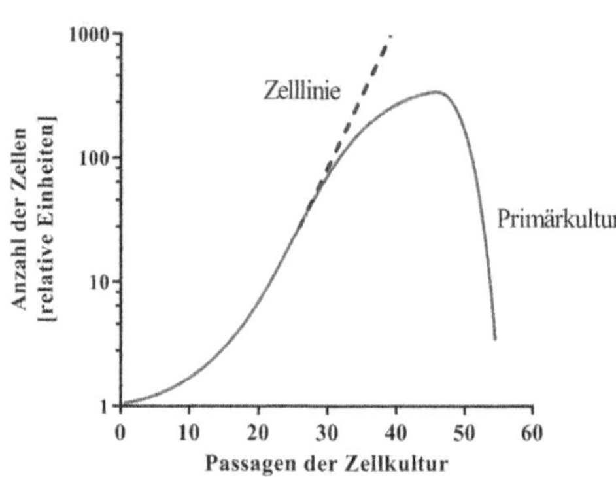

Abbildung 2: Begrenzte Teilungsfähigkeit somatischer Zellen. Körperzellen in Primärkultur proliferieren exponentiell, bis sie nach einer bestimmten Anzahl von Teilungen das Wachstum einstellen und sterben. Transformierte Zellen (gestrichelte Linie) können sich unbegrenzt weiter teilen, solange frisches Medium zugegeben und die Kulturen immer wieder passagiert werden.

Wenn wir menschliche Körperzellen isolieren und in Kultur nehmen, zeigen diese nur eine begrenzte Anzahl von Zellteilungen (Abbildung 2). Eine somatische Zelle kann sich 50- bis 70-mal teilen, wird dann seneszent oder stirbt. Schon August Weismann hat diese Beschränkung der Teilungsfähigkeit der Zellen postuliert. Sie wurde von

[15] Transkriptionsfaktoren sind Proteine, die an regulatorische Sequenzen der DNA binden und so die Expression von anderen Genen regulieren.

[16] Ljubuncic, P./ Reznik, A. Z., The evolutionary theories of aging revisited – a mini review, Gerontology 55 (2009), 205–216.

Leonhard Hayflick 1961 empirisch an menschlichen Fibroblasten bestätigt.[17] Seine Beobachtung widerlegte die bis dahin vorherrschende Annahme, dass somatische Zellen unsterblich wären und nur wegen mangelnder Kulturbedingungen nicht erhalten blieben. Die Grenze der Proliferationsfähigkeit wird nach ihrem Entdecker Hayflicklimit genannt. Krebszellen und transformierte Zelllinien kennen kein Hayflicklimit und können sich unbeschränkt weiter vermehren.

Wenn die Zellen die Grenzen ihrer Teilungsfähigkeit erreichen oder Schäden erleiden, können sie in einen inaktiven Alterszustand übergehen (Seneszenz), oder sie sterben durch programmierten Zelltod (Apoptose). Beide Prozesse, zelluläre Seneszenz und Apoptose, werden intensiv erforscht, und viele ihrer molekularen Mechanismen sind gut bekannt. Für das Ziel, den Alterungsprozess des Organismus aufzuhalten, sind diese Erkenntnisse leider nur begrenzt nützlich.

Natürlich beeinträchtigen Zelltod und Zellalterung die physiologischen Funktionen, aber die Prozesse treten erst auf, nachdem molekulare Schäden aufgetreten sind und Reparaturmechanismen versagt haben. Letzteres wird während der Vorgänge, die der Zellteilung vorausgehen, erkannt. Seneszente Zellen leben weiter, erfüllen ihre Funktionen im Körper aber nicht mehr.[18] Der programmierte Zelltod schützt gesundes Gewebe vor Freisetzung toxischer Substanzen, wie es bei Nekrosen[19] der Fall ist.

---

17 Hayflick, L./ Morhead, P. S., The serial cultivation of human diploid cell strains, Exp. Cell Biol. 25 (1961), 585–621; Shay, J./ Wright, W., Hayflick, his limit, and cellular ageing, Nat. Rev. Mol. Cell Biol. 1 (2000), 72–76, doi: 10.1038/35036093.

18 Es ist sogar so, dass in späten Stadien seneszente Zellen Faktoren abgeben, die das Gewebe schädigen. Zellen, die sich nicht mehr teilen können und weitere Schäden erleiden, sterben durch Apoptose. Coppé, J.-P./ Desprez, P.-Y./ Krtolica, A./ Campisi, J., The senescence-associated secretory phenotype: the dark side of tumor suppression, Ann. Rev. Pathol. 5 (2010), 99–118; Eliopoulos, A. G./ Havaki, S./ Gorgoulis, V. G., DNA Damage response and autophagy: a meaningful partnership, Front. Genet. 2016, doi: 10.3389/fgene.2016.00204.

19 Mit Nekrose bezeichnet man das krankhafte Absterben von Zellen oder Gewebe. Beim nekrotischen Zelltod löst sich die Plasmamembran auf und der freigesetzte Zellinhalt verursacht eine Entzündungsreaktion. Bei der Apoptose dagegen fragmentiert die Zelle, ohne dass die Plasmamembran durchlässig wird, und die resultierenden membranumschlossenen Partikel werden von Makrophagen beseitigt.

Apoptose ist physiologisch notwendig, z. B. im Immunsystem, für die Begrenzung von Tumoren oder in der Entwicklung des Nervensystems.[20] Um biologische Unsterblichkeit zu erreichen, hilft es also nicht, die an Seneszenz und Apoptose beteiligten Gene zu inaktivieren. Es scheint vielmehr notwendig, den Pool der Stammzellen zu erhalten, damit diese auf unbegrenzte Zeit die ausdifferenzierten, somatischen Zellen ersetzen können. Dazu wollen wir verstehen, weshalb die Stammzellen ihre Regenerationsfähigkeit verlieren. Die folgenden altersabhängigen Veränderungen scheinen mir die wichtigsten zu sein: a) replikative Seneszenz, b) epigenetische Regulation, c) Akkumulation von DNA-Schäden und d) das Versagen von Reparaturmechanismen (Tabelle 1).

a) Replikative Seneszenz

Bei der mitotischen Zellteilung, die dem Wachstum der Gewebe zugrunde liegt, wird das genetische Material jeder Zelle in identischer Form verdoppelt. Wenn nach der Teilung die beiden Tochterzellen genetisch und physiologisch gleich blieben wie vorher, sollten sich bei genügend Nahrung und gleichbleibender Umwelt die Zellteilungen unendlich fortsetzen können, so wie man es bei einzelligen Organismen beobachtet. Eine Ursache, warum das nicht so ist, liegt in der Telomerenverkürzung.[21]

Telomere sind repetitive Sequenzen an den Enden der Chromosomen, etwa 5–15 kb[22] lang, die am Einzelstrang Schlaufen bilden (*protective telomere cap*). Telomere verhindern die Fusion mit anderen Chromosomen und schützen die DNA. Bei jeder Zellteilung werden die Telomeren um 50–100 bp verkürzt (3'-Ende-Replikationsproblem der DNA-Polymerase). Wenn die Telomeren zu kurz werden, wird die cap-Struktur nicht mehr gebildet. Erreicht auch nur eines der Chromosomen diesen Zustand, kann die Zelle sich nicht weiter teilen. In den meisten Organen unseres Körpers gibt es Stammzellen.

---

[20] Danial, N. N./ Korsmeyer, S. J., Cell death: critical control points, Cell 116 (2004), 205–219.

[21] Blackburn, E. H./ Epel, E. S./ Lin, J., Human telomere biology: a contributory and interactive factor in aging, disease risks and protection, Science 350 (2015), 1193–1198.

[22] Die Länge von DNA-Stücken misst man anhand der Anzahl von Basenpaaren (bp; 1000 bp = 1 kb). Telomersequenzen sind typischerweise: 5'-(TTAGGG)n mit einer Länge von n > 100.

Das sind Zellen, die sich auch im Erwachsenenalter weiter teilen und deren Nachfolger sterbende Zellen ersetzen.[23] Die Regenerationsfähigkeit dieser somatischen Stammzellen ist wegen der Telomerenverkürzung aber begrenzt.

Wieso gilt das nicht für die Keimbahn und bei Einzellern? Es gibt ein Enzym, das die Telomere immer wieder neu synthetisieren kann, die Telomerase. Das ist eine reverse Transkriptase mit integrierter RNA, die komplementär zur Telomer-DNA ist. Die Telomerase verlängert die Telomere am 3'-Ende der DNA. Sie ist in den Zellen der Keimbahn und in Krebszellen aktiv. Deshalb können sich diese Zellen unbegrenzt teilen, während dies nicht für die anderen Zellen im Körper gilt. Für die Entdeckung des Mechanismus der Telomerenverkürzung und der Telomerase wurde 2009 der Nobelpreis für Physiologie vergeben.

b) Epigenetische Veränderungen

Ebenso wichtig wie die genetische Information selbst, also die Sequenz der DNA, ist für die Zellfunktionen die Regulation der Genexpression. Einer dieser Regulationsmechanismen besteht in chemischen Modifikationen von DNA-Basen. Dabei wird die genetische Information selbst nicht verändert, wohl aber, ob sie genutzt wird oder nicht. Man spricht hier von epigenetischen Veränderungen. In unserem Kontext ist die enzymatische Methylierung der DNA-Base Cytosin (5-mC) wichtig. Wenn sie in Promotoren von Genen erfolgt, wird dadurch oft die Genexpression unterdrückt. Die Enzyme, die die Methylreste übertragen, nennt man DNA-Methyltransferasen.[24]

Das Gesamtmuster der Methylierungen (und anderer Modifikationen) wird als epigenetischer Code bezeichnet. Veränderungen des Methylierungsmusters sind normale Prozesse in der Entwicklung, bei der Inaktivierung

---

23 Zakrzewski, W./ Dobrzynski, M./ Szymonowicz, M./ Rybak, Z., Stem cells: past, present and future, Stem Cell Res. Ther. 10 (2019), doi: 10.1186/s13287-019-1165-5; Tewary, M./ Shakiba, N./ Zandstra, P. W., Stem cell bioengineering: building from stem cell biology, Nat. Rev. Genet. 19 (2018), 595–614.

24 Die DNMT-1 erhält das Methylierungsmuster nach der Zellteilung; DNMT-3A und 3B katalysieren *de novo* Methylierung; DNMT2 methyliert tRNA. Issa, J.-P., Aging and epigenetic drift: a vicious cycle, J. Clin. Invest. 124 (2014), 24–29; Horvath, S./ Raj, K., DNA methylation-based miomarkers and the epigenetic clock theory of aging, Nat. Rev. Genet. 19 (2018), 371–384.

eines der X-Chromosomen bei Frauen, bei der Entstehung von Krebs und eben auch während des Alterungsprozesses. Da das Methylierungsmuster sich mit dem Alter des Organismus systematisch verändert, kann man es nutzen, um das biologische Alter von Zellen, Geweben und des Gesamtorganismus zu bestimmen.[25] Die epigenetische Uhr von menschlichen Leukozyten ist ein guter Prädiktor des globalen Mortalitätsrisikos und korreliert mit Indikatoren physischer und geistiger Fitness. Im Vergleich mit dem Durchschnitt der Bevölkerung gibt es Menschen, die schneller oder langsamer altern. Wer es will, kann sein biologisches Alter anhand des Methylierungsmusters bestimmen lassen.[26] Das epigenetische Alter von Zellen korreliert mit replikativer Seneszenz und onkogen-induzierter Seneszenz aber nicht mit Seneszenz durch DNA-Schäden. Die systematische Veränderung des Methylierungsmusters mit den Zellteilungen könnte eine Ursache, sie könnte aber auch nur eine Begleiterscheinung der Zellalterung sein.

c) Akkumulation von DNA-Schäden/Radikaltheorie des Alterns

Wir sind verschiedensten Veränderungen ausgesetzt, die notwendigerweise zu Zellschädigungen führen. Schädliche Umwelteinflüsse, die sich vermindern aber nicht komplett vermeiden lassen, sind zum Beispiel polyaromatische Kohlenwasserstoffe, andere mutagene Chemikalien, UV-Exposition und radioaktive Strahlung. Auch der eigene Körper verursacht mit der Zeit Veränderungen der Erbsubstanz. So werden bei physiologischen Entzündungsreaktionen Sauerstoffradikale gebildet, die DNA und Proteine oxidieren. Eine weitere Quelle von freien Radikalen können die Mitochondrien sein, wo die zelluläre Atmung stattfindet. Mitochondrien haben ihre eigene DNA, die besonders anfällig für Oxidation ist, weil sie nicht von Histonen geschützt wird.[27] Eine einflussreiche Theorie besagt, dass der oxidative Stress ein

---

25 Auf der Basis von 353 CpG Methylierungsstellen hat Steve Horvath eine epigenetische Uhr entwickelt. Horvath, S., DNA methylation age of human tissues and cell types, Genome Biology 14 (2013), R115, doi: 10.1186/gb-2013-14-10-r115.

26 Mehrere Firmen bieten an, das biologische Alter aufgrund der DNA Methylierungsmarker in Blutproben zu bestimmen (*myDNAge*, *TruAge* u.a.).

27 Histone sind basische Proteine im Zellkern. Sie verpacken die DNA zu Chromosomen und sind auch an der Genregulation beteiligt.

entscheidender Faktor des biologischen Alterns ist,[28] und, noch spezifischer, dass reaktive Sauerstoffradikale als Nebenprodukt der Zellatmung die DNA schädigen (mitochondriale Theorie des Alters). Das wird von der negativen Korrelation zwischen Stoffwechselrate und Lebenserwartung verschiedener Tierarten gestützt.[29] Obwohl Zellen über Schutzmechanismen gegen die Oxidation verfügen, scheinen Schädigungen der DNA, sei es durch Umwelteinflüsse, sei es durch körpereigene Prozesse, mit der Zeit unvermeidbar zu sein.[30]

d) Verlust von Reparaturmechanismen

Schäden der DNA entstehen außerdem durch zufällige Fehler der Replikation. Für die verschiedenen Arten von Schäden (Einbau falscher Basen, Einzelstrangbrüche, Doppelstrangbrüche, DNA-interne kovalente Bindungen) haben die Zellen spezifische, enzymatische Reparaturmechanismen.[31]

Während des Zellzyklus gibt es mehrere Kontrollpunkte, an denen der Replikationsmechanismus zum Halten kommt, wenn DNA-Schäden detektiert werden. Ist das der Fall, tritt ein Sicherheitsprogramm in Aktion, die *DNA-Damage Response*. Diese verhindert, dass mutierte DNA weitergegeben wird, initiiert DNA-Reparatur oder führt, wenn sie nicht gelingt, zu zellulärer

---

[28] Harman, D., Aging: a theory based on free radical and radiation chemistry, J. Gerontol. 11 (1956), 298–300; McCord, J. M., The evolution of free radicals and oxidative stress, Am. J. Med. 108 (2000), 652–659.

[29] Je höher der Stoffwechsel, desto geringer ist die Lebenserwartung. Einprägsam ausgedrückt, ist die Anzahl der Herzschläge, über die gesamte Lebensdauer summiert, bei vielen Säugetierarten ähnlich. Sohal, R. S., Metabolic rate and life span. Interdiscip. Top. Gerontol. 9 (1976), 25–40.

[30] Zum Schutz gegen Oxidation dienen vor allem Enzyme (Superoxiddismutase, Glutathionperoxidase, Peroxidase) und Antioxidantien (Vitamine A, C und E, Flavonoide, Carotinoide, Pyruvat u.a.). Iakovou, E./ Kourti, M., A comprehensive overview of the complex role of oxidative stress in aging, the contributing environmental stressors and emerging antioxidant therapeutic interventions, Front. Aging Neurosci. 14 (2022), doi: 10.3389/.2022.827900.

[31] Dazu gehören mismatch mediated repair, base excision repair, homologous recombination, non-homologous end-joining, nucleotide excision repair, direct damage reversal; Helena, J. M./ Joubert, A. M./ Grobbelaar, S. et al., Deoxyribonucleic acid damage and repair: Capitalizing on our understanding of the mechanisms of maintaining genomic integrity for therapeutic purposes, Int. J. Mol. Sci. 19 (2018), 1148.

Mechanismus	Beschreibung	Physiologische Antwort
Replikative Seneszenz	An den Enden der Chromosomen befinden sich repetitive Sequenzen, die keine Erbinformation tragen (Telomere). Bei jeder Zellteilung gehen 50-100 Basenpaare der Telomeren verloren. Wenn durch die Telomerenverkürzung eine kritische Länge unterschritten wird, kann sich die Zelle nicht weiter teilen.	Ein Enzym, die Telomerase, kann Telomere neu synthetisieren. Die Telomerase wird von embryonalen Stammzellen exprimiert, geht aber in somatischen Zellen verloren.
Epigenetische Alterung	Basen der DNA werden durch kovalente Bindung von Methylresten modifiziert. Dadurch wird die Genregulation beeinflusst. Mit dem Lebensalter verändert sich das Methylierungsmuster vieler Gene.	Die DNA-Methyltransferase DNMT-1 kann das Methylierungsmuster aufrecht erhalten, wenn die DNA repliziert wird. DNMT-3a, -3b katalysieren *de novo* Methylierungen.
Akkumulation von DNA-Schäden	Bei jeder Zellteilung treten, zufällig und mit geringer Wahrscheinlichkeit, Fehler der Replikation auf. Umwelteinflüsse, z.B. ionisierende Strahlung, UV-Licht und chemische Agentien schädigen die DNA. Sauerstoff des mitochondrialen Metabolismus sowie bei Entzündungsprozessen freigesetzte Radikale schädigen die DNA. Schadhaftes Erbgut beeinträchtigt die Zellfunktion und führt bei Zellteilung zu Seneszenz oder Zelltod (*DNA-damage response*). Ein seneszenz-assoziierter Phänotyp kann sich schädlich auf umgebendes Gewebe auswirken.	Es gibt Reparaturmechanismen der DNA *(mismatch mediated repair, base excision repair, homologous recombination, non-homologous end-joining, nucleotide excision repair, direct damage reversal)*. Mit dem Alter nimmt die Wirksamkeit der Reparaturmechanismen ab. Apoptotische Zellen werden von Makrophagen eliminiert (Efferozytose).

Tabelle 1: Physiologische Mechanismen der zellulären Seneszenz

Seneszenz oder Apoptose.[32] Viele der molekularen Mechanismen der *DNA-Damage Response* sind gut verstanden. Zellen, die durch Apoptose sterben, werden von Makrophagen aufgefressen (Efferozytose). Die Efferozytose verhindert, dass gesunde Zellen geschädigt werden, rezykliert die organischen Bestandteile und ist notwendig für Regeneration.[33] Obwohl die *DNA-Damage Response* Seneszenz und Zelltod bewirkten kann, ist sie wichtig, um Krebs zu verhindern. Die entscheidende Frage für das Altern des Organismus ist, weshalb Schäden der Erbsubstanz mit zunehmendem Alter immer weniger repariert und weshalb ausgefallene Zellen nicht mehr ersetzt werden.

4. Wie könnte man den biologischen Alterungsprozess aufhalten?

Man kann die physiologischen Theorien des Alterns entsprechend der vermuteten Mechanismen in zwei Gruppen einordnen: Programmiertes Altern und Akkumulation von Schäden. Der empirische Ansatz, diese Mechanismen zu unterbinden, besteht darin, nach Genen zu suchen, die systematisch mit dem Alter vermehrt oder vermindert exprimiert werden, diese experimentell zu manipulieren und zu untersuchen, welche Auswirkungen das dann hat. Manche solcher Gene scheinen in ganz unterschiedlichen Spezies wie Nematoden, Fruchtfliegen und Mäusen lebensverlängernd zu sein.

a) Signalwege, die das Altern verzögern oder beschleunigen

Eine intensiv untersuchte Strategie besteht in der pharmakologischen Inhibition des Enzyms mTOR (mTOR = *mechanistic/mammalian target of Rapamycin*), das viele Prozesse in den Zellen beeinflusst.[34] Die Untersuchung von mTOR begann mit der Entdeckung der Wirksamkeit von Rapamyzin, einem Produkt von Bakterien in Bodenfunden der Osterinsel (Rapa Nui).

---

32 Jackson, S. P./ Bartek, S., The DNA-damage response in human biology and disease, Nature 461 (2009), 1071–1078.

33 Boada-Romero, E./ Martínez, J./ Heckmann, B. L./ Green, D. R., Mechanisms and physiology of the clearance of dead cells by efferocytosis, Nat. Rev. Mol. Cell Biol. 21 (2020), 398–414.

34 Li, J./ Kim, S. G./ Blenis, J., Rapamyzin: one drug, many effects, Cell Metab. 19 (2014), 373–379.

Rapamyzin beeinflusst Zellfunktionen, indem es das nach ihm benannte Enzym inhibiert. Inhibitoren von mTOR wirken immunsuppressiv und werden deshalb bei Transplantationen genutzt. Da sie Apoptose in Tumorzellen verursachen, gibt es viele klinische Studien zur Krebstherapie damit. In Tierversuchen verlängert Rapamyzin die Lebensspanne der Versuchstiere. Dies wurde zuerst an Nematoden und Fruchtfliegen entdeckt, und dann gelang es in einer aufsehenerregenden Studie auch an Mäusen.[35] Ausgehend vom Beginn der Behandlung bei einem Alter von 600 Tagen, wurde die verbleibende Lebenserwartung der Männchen um 28 % und die der Weibchen um 38 % erhöht. Andere Studien erzielten noch stärkere Effekte,[36] wobei es allerdings möglich ist, dass ein Teil des Erfolgs darauf beruht, dass die Entwicklung von Krebs unterdrückt wird. Unter Mäusen, die ein Alter von 2,5 Jahren erreichten, hatten über 75 % Tumore, wenn ihnen Rapamyzin injiziert wurde aber weniger als 20 %.

Das Enzym mTOR ist nicht der einzige Kandidat für lebensverlängernde Therapien. Andere Beispiele sind die Insulinrezeptoren, die an der DNA-Reparatur beteiligten Sirtuine, der Transkriptionsfaktor FoxO3 und die schon genannte NFκB-Familie von Transkriptionsfaktoren.[37] NFκB ist ein zentraler molekularer Schalter von Entzündungsmechanismen. In alternden Mäusen wurde NFκB genetisch stillgelegt, womit es gelang, die Tiere in einen juvenilen Zustand „zurückzuversetzen".[38] Molekulare Eingriffe in die genann-

---

[35] Harrison, D. E./ Strong, R./ Sharp, Z. D. et al., Rapamyzin fed late in life extends lifespan in genetically heterogeneous mice, Nature 460 (2009), 392–395; Anisimov, V. N./ Zabezhinski, M. A./ Popovich, I. G. et al., Rapamyzin increases lifespan and inhibits spontaneous tumorigenesis in inbred female mice, Cell Cycle 10 (2011), 4230–4236.

[36] Bitto, A./ Ito, T. K./ Pineda, V. V., et al., Transient rapamycin treatment can increse lifespan and healthspan in middle-aged mice, Elife 5 (2016), doi: 10.7554/eLife.16351.

[37] Ljubuncic et al., Evolutionary theories of aging (Fußnote 16); Selman, C./ Lingard, S./ Choudhury, A. I. et al., Evidence for lifespan extension and delayed age-related biomarkers in insulin receptor substrate 1 null mice, FASEB J. 22 (2008), 807–818; Morris, B. J./ Willcox, D. C./ Donlon, T. A./ Willcox, B. J., FOXO3: a major gene for human longevity – a mini review, Gerontology 61 (2015), 515–525.

[38] Adler, A. S./ Kawahara, T. L./ Segal, E./ Chang, H. Y., Reversal of aging by NFκB blockade, Cell Cycle 7 (2008), 556–559.

ten Signalwege scheinen systematisch lebensverlängernd zu wirken. Sie können den Alterungsprozess aber nicht wirklich aufhalten. Dieser Einwand gilt auch für die Strategie, DNA-Schäden zu minimieren.

b) Hypokalorische Ernährung

Wir wissen alle, dass eine ausgewogene Ernährung sich positiv auf die Gesundheit auswirkt. Das Vermeiden von Übergewicht, Diabetes, Tabak, Alkohol usw. macht ein langes Leben wahrscheinlicher. Es scheint nun eine lebensverlängernde Diät zu geben, deren Effekt über die Vermeidung von Krankheiten hinausgeht. Diese besteht aus reduzierter Kalorienaufnahme ohne Mangelernährung. Bereits in den 30er Jahren des letzten Jahrhunderts fand man, dass eine dauerhafte Reduzierung der Nahrungsmenge die Lebenserwartung von Ratten um fast die Hälfte verlängerte.[39] Kalorienrestriktion scheint den Alterungsprozess selbst zu verzögern. Es steigt nicht nur die mittlere Lebensdauer der Nager, sondern auch deren maximale Lebenserwartung. Dieser Effekt wurde an anderen Spezies, z. B. Fruchtfliegen, Nematoden und Rhesusaffen repliziert. Bei Mäusen funktioniert die kalorienarme Diät, wenn sie im mittleren Lebensalter oder früher einsetzt. Leider verkürzt sich die Lebenserwartung, wenn die Kalorienrestriktion erst im Alter begonnen wird; dann ist die Diät also sogar schädlich.[40] Für die Kalorienrestriktion gibt es eine Vielzahl potenzieller Wirkungsmechanismen. Man hat Effekte auf mTOR und andere Signalwege festgestellt. Verminderung der Stoffwechselintensität der Mitochondrien verringert auch den oxidativen Stress.

Vielleicht verlängert eine dauerhafte Kalorienbegrenzung das Leben, weil die Akkumulation von DNA-Schäden vermindert wird. Das ist prinzipiell auch erreichbar, indem man schädliche Umwelteinflüsse, wie Abgase, radioaktive und UV-Strahlung minimiert. Alles, was die Risikofaktoren altersbe-

---

[39] McCay, C. M./ Crowell, M. F., Prolonging the life span, The Scientific Monthly 39 (1934), 405–414.

[40] Forster, M. J./ Morris, P./ Sohal, R. S., Genotype and age influence the effect of caloric intake on mortality in mice, FASEB J. 17 (2003), 690–692; Weindruch, R./ Sohal, R. S., Caloric intake and aging, N. Engl. J. Med. 337 (1997), 986–994. Es gibt keine verlässlichen Daten dazu, ob bei Menschen eine dauerhafte Kalorienrestriktion lebensverlängernd wirkt, was natürlich auch mit unserer ohnehin langen Lebenserwartung zusammenhängt.

dingter Erkrankungen (hoher Blutdruck, Blutzucker, Cholesterin, Übergewicht usw.) vermindert, wirkt lebensverlängernd, weil es Zellschädigungen reduziert. Lebensverkürzend sind Entzündungen und psychischer Stress. Aus methodischen Gründen, z. B. wegen der hohen Lebenserwartung des Menschen, gibt es allerdings keine empirischen Studien, die für irgendeine Diät belegen würden, dass sie den Alterungsprozess selbst verzögert und nicht „nur" das Krankheitsrisiko vermindert. Anti-Oxidantien haben nicht einmal im Tierversuch wirklich lebensverlängernde Wirkung. Wenn das Leben nur lange genug dauert, sind Schädigungen des Erbguts unvermeidlich. Der Schlüssel des Überlebens liegt daher bei den Reparaturmechanismen der somatischen Stammzellen. Diese scheinen mit dem Alterungsprozess mehr und mehr zu versagen, und es ist nicht so klar, weshalb.

c) Verhindern der Telomerenverkürzung

Ein entscheidender Mechanismus, der das Leben begrenzt, ist die sukzessive Verkürzung der Telomeren bei jeder Zellteilung. Gewebe und Organe können nicht unendlich regenerieren, weil die Stammzellen selbst dem Hayflicklimit unterliegen. Eine experimentelle Strategie könnte also darin bestehen, die Teilungsfähigkeit dieser Zellen zu erhalten, indem man dem Verlust der Telomeren zuvorkommt. Gleichzeitig muss natürlich unkontrollierte Zellteilung, also Krebs, unterbunden werden.

Der mutigste Schritt in diese Richtung bisher besteht in einer Gentherapie. Transfektion von Zellen mit hTERT, dem Gen, das die katalytische Untereinheit der Telomerase codiert, erhält die Proliferationsfähigkeit von Zellen, ohne sie zu Krebszellen zu transformieren. Das wurde mit Mäusen ausprobiert, und hatte bei diesen eine lebensverlängernde Wirkung.[41] Inzwischen gibt es klinische Studien zu hTERT Gentherapie, z. B. in der Gerontologie und für die Alzheimersche Demenz. Zurzeit sind diese Studien noch in Phase I, das heißt,

---

[41] Boccardi, V./ Hertig, U., Telomerase gene therapy: a novel approach to combat aging, EMBO Mol. Med. 4 (2012), 685–687; Bernardes de Jesus, B./ Vera, E./ Schneeberger, K./ Tejera, A. M./ Ayuso, E./ Bosch, F./ Blasco, M. A., Telomerase gene therapy in adult and old mice delays aging and increases longevity without increasing cancer, EMBO J. 10 (2012), doi:10.1002/emmm.201200245.

dass auf Unbedenklichkeit untersucht wird und noch nicht auf Wirksamkeit.[42]

Verglichen mit Eingriffen ins genetische Programm, gibt es den konservativen Ansatz, die in den Zellen noch vorhandene Telomerase zu aktivieren.[43] Wenn nicht die Genexpression induziert, sondern nur das vorhandene Enzym aktiviert wird, muss der Effekt natürlich begrenzt sein, solange nicht verhindert werden kann, dass die Telomerase selbst mit dem Alter verloren geht. Obwohl die Wirksamkeit von Telomeraseaktivatoren auf die Alterung nicht erwiesen ist, werden entsprechende Produkte bereits seit über zehn Jahren vermarktet.[44] Ein Extrakt aus der Leguminose *Astragalus* wurde immerhin in einer kontrollierten klinischen Studie getestet. Dabei ergab sich tatsächlich eine Verlängerung von Telomeren in Blutzellen der Probanden, aber eine lebensverlängernde Wirkung konnte nicht gezeigt werden, weil die Personen nur ein Jahr lang behandelt und untersucht wurden.[45]

---

42 Sewell, P. E./ Ediriweera, D./ Gomez Rios, E./ Guadarrama, O. A./ Eusebio, Y./ González, L./ Parrish, E. L., Safety study of AAV hTert and Klotho gene transfer therapy for dementia, J. Reg. Bio. Med. 3 (2021), 1–15. Andere clinical trials sind z. B. NCT04133454, NCT04133649.

43 Es ist wert zu erwähnen, dass auch das Gegenteil untersucht wird, nämlich die Anwendung von hTERT-Inhibitoren zur Krebstherapie. Diese sind aber wegen Nebenwirkungen bis jetzt nicht einsetzbar. Hong, J.-W./ Yun, C.-O., Telomere gene therapy: polarizing therapeutic goals for treatment of various diseases, Cells 8 (2019), doi: 103390/cells8050392.

44 Harley, C. B./ Liu, W./ Blasco, M./ Vera, E./ Andrews, W. H./ Briggs, L. A./ Raffaele, J. M., A natural product telomerase activator as part of a health maintenance program, Rejuv. Res. 14 (2011), doi: 10.1089/rej.2020.1085. Der kommerziell erfolgreichste Telomeraseaktivator scheint TO65 zu sein, und der Produzent, TA Sciences, testet das Produkt inzwischen für Hunde. Die US Federal Trade Commission rügte die Firma 2018 für falsche oder irreführende Werbung und unbelegte Behauptungen zur Wirksamkeit des Produkts (https://www.ftc.gov/business-guidance/blog/2018/02/younger-games-ftc-challenges-anti-aging-claims-unsubstantiated).

45 Salvador, L./ Singaravelu, G./ Harley, C. B./ Flom, P./ Suram, A./ Raffaele, J. M., A natural product telomerase activator lengthens telomeres in humans: a randomized, double blind and placebo controlled study, Rejuv. Res. 19 (2016), doi: 10.1089/rej.2015.1793. In die Studie wurden 117 Personen im Alter von 53–87 Jahren aufgenommen, die mit Cytomegalovirus infiziert und „relativ gesund“ waren.

d) Die epigenetische Uhr anhalten

Eine Analyse des DNA-Methylierungsmusters von Blutzellen erlaubt ja, die biologische Lebenserwartung einer Person abzuschätzen. Lebensverlängernde Interventionen, z. B. Rapamyzin oder Kalorienrestriktion verlangsamen diese epigenetische Uhr. Die Änderung der DNA-Methylierung könnte eine Folgeerscheinung des Alterns sein, aber es ist auch möglich, dass sie selbst zum Alterungsprozess beiträgt. Allerdings kennt man die Auswirkungen auf die Physiologie in unterschiedlichen Geweben noch nicht gut. Außerdem gibt es geschlechts- und speziesspezifische Unterschiede der DNA-Methylierung, deren Bedeutung auch unklar ist.[46] Dennoch wäre es wert zu untersuchen, ob man durch Anhalten der epigenetischen Uhr auch den Altersprozess stoppen kann. Entscheidend dafür sind die Enzyme, die die DNA-Methylierung verursachen (DNMT-1, -3a, -3b) beziehungsweise abbauen (TET-Proteine: 5-mC-Dioxygenasen).[47] Soweit mir bekannt, konzentriert sich die Forschungsaktivität im Feld aber auf epigenetische Uhren als Biomarker für das biologische Alter.[48]

e) Stammzelltherapie

Die meisten unserer Körperzellen sind ausdifferenziert und teilen sich nicht mehr. Wenn sie sterben, müssen sie ersetzt werden, und wir haben schon angesprochen, dass es dafür teilungsfähige Zellen im Körper gibt, die somatischen Stammzellen (Abbildung 3). Im Vergleich zur Keimbahn sind diese schon etwas spezialisiert, d. h. sie ersetzen bestimmte differenzierte Zellen, bilden aber nicht mehr ganz andere Gewebe. Zum Beispiel können die für die Regeneration der Haut zuständigen epidermalen Stammzellen sich nicht mehr zu Muskelfasern oder Nervenzellen entwickeln.[49] Mit dem Alter nimmt

---

[46] Unnikrishnan, A./ Freeman, W. M./ Jackson, J./ Wren, J. D./ Porter, H./ Richardson, A., The role of DNA methylation in epigenetics of aging, Pharmacol. Ther. 195 (2019), 172–185.

[47] Ciccarone, F./ Malavolta, M./ Calabrese, R. et al., Age-dependent expression of DNMT1 and DNMT3B in PBMCs from a large European population enrolled in the MARK-AGE study, Aging Cell 15 (2016), 755–765.

[48] Bell, C. G./ Lowe, R./ Adams, P. D. et al., DNA methylation aging clocks: challenges and recommendations, Genome Biol. 20 (2019), doi: 10.1186/s13059-019-1824-y.

[49] Man spricht von multipotenten und pluripotenten Stammzellen im Gegensatz zu den totipotenten Stammzellen der Keimbahn. Literaturhinweise in Fußnote 23.

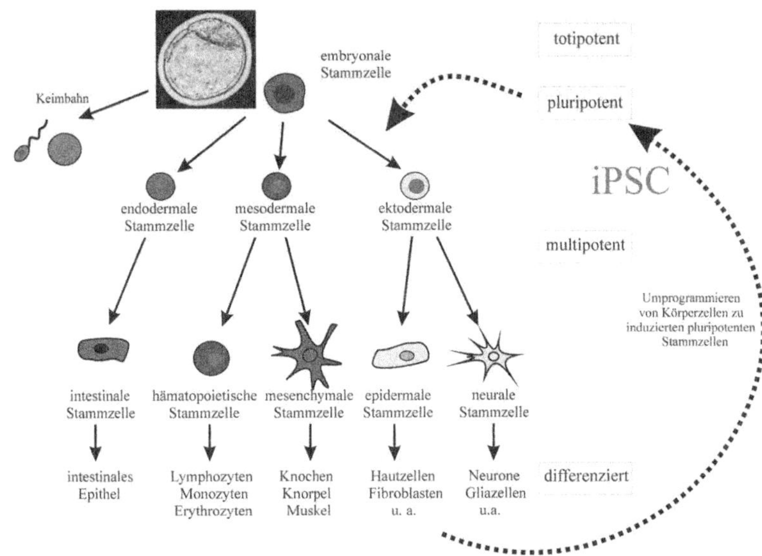

Abbildung 3: Stammzellen und ihr Differenzierungspotenzial. Stammzellen werden durch ihr Potenzial definiert, verschieden spezialisierte Zellen zu ersetzen. Eine befruchtete Eizelle (totipotent) entwickelt sich zur Blastozyste, in der die Epiblasten enthalten sind. Diese sind pluripotente Stammzellen, aus denen sich der Fetus entwickeln wird. In verschiedenen Differenzierungsstufen werden die Stammzellen immer stärker auf bestimmte Entwicklungslinien eingeschränkt. Durch Reprogrammierung können differenzierte Körperzellen zu pluripotenten Stammzellen induziert werden.

die Reproduktionsfähigkeit dieser multipotenten, somatischen Stammzellen ab, und die oben diskutierten Strategien bezwecken natürlich insbesondere den Erhalt der Teilungsfähigkeit dieser Zellen. Um die biologische Alterung zu verhindern, müsste man also den Pool der Stammzellen erhalten, damit diese auf unbegrenzte Zeit die somatischen Zellen ersetzen können.

Ein vielleicht bahnbrechender Ansatz besteht in der Umprogrammierung von ausdifferenzierten Körperzellen, um sie in einen ursprünglichen, länger teilungsfähigen Zustand zurückzuversetzen. Im Jahr 2006 gelang es den Japanern Shinya und Yamagata, somatische Fibroblasten durch Transfektion mit Myc, Oct3/4, Sox2 und Klf4 in induzierte pluripotente Stammzellen (*induced pluripotent stem cells*, iPSC) zu transformieren.[50] Sie erhielten 2012 dafür den Nobelpreis für Physiologie. Die Möglichkeit, z. B. Hautzellen eines Menschen wieder in Stammzellen zu verwandeln und diese dann zu anderen Gewebezellen zu differenzieren, z. B. zu Herzmuskelzellen oder Neuronen, wird bereits intensiv in der medizinischen Forschung eingesetzt. Die iPSC können die Isolation von embryonalen Stammzellen – aus Abtreibungen – oder Kerntransplantation in Eizellen (*somatic nuclear transfer*) ersetzen. Noch ist die Herstellung von iPSC langsam, sie dauert 3–4 Wochen beim Menschen, und ist nur zu 0,1 % effizient. Sie gilt auch noch nicht als sicher genug für die regenerative Medizin, denn die eingesetzten Transkriptionsfaktoren sind zum Teil Onkogene.[51] Die Methode wird aber immer weiterentwickelt, und mit Mäusen ist eine signifikante und erhebliche Lebensverlängerung ohne Erzeugung von Tumoren schon gelungen.[52] Zum Zeitpunkt der Abfassung dieses Kapitels fand ich 123 klinische Studien mit iPSC – die meisten noch Methodenentwicklung; es sind aber auch schon therapeutische Ansätze darunter.[53]

5. Schlussfolgerung und Ausblick

Das Beschriebene lässt sich in drei Punkten zusammenfassen:

1. Es gibt mehrere Theorien, die die biologische Alterung als Ergebnis der Evolution erklären. Menschen haben nur eine begrenzte Lebenserwartung, sei es, weil durch systematisches Abschalten von Reparaturprogrammen Schäden des Erbguts akkumulieren, sei es, weil die Körperzellen einer programmierten Seneszenz unterliegen.

---

50 Takahashi, K./ Yamagata, S., Induction of pluripotent stem cells from mouse embryonic and adult fibroblast cultures by defined factors, Cell 126 (2006), 663–676.

51 Abad, M./ Mosteiro, L./ Pantoja, C. et al., Reprogramming in vivo produces teratomas and iPS cells with totipotency features, Nature 502 (2013), 340–345.

52 Ocampo, A./ Reddy, P./ Marínez-Redondo, P. et al., In vivo amelioration of age-associated hallmarks by partial reprogramming, Cell 167 (2016), 1719–1733.

53 https://clinicaltrials.gov/ct2/results?term=iPSC&Search=Search.

2. Dennoch ist es prinzipiell möglich, die physiologischen Mechanismen des Alterns auszuhebeln, z. B. durch genetische oder pharmakologische Eingriffe. Man wird wahrscheinlich durch Verhindern der Telomerenverkürzung oder durch Intervention in Signalwege, die direkt an der Alterung beteiligt sind (mTOR, Sirtuine, epigenetischer Code etc.), die Reproduktionsfähigkeit von Zellen unbegrenzt aufrechterhalten können.
3. Wenn es gelänge, durch Umprogrammierung von alternden Körperzellen, regenerationsfähige pluripotente Stammzellen zu erzeugen und zu implantieren, wäre das ein Durchbruch auf dem Weg, den biologischen Alterungsprozess aufzuhalten.

Dies wird am schwierigsten im Zentralen Nervensystem zu erreichen sein. Der Kern unseres Selbst ist unser Gehirn. Gerade dort wird das Problem der Seneszenz besonders deutlich: Nervenzellen können sich nicht mehr teilen und werden mit wenigen Ausnahmen nicht ersetzt.[54] Ab der Pubertät verliert der Mensch pro Jahr etwa drei bis vier Millionen Neurone, wobei der Gewebeverlust des Gehirns mit dem Alter zunimmt.[55] Nur wenn es gelingt, Stammzellen so zu programmieren und dann zu implantieren, dass sie im ZNS sterbende Nervenzellen ersetzen, könnte man das Gehirn als Ganzes biologisch unsterblich machen. Neue Forschungsergebnisse zeigen verschiedene Möglichkeiten, Neurone durch direkte Umprogrammierung aus Fibroblasten oder Gliazellen zu erzeugen.[56]

---

[54] Zwei Regionen, in denen beim Erwachsenen noch Nervenzellen neu gebildet werden können, sind die subventrikuläre Zone und der Gyrus dentatus des Hippocampus. In fast allen anderen Regionen des ZNS, im Hirnstamm, dem Cerebellum, der Großhirnrinde oder dem Rückenmark werden gestorbene Neurone nicht ersetzt. Aufsehenerregende Nachrichten zur Neubildung von Neuronen beziehen sich ausschließlich auf die genannten Zonen: Boldrini, M./ Fulmore, C. A./ Tartt, A. N. et al., Human hippocampal neurogenesis persists throughout aging, Cell Stem Cell 22 (2018), 589–599.

[55] Es ist mir nicht gelungen, verlässliche Daten zum altersbedingten Verlust an Neuronen zu finden. Angaben zur Schrumpfung des Gehirns sind genauer. Fox, N./ Schott, J. M., Imaging cerebral atrophy: normal ageing to Alzheimer's disease, Lancet 363 (2003), 392–394.

[56] Yang, S.-G./ Wang, X. W./ Qian, C./ Zhou, F.-Q., Reprogramming neurons for regeneration: the fountain of youth, Progr. Neurobiol. 214 (2022), doi: 10.106/jpneurobio.2022.102284.

Dass die „biologische Unsterblichkeit" gelingen kann, ist nicht gänzlich ausgeschlossen. Dafür spricht nämlich, dass es Tiere gibt, die biologisch nicht altern. Am bekanntesten dafür sind vielleicht Süßwasserpolypen (*Hydra vulgaris*). Die Stammzellen von Hydra können sich anscheinend unbegrenzt teilen. In Langzeitexperimenten mit Hydren sind die Körper der Tiere mindestens sechzig Mal ersetzt worden, und die einzelnen Körperzellen im Durchschnitt dreihundert Mal.[57] Ähnlich scheint sich die Meduse *Turritopsis nutricula* unbegrenzt oft zu einem Polypen und wieder zur geschlechtsreifen Meduse zurückdifferenzieren.

Nacktmulle (*Heterocephalus glaber*) sind nicht gerade unsterblich, haben aber eine erstaunlich lange Lebenserwartung für ihre Körpergröße. Diese Säugetiere werden in Gefangenschaft bis zu 32 Jahre alt. Da andere Nager eine Lebenserwartung von nur 3 Jahren haben, untersucht man intensiv, was den Nacktmullen ihre zehnfach längere Lebenszeit beschert.[58] Es zeigt sich unter anderem, dass die Telomeraseaktivität auch in somatischen Zellen hoch bleibt und dass bestimmte Krebsschutzmechanismen mit dem Lebensalter nicht zurückgehen. Man stelle sich vor, wir könnten die biologisch mögliche Lebenserwartung der Menschen von 80 auf 800 Jahre verlängern.

Weder dieses Ziel noch der Weg dorthin sind ethisch unbedenklich. Vermutlich wird man Zelltherapien am Menschen einsetzen, bevor das Tumorrisiko mit Sicherheit ausgeschlossen ist.[59] Die sozialen Folgen einer wirklich lebensverlängernden Technologie sind unabsehbar. Das Gerechtigkeitsproblem, das entsteht, wenn der Zugang zur biologischen Unsterblichkeit nur

---

57 Martínez, D. E., Mortality patterns suggest lack of senescence in Hydra, Exp. Gerontol. 33 (1998), 217–225; He, J./ Bosch, T. C. G., Hydra's lasting partnership with microbes: the key for escaping senescence?, Micororganisms 10 (2022), do: 10.3390/microorganisms10040774; vgl. Morris et al., FOXO3 (Fußnote 37).

58 Der folgende Übersichtsartikel diskutiert Mythen und Fakten über die Nacktmulle einschließlich der Thesen zu ihrer Langlebigkeit. Braude, S./ Holtze, S./ Begall, S. et al., Surprisingly long survival of premature conclusions about naked mole-rat biology, Biol. Rev. 96 (2021), 376–393. Dazu gibt es eine lesenswerte Antwort von Wissenschaftlern, die sich offensichtlich übergangen fühlten: Buffenstein, R./ Amoroso, V./ Andziak, B. et al., The naked truth: a comprehensive clarification and classification of current 'myths' in naked mole-rat biology, Bio. Rev. 97 (2022), 115–140.

59 Man denke an die immensen Investitionen in diesem Bereich (Fußnote 1).

Wohlhabenden vorbehalten bleibt, ist skandalös, aber vielleicht noch gering im Vergleich zu den Auswirkungen ihrer Verbreitung auf der schon jetzt überbevölkerten Erde.

Fred Salomon

Leben und Sterben in der Intensivmedizin

1. Zwang zur Entscheidung

Die Medizin hat sich seit Mitte des 19. Jahrhunderts in einer vorher nie so gleichzeitig auftretenden Vielfalt entwickelt. Damit ist ihre Leistungsfähigkeit in beeindruckender Weise angestiegen. Dazu trugen sowohl physiologische und pathophysiologische Erkenntnisse als auch naturwissenschaftliche, technische und pharmakologische Entdeckungen und Entwicklungen bei. Der weiter anwachsende Wissens- und Erfahrungszuwachs fasziniert bis heute die professionell im Gesundheitswesen Tätigen aus allen Berufsgruppen. Sie sind nicht selten stolz auf ihre Erfolge in Diagnostik und Therapie von Krankheiten. Ebenso sind medizinische Laien begeistert von dem, was die Medizin ihnen als potenzielle Patienten anbieten kann und was sie deshalb auch wünschen oder sogar verlangen.

Mit dem Zuwachs von diagnostischen und therapeutischen Möglichkeiten nahm die Zahl der Handlungsalternativen zu. Als Wiederbelebungsmaßnahmen weitgehend unbekannt oder ineffektiv waren, konnte man bei einem plötzlichen Atem- oder Kreislaufstillstand zwar mit Gott oder dem Schicksal hadern, aber nicht kurativ eingreifen und den Tod abwenden. Mit dem neu gewonnenen Wissen um Atemhilfe und Herzdruckmassage bot sich die Chance, den lebensbedrohlichen Notfall zu überwinden.[1] Mit der Entwicklung unterschiedlicher Techniken boten sich im Laufe der Zeit noch weitere Alternativen, z. B. Intubation, Kreislaufunterstützung oder Organersatzverfahren. Die steigende Leistungsfähigkeit der Medizin führt zu einem unver-

---

1 Brandt, L., Die Verbreitung des Gedankens der Wiederbelebung im 18. Jahrhundert, Notfallmedizin 15 (1989), 554–559.

meidlichen Entscheidungszwang. Mit jeder neuen Behandlungsmöglichkeit stellt sich zumindest die Frage, ob man sie einsetzt oder darauf verzichtet und der Krankheit ihren Lauf lässt. Und mit der Zahl der Alternativen ergibt sich die zusätzliche Notwendigkeit, auch noch zwischen diesen zu wählen.

Entscheiden können heißt entscheiden müssen!

Das ist unvermeidlich. Wir können uns der Situation, in die wir oft zufällig hineingeraten, nicht entziehen. Als Experten für Diagnostik und Therapie stehen wir durch den eingetretenen Krankheitsfall oder die plötzlich sich bietende lebensbedrohliche Situation eines Menschen vor der Herausforderung, entscheiden zu müssen, ob und was wir dagegen tun. Als Ärztinnen und Ärzte maßen wir uns insofern keine Entscheidung über Leben und Tod an, sondern sind ihr unausweichlich ausgeliefert.

Auch abzuwarten oder vermeintlich nicht zu entscheiden ist eine in diesem Moment getroffene Entscheidung, nämlich jetzt nichts zu tun. Wer bei der Fahrt mit dem PKW morgens früh zur Arbeit über eine einsame Strecke ein Auto im Straßengraben liegen sieht und weiterfährt, weil er denkt, das sei ein noch nicht weggeräumtes Fahrzeug von einem nächtlichen Unfall, entscheidet sich für die Weiterfahrt. Kommen nach wenigen Minuten Zweifel, die zur Umkehr an den Unfallort veranlassen und zur Feststellung führen, dass hier ein frischer Unfall stattgefunden hat und der Fahrer bewusstlos hinterm Steuer eingeklemmt ist, so kann es für die Hilfe schon zu spät sein, die bei der ersten Vorbeifahrt noch effektiv gewesen wäre.

Unser Sein ist ein „Sein in Situationen".[2] In Konsequenz dieses existenzphilosophischen Ansatzes sind wir als Menschen in unserer Grundbefindlichkeit Menschen in der Entscheidung.[3] Ihr können wir uns nicht entziehen. Das gilt ohne Abstriche auch für Ärztinnen, Ärzte oder Pflegende im Umgang mit Patienten.

---

2 Jaspers, K., Philosophie, Berlin 1932.

3 Salomon, F., Leben und Sterben in der Intensivmedizin – Eine Herausforderung an die ärztliche Ethik, Lengerich 1991.

Entschieden haben heißt verantworten müssen!

Jede Entscheidung muss verantwortet werden, auch die situativ aufgezwungene. Das ist sowohl moralisch gefordert als auch rechtlich zwingend. Nach dem Vorbeifahren an dem zunächst falsch eingeschätzten Autounfall werden möglicherweise nur Gewissensbisse plagen, doch sind auch deutlichere Sanktionen denkbar. Das wurde spektakulär bekannt, als in einem Vorraum einer Sparkassenfiliale einem am Boden liegenden 83-Jährigen von mehreren Kunden nicht geholfen wurde, die ihn als betrunken einschätzten, er aber in einer medizinischen Notlage war. Die angemessene Reaktion eines weiteren Kunden 20 Minuten später konnte nicht mehr verhindern, dass der Mann in der Folge starb.[4]

Verantworten müssen heißt begründen können!

Viele Entscheidungen oder Beurteilungen treffen wir auf Grund eines verinnerlichten Wertesystems in Bruchteilen von Sekunden, oftmals sogar unbewusst. Das gilt für banale Entscheidungen im Alltag, aber auch für viele professionelle Entscheidungen im Gesundheitswesen. Oftmals werden erst durch die Konfrontation mit der Verantwortung für ein Handeln oder ein Unterlassen Motive oder Gründe für dieses Verhalten bewusst. Die Nachfrage anderer oder Meinungsunterschiede unter den verschiedenen Beteiligten und Betroffenen veranlassen oft erst, die eigene Meinung zu formulieren, zu begründen oder zu hinterfragen.

In der Begründung greifen wir auf unser Wertesystem zurück, auf unsere weltanschaulichen, philosophischen, religiösen oder politischen Haltungen. Die Begründung der zu verantwortenden Handlungen und Entscheidungen ist die wesentliche ethische Aufgabe bei Entscheidungen. Es handelt sich dabei um einen dialogischen Prozess mit sich selbst und anderen.

---

[4] https://www.spiegel.de/panorama/justiz/rentner-in-bank-gericht-verhaengt-geldstrafen-wegen-unterlassener-hilfeleistung-a-1168518.html, Zugriff 10. Juli 2022.

2. Menschenbild der modernen Humanmedizin

Unsere individuellen Wertesysteme entwickeln sich im Laufe des Lebens auf der Basis von Erziehung, Vorbildern, Erfahrungen und Überlegungen. Sie korrespondieren mit dem jeweiligen Menschenbild. Unsere Werte und anthropologischen Konzepte wandeln sich im Laufe der Zeiten und werden von vielen Faktoren beeinflusst. Zu ihnen gehören kulturelle und gesellschaftliche Entwicklungen und wissenschaftliche Erkenntnisse.[5]

Auch in der Medizin haben sich in verschiedenen Kulturen und zu verschiedenen Zeiten unterschiedliche Menschenbilder entwickelt, die ihrerseits wieder die Entwicklung der Medizin beeinflussen. Das derzeit immer noch vorherrschende anthropologische Konzept knüpft an die Vorstellungen des Rationalismus und Empirismus an. Renè Descartes (1596–1650) als prägender Vertreter sieht den Menschen dualistisch als denkendes Wesen (res cogitans) und als materiell erkennbaren Körper (res extensa). Den Körper betrachtet er „als eine Art Maschine" und vergleicht ihn mit einem Uhrwerk. Die einzelnen Teile können Defekte haben und wie die Zahnräder einer Uhr repariert oder auch ausgetauscht werden.[6] Diese Aufteilung entsakralisierte den menschlichen Körper und eröffnete so die Möglichkeiten, an ihm zu forschen und Krankheiten als Störungen zu verstehen und zu behandeln. Letztlich ist durch das Bild des Austausches einzelner Teile des Körpers philosophisch auch schon die Organtransplantation vorweggenommen.

Die Darstellung des menschlichen Körpers in von Hagens „Körperwelten" ist auch eine Konsequenz dieses von Descartes angestoßenen Menschenbildes.[7] Auch schon vor Descartes gab es Versuche, gegen insbesondere religiöse Bedenken einen empirischen Zugang zum Menschen und dessen Körper zu finden. Sehr eindrucksvoll entfaltet ist das in Romanform am Beispiel des französischen Anatoms und Naturforschers Guillaume Rondellet (1507–1566).[8]

---

5 Pleger, W., Handbuch der Anthropologie. Die wichtigsten Konzepte von Homer bis Sartre, Darmstadt 2013.

6 Descartes, R., Meditationen über die Erste Philosophie (1642), Stuttgart 1971.

7 https://koerperwelten.de/plastination/gunther-von-hagens/, Zugriff 11. Juli 2022.

8 Mayer, A.-E., Die Hunde von Montpellier, Frankfurt a. M. 2014.

3. Therapieziele

Der empirische Zugang zum Menschen lieferte eine Fülle von Erkenntnissen über Aufbau und Funktion des Körpers, die den Umgang mit Krankheiten und deren Behandlung revolutionierte. Medizin wurde zunehmend selbst als Naturwissenschaft verstanden, obwohl sie sich nur naturwissenschaftlicher Methoden bediente. Das führte dazu, dass sich die Medizin Mitte des 19. Jahrhunderts von der Philosophie abwandte und naturwissenschaftliche Konzepte in den Vordergrund stellte.[9] 1861 wurde das Philosophicum im Medizinstudium durch das bis heute zum Studium gehörende Physikum abgelöst.[10]

Die Faszination über die Errungenschaften und Fortschritte der Medizin führte meist dazu, dass sich eine neu gewonnene Diagnostik- oder Therapiemöglichkeit rasch verbreitete. Erste Erfolge jedes neuen Verfahrens zogen einen Boom nach sich. So kam es nach den ersten erfolgreichen Herztransplantationen 1967 in Südafrika im Folgejahr weltweit zu über einhundert Nachfolge-OPs. Die anfängliche Begeisterung ebbte angesichts auftretender Probleme dann aber nach 2 Jahren ab und wich einer realistischen Einschätzung.[11] Die erfolgreiche, minimalinvasive Nierensteinbehandlung mit der extrakorporalen Stoßwellenlithotripsie (ESWL) erleichterte auch bei schwerkranken Menschen die Therapie. Die Nachfrage stieg, weil dieser Eingriff gegenüber einer herkömmlichen Operation deutlich weniger belastend war.[12] So etablierten sich viele neue Verfahren.

---

9 Salomon, Leben und Sterben (Fußnote 3), 15; Bergdolt, K., Das Gewissen der Medizin, München 2004, 242–248.

10 Bohrer, T./ Schmidt, M./ Rüter, G./ Königshausen J-H., Die Schwester der Medizin. Warum wir heute wieder ein Philosophicum brauchen, Deutsches Ärzteblatt 107 (2010), A 2591–2592.

11 https://de.wikipedia.org/wiki/Herztransplantation, Zugriff 11. Juli 2022.

12 Moll, F./ Krischel, M., Die Entwicklung der Extrakorporalen Schockwellenlithotripsie (ESWL) – ein Beitrag zur Medizintechnikgeschichte, in: Halling, T./ Moll, F. H./ Fangerau, H. (Hg.), Urologie 1945–1990, Berlin/Heidelberg 2015, 186–196, https://www.researchgate.net/publication/286417492_Die_Entwicklung_der_Extrakorporalen_Schockwellenlithotripsie_ESWL_-_ein_Beitrag_zur_Medizintechnikgeschichte, Zugriff 11. Juli 2022.

Eine besondere Rolle nimmt dabei die Intensivmedizin ein. Zunächst als postoperative Nachversorgung eingerichtet, mit der man den Erfolg großer und komplizierter Operationen sichern wollte, hat dann die Faszination über die Erfolge bei der Abwendung lebensbedrohlicher Erkrankungen zu einer nahezu flächendeckenden Verbreitung in Mitteleuropa geführt.[13] Nachdem die überzeugenden Erfolge einer Beatmungstherapie für das Überleben während der Poliomyelitis-Epidemie in den 1950er Jahren in Skandinavien bekannt wurden, war für viele Kommunalpolitiker die Einrichtung von Intensivstationen oder zumindest Intensiveinheiten mit Beatmungsmöglichkeiten selbst in kleinen Krankenhäusern eine Imagefrage.

Diese Denkweise machte die Möglichkeit einer Therapie bereits zur Forderung, sie auch zu nutzen. Der in der Philosophie bekannte naturalistische Fehlschluss, aus der Gegebenheit einer Technik deren Anwendung als moralische Forderung abzuleiten, aus dem Sein ein Sollen zu folgern, schlich sich ins ärztliche Denken ein. Das führte nicht selten zu einer automatischen Anwendung vorhandener Therapien. Checklisten für Studierende und auch die ärztliche Kitteltasche förderten zusätzlich dieses „wenn-dann"-Denken im klinischen Alltag.

Das führte jedoch dazu, dass nicht in jedem Fall die Erfolge eintraten, die man sich wünschte. Es zeigte sich die Janusköpfigkeit der Medizin. Zwar ließen sich oft lebensbedrohliche Situationen primär überwinden, doch blieben schwere Einschränkungen und Behinderungen bis hin zu dauerhaften Bewusstseinsstörungen und Komazuständen bestehen. Die Konfrontation mit solchen nicht gewollten Ergebnissen einer Therapie im Familien- und Bekanntenkreis oder über Berichte in den Medien führte zu dem Wunsch, solche Folgen der Medizin möglichst zu vermeiden. Zum einen bekamen deswegen Vorausverfügungen ein zunehmendes Gewicht, zum anderen lenkten Vertreterinnen und Vertreter der Medizin und der Medizinethik den Blick auf die Ziele medizinischer Therapien. „Therapieziel" und „Therapiezielän-

[13] Quintel, M., Ziele und Aufgaben der Intensivmedizin, in: Salomon, F. (Hg.), Praxisbuch Ethik in der Intensivmedizin, Berlin [4]2021, 14–25.

derung“ sind zu zentralen Begriffen insbesondere in der ethischen Diskussion der Medizin geworden.[14]

3.1. Ziele der Medizin

Oft wird auf den Hippokratischen Eid als wichtige Orientierungsgröße für ärztliches Handeln verwiesen. Er hatte in der Medizingeschichte jedoch nur eine sehr begrenzte Bedeutung und ist auch heute für ärztliches Handeln nicht verwendbar.[15] Eine wichtige Orientierung stellt dagegen das Genfer Ärztegelöbnis dar, das nach den Erfahrungen des Nationalsozialistischen Regimes in Deutschland 1948 vom Weltärztebund beschlossen, wiederholt revidiert und 2017 in der neusten Fassung veröffentlicht wurde.[16] Ihm verpflichten sich Ärztinnen und Ärzte in Deutschland bei der Approbation. Als Ziele sind dort Menschlichkeit, Gesundheit und Wohlergehen der Patientinnen und Patienten, Achtung der Autonomie und Respekt vor dem Leben genannt.

Die Schweizerische Akademie der Medizinischen Wissenschaften hat 2004 für das 21. Jahrhundert kurative und palliative Therapieziele als gleichwertig nebeneinander stehend benannt. Krankheiten und Verletzungen vermeiden, Gesundheit, körperliche Integrität und Funktionsfähigkeit fördern, Linderung von Leiden und Schmerz, Palliation und Ermöglichung eines friedvollen Sterbens sind gleichermaßen wichtige Ziele ärztlichen wie pflegerischen Handelns.[17]

---

[14] Janssens, U./ Burchardi, H./ Duttge, G. et al., Therapiezieländerung und Therapiebegrenzung in der Intensivmedizin – Positionspapier der DIVI 2012, https://divi-org.de/joomlatools-files/docman-files/publikationen/ethik/20120518-publikationen-therapiezielaenderung-und-therapiebegrenzung.pdf, Zugriff 11. Juli 2022.

[15] Bergdolt, Gewissen (Fußnote 9), 48–51.

[16] Montgomery, F. U./ Parsa-Parsi, R. W./ Wiesing, U., Das Genfer Gelöbnis des Weltärztebunds. Revidiert unter Leitung der Bundesärztekammer, Ethik Med 30 (2018), 67–69.

[17] Schweizerische Akademie der Medizinischen Wissenschaften, Ziele und Aufgaben der Medizin zu Beginn des 21. Jahrhunderts, Basel 2004, https://www.samw.ch/

Ebenso betont in Deutschland die Bundesärztekammer in ihren Grundsätzen zur ärztlichen Sterbebegleitung 2011, dass sowohl kuratives als auch palliatives Handeln für Ärztinnen und Ärzte gleich wichtig sind. Ärztliche Aufgabe ist es,

> „unter Achtung des Selbstbestimmungsrechtes des Patienten Leben zu erhalten, Gesundheit zu schützen und wiederherzustellen sowie Leiden zu lindern und Sterbenden bis zum Tod beizustehen. Die ärztliche Verpflichtung zur Lebenserhaltung besteht daher nicht unter allen Umständen."[18]

Dieser Gedanke ist bereits in den seit 1979 veröffentlichten früheren Fassungen enthalten.[19] Er verpflichtet Ärztinnen und Ärzte, Sterbende bis zu ihrem Tod zu versorgen.

Damit ist eine im Mittelalter häufig zu findende Haltung endgültig als unärztlich überwunden, nach der ein Arzt beim nahenden Tod das Feld räumt und es dem Priester überlässt.[20]

> „Der Arzt fliehe, so weit es geht, Patienten, die im Sterben liegen, und unternehme an denen, die an der Schwelle zum Tode stehen, nichts mehr, damit man nicht, wenn jemand daraufhin stirbt, sagt, er habe ihn umgebracht. Er darf auch nicht dabei sein, wenn es mit einem Menschen zu Ende geht."[21]

Wenn die Motive heute auch andere sind, war es in den letzten Jahrzehnten nicht für alle Ärztinnen und Ärzte selbstverständlich, Sterbebegleitung als ihre Aufgabe anzusehen. Sie wurde oft an Pflegende delegiert. Insofern ist die klare Aussage der Bundesärztekammer, dass kurative und palliative Ziele gleichermaßen ärztliche Aufgaben sind, auch heute noch aktuell.

---

dam/jcr:c37b4111-fe31-4e78-bbeb-1270be1d020c/ positionspapier_samw_ziele _aufgaben_medizin.pdf, Zugriff 11. Juli 2022.

18 Bundesärztekammer, Grundsätze der Bundesärztekammer zur ärztlichen Sterbebegleitung, Deutsches Ärzteblatt 108 (2011), A 346–348, https://www.bundesaerztekammer.de/fileadmin/user_upload/old-files/downloads/Sterbebegleitung_17022011.pdf, Zugriff 15. Juli 2022.

19 Synoptisch dargestellt in: Kliesch, F., Das Ethos der Bundesärztekammer, Eine Untersuchung ihrer Verlautbarungen zu Themen des Lebensanfangs und Lebensendes, Göttingen 2013, 376–445.

20 Bergdolt, Gewissen (Fußnote 9), 18.

21 Zerbi, G., Opus perutile de cautelis medicorum (1495), zit. nach Bergdolt, Gewissen (Fußnote 9), 135.

3.2. Ziele der Intensivmedizin

Die Intensivmedizin hat sich im 20. Jahrhundert, unterstützt von vielen Entwicklungen und Entdeckungen anderer wissenschaftlicher und technischer Bereiche, als herausragendes medizinischen Konzept zur Abwendung und Überwindung lebensbedrohlicher Erkrankungen und Funktionsstörungen entwickelt. In Fortführung des Denkansatzes von René Descartes konzentrieren sich in der Intensivmedizin alle medizinischen, medizintechnischen und pharmakologischen Verfahren verbunden mit fachlicher Kompetenz und hoher Personaldichte, „um Zeit für das Wiedererlangen und die Stabilisierung gestörter oder verlorener Körper- bzw. Organfunktionen zu gewinnen".[22] Damit soll erreicht werden, dass der kranke oder gefährdete Mensch in die Lage versetzt wird, Funktionseinschränkungen von Organen und Organsystemen zu überwinden oder mit den bleibenden Einschränkungen ein Leben unabhängig von der Intensivstation und selbstbestimmt führen zu können.

Intensivmedizin ist der umfassende Einsatz der verfügbaren materiellen, technischen und personellen Ressourcen sowie der fachlichen Kompetenzen für die Erhaltung oder Wiederherstellung des ganzheitlichen menschlichen Lebens, das die Betroffenen bejahen können.

Intensivmedizin wird in der Öffentlichkeit mit apparativer Medizin verbunden oder gelegentlich sogar gleichgesetzt. Eine besondere Rolle spielt dabei das Beatmungsgerät. Die Beatmung, oft tautologisch verstärkend als „künstliche Beatmung" benannt, ist charakteristisch für das Ringen um das menschliche Leben, weil die Atmung eines Menschen als Zeichen seiner Lebendigkeit angesehen wird.[23] Die Überwindung der Ateminsuffizienz oder der maschinelle Ersatz der Eigenatmung war außerdem historisch für die Entwicklung der Intensivmedizin entscheidend. So wurde die Beatmung Symbol für die Intensivmedizin.

---

22 Quintel, Ziele und Aufgaben (Fußnote 13), 15.

23 Salomon, F., Beatmung: Ja oder Nein? Ethische Überlegungen zu Grenzfragen der Intensivmedizin, Anästh. Intensivther Notfallmed 20 (1985), 143–146; Salomon, F., Atmen heißt Leben, in: Eckart, J./ Weigand, M./ Briegel, J. (Hg.), Intensivmedizin – Kompendium und Repetitorium zur interdisziplinären Weiter- und Fortbildung, 105, Ergänzungslieferung IV-31, Oktober 2021, Landsberg am Lech, 1–11.

4. Fallbeispiele

Sowohl die Faszination angesichts der Leistungsfähigkeit von Intensivmedizin als auch die Konfrontation mit deren Grenzen macht sich an konkreten Fällen fest. Fallbeispiele fordern zum Nachdenken heraus. Sie stellen oft den Ausgangspunkt für ethische Überlegungen im klinischen Alltag dar. Konkrete Fälle haben in der jüngsten Vergangenheit dazu beigetragen, dass sich klinische Ethikberatung entwickelt hat, um die darin aufkommenden Beurteilungs- und Entscheidungskonflikte lösen zu helfen.[24]

4.1. Intensivmedizin als Hilfe zum Leben

Ein 20-jähriger Mann fährt als Mitglied der Freiwilligen Feuerwehr beim abendlichen Einsatz auf rutschiger Straße mit seinem PKW gegen eine Mauer. Er wird vom Notarzt bewusstlos aufgefunden, intubiert und beatmet in die Klinik gebracht. Sein gleichaltriger Beifahrer ist sofort tot. In der Klinik finden sich eine schwere Lungenkontusion, eine Herzkontusion, eine Knie- und Beckenfraktur sowie eine Querschnittslähmung in Höhe der Brustwirbel 7 und 8. Nach der operativen Erstversorgung wird er analgosediert und beatmet auf die Intensivstation aufgenommen.

Es entwickelt sich eine Sepsis mit schweren Organfunktionsstörungen. Wegen der zu erwartenden Langzeitbeatmung erfolgt eine Tracheotomie. Wegen eines akuten Nierenversagens ist eine Hämofiltration erforderlich. Der Verlauf schwankt zwischen sich abzeichnender Besserung und wieder eintretender Verschlechterung. Die lange noch lebensbedrohliche Situation wird den Angehörigen offen mitgeteilt, die sehr besorgt sind. Nach sechs Wochen jedoch stabilisiert sich der Zustand. Die eigene Nierenfunktion kommt wieder in Gang, die Beatmungshilfen können nach und nach zurückgenommen werden, so dass eine Extubation möglich ist.

---

[24] Nach dem spektakulären Fall von Karen Ann Quinlan von 1975 bis 1985, https://karenannquinlanhospice.org/about/history/ und der ersten Veröffentlichung in Deutschland, Deutscher Evangelischer Krankenhausverband e.V. (Hg.), Ethikkomitee im Krankenhaus, Freiburg 1997 etablierten sich Ethikberatungen zu einer unverzichtbaren Größe, www.ethikkomitee.de, Zugriff 24. Juli 2022.

Bestehen bleibt die Querschnittslähmung. Nach Beendigung der Intensivbehandlung wird der junge Mann, aufgeklärt über seine Verletzungen und seine Perspektiven, in eine Rehabilitationseinrichtung verlegt. Das Team und auch die Angehörigen sind erleichtert über diesen Verlauf, obwohl die dauerhafte Querschnittslähmung alle bedrückt.

Zwei Jahre nach Entlassung stellt er sich im Rollstuhl sitzend noch einmal dem Intensivteam vor. Er ist mit dem eigenen PKW auf dem Weg zu einem Basketballturnier und macht einen lebensfrohen Eindruck. Dieser Besuch tut dem Team gut und bestärkt alle in ihrem Engagement für das Überleben kritisch kranker Intensivpatienten.

4.2. Grenzen der Intensivmedizin

Herr Borg[25] *ist 76 Jahre, raucht, hat einen Diabetes mellitus, eine periphere arterielle Verschlusskrankheit sowie eine Niereninsuffizienz. Er musste wiederholt wegen Lungenentzündungen behandelt werden. Nach einem schweren Unfall mit Becken- und Rippenfrakturen sowie schweren Harnwegsverletzungen vor sieben Jahren leidet er unter wiederkehrenden Harnwegsinfektionen. Herr Borg lebt ohne fremde Hilfe, hat eine Lebensgefährtin und eine Schwester. Ein Freund ist Bevollmächtigter für Gesundheitsfragen.*

Jetzt wird ein Bronchial-Carcinom festgestellt. Nach Entfernen des linken Lungenoberlappens kommt er zur Intensivstation. Die Operation verlief ohne Probleme. Doch in der Folge bestimmen Sekretverhalt, Verklebungen der Lungenbläschen und Lungenentzündungen den postoperativen Verlauf. Trotz sekretlösender Therapie, nichtinvasiver Beatmung über eine Maske und zeitweiser invasiver Beatmung über einen Tubus sowie bronchoskopischer Absaugungen ist die Atmung nicht zu bessern. Herr Borg lässt die Maßnahmen zunächst zustimmend über sich ergehen.

Am 7. post-OP Tag wird er wegen Herzrhythmusstörungen und Herzstillstand reanimiert. Vier Tage später wird die Situation nach Extubation mit ihm besprochen. Seine Hoffnung sinkt.

---

[25] Anonymisiert, dargestellt und besprochen in: Salomon, F., Ethische Herausforderungen der palliativmedizinischen Begleitung von Intensivpatienten, Anästh Intensivther Notfallmed Schmerzther 50 (2015), 48–53.

Als in den Folgetagen wieder Sekretverhalt, Atemschwäche und Infektzeichen auftreten, sagt er den Zugehörigen, er wolle nicht mehr leben und weder bronchoskopiert noch beatmet werden. Die teilen das den Ärzten mit, die ausführlich und offen mit Herrn Borg sprechen. Er bleibt bei seiner Aussage und möchte nur Atemnot und Leiden gemindert haben. Er weist auf seine Patientenverfügung, in der das ähnlich formuliert ist. Er bittet seinen bevollmächtigten Freund, seinen Willen zu unterstützen.

Alle einigen sich auf ein palliatives Konzept sowie bei Bedarf auf eine terminale Sedierung, die bei zunehmender Atemnot schließlich eingeleitet wird. Fünf Tage später stirbt er im Beisein der Zugehörigen nach fast vier Wochen auf der Intensivstation.

Herrn Borgs Entscheidung wird im Team akzeptiert, obwohl viele noch eine Chance sehen, ihm mit Geduld und weiterer guter Versorgung vielleicht doch wieder ein selbstständiges Leben unabhängig von der Intensivbehandlung zu ermöglichen. Auf die Anregung, sich im Sinne eines Perspektivwechsels in Herrn Borg hineinzudenken und seine Sicht zu verstehen, herrscht große Einigkeit im Team, das Therapieziel von kurativ auf palliativ verändert zu haben.

5. Therapievoraussetzungen: Indikation und Wille

Im deutschen Recht und auch aus Sicht der hier verbreiteten ethischen Konzepte ist jeder medizinische Eingriff an einem Menschen ein Eingriff in seine Integrität und eine Körperverletzung. Er ist nur gerechtfertigt, wenn es für diesen Eingriff eine medizinische Rechtfertigung, eine Indikation, gibt, der betroffene Mensch mit diesem Eingriff einverstanden ist und der Eingriff nicht gegen die guten Sitten verstößt.[26]

---

[26] StGB §§ 223–228.

5.1. Medizinische Indikation

Eine medizinische Indikation ist die These, dass eine Erkrankung und deren Symptome aufgrund der erhobenen Befunde mit den verfügbaren medizinischen Möglichkeiten jetzt gebessert, vor einer Verschlechterung bewahrt oder in ihrer Bedrohlichkeit vermindert werden kann und dem kranken Menschen so ein Nutzen entsteht.

Eine Indikation für eine Therapie zu stellen bedeutet also, eine Situation und die erhobenen Befunde unter Einbeziehen der Prognose zu interpretieren. Es handelt sich um eine professionelle ärztliche Aufgabe. Dabei ist einerseits medizinfachlich zu beurteilen, ob die vorliegende Erkrankung nach den medizinischen Erkenntnissen auf diese Weise behandelt werden kann. Zum anderen muss aber auch der konkrete Patient in seiner Situation in den Blick genommen und die Frage bedacht werden, ob die prinzipiell bei dieser Krankheit angemessene Therapie auch diesem Patienten mit allen seinen Zusatzerkrankungen und Einschränkungen hilft. Mit dieser zweiten Blickrichtung enthält die medizinische Indikation eine Wertaussage und ist damit auch eine ethische Aufgabe.[27]

Wenn ärztlich festgestellt wird, dass keine Indikation für eine spezielle Diagnostik oder Therapie besteht, ist diese Behandlung auch nicht anzubieten oder durchzuführen.[28] Ein Patient oder seine Rechtsvertretung kann nicht einfordern, wofür es keine medizinische Rechtfertigung, also keine Indikation gibt. Das kann im Einzelfall zu Auseinandersetzung mit Angehörigen oder Betreuern führen und erfordert eine transparente und offene Kommunikation, eventuell mit Einbinden des Betreuungsgerichts.[29]

27 Neitzke, G., Medizinische und ärztliche Indikation – zum Prozess der Indikationsstellung, in: Dörries, A./ Lipp, V. (Hg.), Medizinische Indikation, Stuttgart 2015, 83–93.

28 Janssens et al., Therapiezieländerung (Fußnote 14), Absatz 2.1.

29 Schelling, P., Zur Beendigung der Maximaltherapie bei weggefallener Indikation am Beispiel der ECMO-Therapie bei Corona-Patienten, Anästhesiol & Intensivmed 63, 2022, V95–96.

5.2. Patientenwille

Andererseits braucht es für die Berechtigung, eine medizinische Maßnahme durchzuführen, die Zustimmung des betroffenen Menschen. Er kann auch eine aus ärztlicher Sicht indizierte, kurativen Erfolg versprechende oder lebensrettende Therapie ablehnen. Es ist Aufgabe des Patienten, seinen Willen deutlich zu machen, entweder indem er sich selbst dazu äußert oder – wenn er dazu nicht mehr in der Lage ist – ihn in Vorausverfügungen niedergelegt hat. Dazu sind Patientenverfügung, Vorsorgevollmacht und Betreuung geschaffen worden.[30]

Die Beachtung des Patientenwillens ist Ausdruck des Respekts vor Autonomie und Selbstbestimmung eines Menschen. In den Willensäußerungen eines Menschen wird deutlich, welche Werte ihm wichtig sind und was für ihn lebenswert und sinngebend ist. Werte und Sinn sind keine objektiven, absolut gültigen Größen. Sinn erhalten Handlungen oder Zustände dadurch, dass ihnen von einer Person subjektiv eine Bedeutung beigemessen wird, um angestrebte Lebensziele zu erreichen.

Daher kann dieselbe medizinische Maßnahme für verschiedene Patienten unterschiedliche Bedeutungen haben. Was für einen noch als sinnvolle Lebenserhaltung verstanden und gewollt wird, kann für jemand anderen bereits als sinnlose Quälerei und Verhinderung des gewünschten Sterbens erlebt werden. Wer die Einschulung der Enkelin oder die geplante Hochzeit des Sohnes noch erleben möchte, ist eher bereit, aufwändige oder belastende Therapien auf sich zu nehmen, um dieses Datum noch zu erreichen, als jemand, der für sich kein erstrebenswertes Ziel mehr vor Augen hat.

Es ist Aufgabe des Teams einer Intensivstation, nicht nur die medizinische Indikation sorgsam abzuwägen, sondern auch solche Fragen der Sinnhaftigkeit aus Sicht der Patientin oder des Patienten zu bedenken.[31] Folgende Fragen sind zu beantworten:

---

30 BGB §§ 1896–1906.

31 Neitzke, G./ Burchardi, H./ Duttge, G. et al., Grenzen der Sinnhaftigkeit von Intensivmedizin, Positionspapier der Sektion Ethik der DIVI, Med Klin Intensivmed Notfmed 111 (2016), 486–492, https://www.divi.de/joomlatools-files/docman-files/publikationen/ethik/2016 1221-publikationen-grenzen-der-sinnhaftigkeit-von-intensivmedizin.pdf, Zugriff 24. Juli 2022.

- Kann das angestrebte Therapieziel nach professioneller Einschätzung erreicht werden?
- Wird dieses Therapieziel vom Patienten gewünscht?
- Sind die Belastungen während der Behandlung durch die erreichbare Lebensqualität oder Lebensperspektive aus Patientensicht gerechtfertigt?

Die Beantwortung dieser Fragen konfrontiert alle Beteiligten mit den Grenzen der Medizin und des Lebens. Sie gehören in die Teambesprechungen und Übergabevisiten jeder Intensivstation und müssen auch bei Ethikberatungen bedacht werden. Nur so kann dem Automatismus einer unkritischen Therapieeskalation begegnet werden.

5.3. Indikation und Wille in den Fallbeispielen

Im Fall des jungen Feuerwehrmanns ist die medizinische Indikation für die notärztliche Behandlung am Unfallort sowie die Versorgung in den Folgetagen unstrittig. Der aus völliger Gesundheit verunfallte Mann hat trotz der massiven Verletzungen eine gute Prognose für das Überleben, wenn auch schon sehr bald deutlich ist, dass keine Heilung im Sinne einer Wiederherstellung des Zustands vor dem Unfall möglich ist. Die Querschnittslähmung ist schon bald sicher diagnostiziert. Die weiteren Organschäden an Lunge und Nieren sind überwindbar. Über die möglichen verbleibenden Funktionseinschränkungen lassen sich nur statistische Wahrscheinlichkeiten aussagen. Die Grenzen der medizinischen Möglichkeiten kommen zwar in den Blick, liefern aber keine Zweifel an dem angestrebten kurativen Therapieziel.

Der Wille des Patienten ist lange nicht erhebbar, weil zunächst das Trauma und im Weiteren die medikamentöse Analgosedierung eine Aussage des Mannes verhindert. Es gibt keine Vorausverfügungen und auch keine Vorsorgebevollmächtigten, was bei Menschen in diesem Alter und Gesundheitszustand derzeit noch die Regel ist. Hier gilt der mutmaßliche Wille. Er wird aus der gesellschaftlichen Mehrheitsmeinung abgeleitet, dass jemand in einer solchen Situation überleben und geheilt werden möchte. Während der Intensivbehandlung wird eine Betreuung durch das Betreuungsgericht bestellt, in der Regel aus dem Familienumfeld. Doch auch von dieser Seite wäre kein Widerspruch gegen die Therapie gerechtfertigt. Er ist auch nicht erfolgt. Die Therapieschritte sind somit alle rechtlich und ethisch gerechtfertigt.

Wie der Mann nach Wiedererlangen seines Bewusstseins und seiner Entscheidungsfähigkeit reagiert, spielt für die Entscheidungen während der Behandlung keine Rolle. Er könnte später selbstbestimmt alle weiteren Maßnahmen ablehnen. Das hat er nicht getan, sondern sich gut in seine Behinderung hineingefunden und einen erstaunlichen Lebenswillen entwickelt. Dabei halfen ihm neben den körperlichen Behandlungen auch psychosoziale Begleitung und Therapie.

Anders stellt sich die Lage im zweiten Fallbeispiel von Herrn Borg dar. Er kann von Beginn an bei Diagnostik und Therapie mitentscheiden. Die Indikation besteht für die Tumortherapie ebenso wie für die Behandlung der verschiedenen Komplikationen. Die einzelnen Maßnahmen werden – abgesehen von der akut notwendigen Reanimation – mit Herrn Borg jeweils besprochen und von ihm befürwortet. Angesichts der grundsätzlichen Zustimmung zu den zum Teil belastenden Interventionen ist beim Herzstillstand aber auch vom mutmaßlichen Einverständnis auszugehen, dass Herr Borg überleben und die Klinik wieder verlassen möchte. Insofern sind alle Maßnahmen rechtlich und ethisch gerechtfertigt.

Der Herzstillstand stellt dann einen Einschnitt für Herrn Borg dar. Als wenige Tage später mit ihm darüber gesprochen wird und er die belastende Atemnot mit neuem Infekt und wiederkehrender Verschleimung spürt, will er die ihm bekannten und vor Augen stehenden Belastungen bei fragwürdiger Prognose nicht mehr ertragen. Er möchte eine Therapiezieländerung. Es ist davon auszugehen, dass er trotz der psychischen und körperlichen Belastung seine Lage gut beurteilen kann und entscheidungsfähig ist. Damit ist sein Wille zur Therapiebegrenzung zu akzeptieren, auch wenn im Team noch einige die Hoffnung hegen, ihn wieder von der Intensivstation entlassen zu können.

6. Therapiebegrenzung bedeutet auch Akzeptanz des Todes

Intensivmedizin hat sich als Instrument im Kampf gegen Lebensbedrohung und Tod entwickelt. Die auf einer Intensivstation tätigen Mitarbeitenden aller Berufsgruppen bemühen sich um das Überleben. Sie entsprechen damit dem gesellschaftlichen Auftrag an die Intensivmedizin, erfolgsorientiert Leben zu retten und den Tod als Gegner zu betrachten, den es zu besiegen gilt.

Dabei wird der Gegner – wie in politischen Kriegssituationen auch – auch verbal abgewertet oder geleugnet. Über den Tod wird unter Professionellen oft nur beschönigend oder verschleiert geredet. „Er hat uns verlassen", „sie hat sich verabschiedet", „er hat den Abflug gemacht", „sie ist auf Station 11 verlegt", wobei es in der Klinik nur 10 Stationen gibt. So oder nur mit Blickwendungen nach oben oder Daumenzeichen nach unten wird die klare Aussage vermieden, dass jemand gestorben oder tot ist.[32] Solcher Euphemismus ist im Gesundheitswesen auch anderweitig verbreitet. Der Begriff „Krankenhaus" wurde vielerorts durch den weniger krankheits- und leidensbelasteten Begriff „Klinik" ersetzt. Auch der schien manchen – abgesehen vom kompetenzausstrahlenden Wort „Uni-Klinik" – noch zu negativ besetzt. Das führte zu marketingorientierten Worten wie „Gesundheitszentrum" oder „Gesundheitskasse". Hier sind Leiden und Sterben schon begrifflich aus dem Blick verloren. Das macht verstehbar, dass dafür dann auch kaum noch Raum und Zeit für Zuwendung ist.[33]

Manche Ärztinnen und Ärzte erleben einen gestorbenen Patienten als eigenes Versagen. Ihnen fällt es nicht nur schwer, über den Tod zu reden, sondern auch eine einmal begonnene Therapie wieder zurückzunehmen oder das vorhandene Therapie- und Apparatearsenal nicht auszuschöpfen. Es ist vielen leichter, zu tun, was möglich ist, als sich bewusst zu begrenzen.

Diese Haltung treibt auch abstruse Blüten. Bei der Kryokonservierung werden Menschen oder ihr Gehirn unmittelbar nach dem eingetretenen Tod auf -196°C heruntergekühlt und in flüssigem Stickstoff gelagert. Diese Men-

---

32 Salomon, Leben und Sterben (Fußnote 3), 113–122.

33 Salomon, F., Sterben im Gesundheitszentrum – Hindernisse bei der Einrichtung einer Palliativstation, Z Palliativmedizin 6 (2005), 61–65.

schen hoffen, dass ihre im Moment des Todes noch nicht behandelbare Erkrankung durch die Fortschritte der Medizin in einigen Jahren oder Jahrzehnten geheilt werden könnte. Sie möchten dann wieder aufgetaut und behandelt werden. Falls nur das Gehirn eingefroren gelagert werden soll, könne man den Restmenschen klonen und so die „Festplatte" Gehirn mit ihrem Wissen wieder reaktivieren. Weltweit gibt es dafür derzeit drei Anbieter. [34] Die Zahl der Menschen, die darauf ihre Hoffnung setzen, umfasst seit dem ersten Kryokonservierten im Jahre 1967, der immer noch eingefroren gelagert wird,[35] mittlerweile mehrere hundert Personen.

Doch all diese Versuche können den Tod bestenfalls ausblenden, aber nicht beseitigen. In Deutschland sterben pro Jahr rund 1 Million Menschen.[36] Knapp die Hälfte dieser Sterbefälle ereignet sich in Krankenhäusern, davon rund die Hälfte auf Intensivstationen. Damit sterben rund 5 % aller auf einer Intensivstation behandelten Menschen, je nach Art der Station und der dort behandelten Patientinnen und Patienten auch ein deutlich höherer Anteil. [37] Das hat sich über lange Jahre nur wenig verändert.[38] Damit sind Intensivstationen zwar keine Sterbestationen, weil die meisten Patienten sie wieder lebend verlassen. Dennoch sind Intensivstationsteams in besonderer Weise mit dem Tod konfrontiert, weil sich das Sterben dort in konzentrierter Weise ereignet und die Mitarbeitenden emotional besonders fordert.[39]

In den Fallbeispielen 4.1. und 4.2. ist der Tod als Bedrohung auch für die Teammitglieder gegenwärtig. Sie platzt im ersten Fall in den Routinealltag der Intensivstation hinein, als der Notfall aus der Notaufnahme gemeldet und der junge Mann schließlich nach der operativen Versorgung aus dem OP abgeholt wird. Diese Konfrontation mit der Lebensbedrohung gehört zum Alltag der Intensivmedizin, ist im Einzelfall aber nicht planbar und berührt durch die je neuen Umstände die Mitarbeitenden zum Teil sehr nachhaltig.

---

34 https://cryonics-germany.org/, Zugriff 24. Juli 2022; https://www.alcor.org/, Zugriff 24. Juli 2022; https://kriorus.ru/en, Zugriff 24. Juli 2022.

35 Condrau, G., Der Mensch und sein Tod, Zürich ²1991, 62.

36 https://www.destatis.de/, Zugriff 25. Juli 2022.

37 https://www.gbe-bund.de, Zugriff 24. Juli 2022.

38 Salomon, Leben und Sterben (Fußnote 3), 25–29.

39 Mohr, M., Die Begleitung Sterbender in der Intensivmedizin, in: Salomon, F. (Hg.), Praxisbuch Ethik in der Intensivmedizin, Berlin ⁴2021, 143–153.

Das stellt eine hohe Anforderung an die Teammitglieder, für die eine supervisorische Begleitung ein selbstverständliches Angebot auf einer Intensivstation sein sollte, aber längt nicht ist. Bei dem jungen Mann stellt sich Erleichterung ein, als die Lebensgefahr schließlich überwunden ist, wenn auch die weitere Prognose alle bedrückt. Bei Herrn Borg wird die Akzeptanz des Patientenwunsches, lieber zu sterben als die zu erwartende weitere Belastung durch die Behandlung zu ertragen, zur Aufgabe für die Teammitglieder. Die Kommunikation mit Herrn Borg und den ihn besuchenden Zugehörigen sowie im Team ist in diesem Fall die große Herausforderung für alle. Das Sterben darf nicht verschwiegen oder verharmlost werden. Die Begleitung dabei erfordert regelmäßige Schulungen und offene Gespräche.

7. Unbegrenztes Leben – eine medizinische Illusion

Leben und Sterben stehen in der Intensivmedizin in einem Spannungsbogen. Ziel ist der Lebenserhalt und die Wiederherstellung eines selbstständigen Lebens, zu dem die Betroffenen ja sagen können. Doch ist dieses Ziel immer nur angesichts der Bedrohung zu verfolgen, dass es auch nicht erreicht wird. Alle müssen sich eine Erkenntnis verdeutlichen. Bei allen Erfolgen der Medizin im Kampf gegen Krankheit und Tod, war und ist die Sterblichkeit zur Zeit von Sokrates, Karl dem Großen, Martin Luther und heute immer 100%. Die Medizin, auch die Intensivmedizin, ist nur Helferin in der prinzipiell begrenzten Lebenszeit. Die professionellen Vertreter dieser Medizin können kein ewiges Leben bewirken, wenn manche Fantasien auch in diese Richtung gehen. Die Dimension von Ewigkeit ist keine medizinische Größe, sondern muss anderen Professionen überlassen bleiben.

Die in der Intensivmedizin Tätigen gehen mit dem immer wieder erlebten Spannungsbogen auf unterschiedliche Weise um. Sie haben Strategien entwickelt, die das Arbeiten unter der Belastung möglich macht. Dabei brauchen sie strukturelle und institutionelle Hilfe. Herrschaftsfreie Gesprächsrunden, Supervision, persönliche Wertschätzung und auch Ethikberatung gehören dazu.

8. Zusammenfassende Thesen

THESE 1
Sterben und Tod sind keine Themen der Medizin. Wir haben keinen Raum für den Tod. Er wird als Gegner verstanden, den man zurückdrängen muss. Und über einen Gegner verbreitet man Lügen oder schweigt ihn tot.

THESE 2
Sterben und Tod müssen Themen der Medizin sein. Denn wir sind gezwungen, uns in einer Weise mit dem Tod auseinanderzusetzen wie nie zuvor, weil unsere Möglichkeiten zur Abwendung von Lebensbedrohung gewaltig zugenommen haben.

THESE 3
Der Einsatz gegen den Tod wird von den in der Intensivmedizin Tätigen erwartet. Das hat spirituelle Dimensionen: Wo Transzendenz verloren ging, richtet sich die Hoffnung aufs Diesseits.

THESE 4
Das Verständnis des Todes hängt davon ab, wie wir das Leben verstehen.

THESE 5
Unbegrenztes Leben, Fehlen von Krankheit und uneingeschränkte Heilung bleiben Utopie.

THESE 6
Eine Medizin, die den Eindruck vermittelt, das erreichen zu können, ist unredlich und muss an ihrer Überheblichkeit scheitern.

THESE 7
Eine Gesellschaft, die das von der Medizin erwartet, ist verantwortungslos und überfordert alle.

Joachim Nicolay

Tor zu einem neuen Dasein – Das Jenseitsbewusstsein in Nahtoderfahrungen

Welchen Beitrag kann der Bezug auf Nahtoderfahrungen zur Beantwortung der Frage nach dem, was eventuell nach dem Tod kommt, leisten? Kann er überhaupt einen Beitrag leisten? Ein Bezug zur Thematik des Weiterlebens besteht natürlich. Die betroffenen Menschen sind überzeugt, in ihren Erfahrungen einen Blick auf eine Wirklichkeit geworfen zu haben, die sie nach ihrem Tod erwartet. Sie berufen sich dabei auf eine Evidenz des Erlebens, die Außenstehenden nicht zugänglich sei. Gegen den Wahrheitsanspruch, der damit verbunden ist, werden jedoch vielfältige Einwände erhoben, die im Endeffekt darauf hinauslaufen, dass es sich bei Nahtoderfahrungen um Halluzinationen handele.

In meinem Beitrag werde ich mich nicht an der naturwissenschaftlichen Diskussion orientieren, sondern mich der Thematik des Weiterlebens auf einem hermeneutischen Weg nähern. Ich werde auf der Grundlage systematischer Textvergleiche darstellen, wie sich in den Erlebnissen das Bewusstsein einer anderen, „jenseitigen" Wirklichkeit *herausbildet*. Die Hermeneutik liefert keine Beweise für die Existenz eines Jenseits, aber sie kann den konsistenten Charakter der Erfahrungen aufzeigen. Das ist bedeutsam genug; denn zu erwarten ist eigentlich keine Konsistenz, sondern eine große individuell geprägte Vielfalt, in der sich die unterschiedlichen Vorstellungen niederschlagen, die die jeweiligen Personen vom Jenseits haben.

Für meine Untersuchung beziehe ich mich auf ein charakteristisches Element der Nahtoderfahrungen, die Phase des Übergangs. In der Literatur wird diese Phase meist mit dem Tunnelphänomen gleichgesetzt. Aber es gibt nicht nur den Tunnel, sondern auch andere Formen, in denen sich in Nahtoderfahrungen ein Übergang vollziehen kann. An Berichten[1], die sich auf diese Phase beziehen, kann man die Herausbildung eines Jenseitsbewusstseins besonders gut beobachten.

Als Ausgangspunkt für die weiteren Erörterungen stelle ich aber zunächst einige Kernerkenntnisse der Forschung dar, die man berücksichtigen muss, wenn man dem Phänomen der Nahtoderfahrungen gerecht werden will. Ich beginne mit einer Klärung des Begriffs. Von Nahtoderfahrungen kann in einem unterschiedlichen Sinn gesprochen werden. In der Mehrdeutigkeit liegt eine Quelle von Missverständnissen.

1. Was ist eine Nahtoderfahrung?

Die Entdeckung der Nahtod-Phänomene wird meist dem Amerikaner Raymond Moody zugeschrieben, der 1975 sein Buch *Leben nach dem Tod*[2] veröffentlichte. In Wirklichkeit handelt es sich jedoch um einen weiter verzweigten Prozess, in dem auch zwei Deutsche, der Professor für Psychiatrie und zeitweilige Vorsitzende der Gesellschaft für Tiefenpsychologie, Eckart Wiesenhütter, und der evangelische Pfarrer Johann Christoph Hampe, eine Rolle spielten. Fast zeitgleich, aber unabhängig von Moody sammelten und beschrieben sie Nahtoderlebnisse. Was verstanden die Pioniere der Nahtod-Forschung unter einer Nahtoderfahrung?

Der Begriff selbst legt nahe, dass es sich um Erlebnisse in Todesnähe handelt. Bedeutet das, dass *alle Erlebnisse, die in Todesnähe auftreten*, Nahtoderfahrungen sind? Haben die Entdecker der Nahtod-Phänomene das so verstanden? Wenn man die Bücher von Moody, Wiesenhütter[3] und Hampe[4] liest, erkennt man, dass sie sich nicht generell für Erlebnisse, die in Todesnähe

---

1 Schilderungen von Berichten ohne Quellenverweis gehen auf Gespräche zurück, die ich mit den Betroffenen geführt habe.

2 Moody, R. A., Leben nach dem Tod, Reinbek b. Hamburg 1999.

3 Wiesenhütter, E., Blick nach drüben. Selbsterfahrungen im Sterben, Gütersloh [4]1977.

4 Hampe, J. C., Sterben ist doch ganz anders. Erfahrungen mit dem eigenen Tod, Stuttgart [9]1982.

auftreten, interessierten, sondern für einen speziellen Typus solcher Erlebnisse. Es ging ihnen um Erfahrungen, die einen *Transzendenz- und Jenseitsbezug* hatten. Diesen Bezug machten sie an charakteristischen Elementen fest. Die betroffenen Menschen sprachen über Erfahrungen der Außerkörperlichkeit, den Übergang in eine jenseitige Welt, die Begegnung mit Verstorbenen, den Aufenthalt in paradiesischen Regionen und die Begegnung mit einem geheimnisvollen, göttlichen Licht. An diesen Elementen orientierten sich die frühen Forscher. Sie betrachteten Nahtoderfahrungen als *ein spezifisches, transzendenz- und jenseitsbezogenes Erlebnismuster.*

Von diesem Erlebnistypus ging auch die empirische Forschung aus, die bald einsetzte. Auf den charakteristischen Elementen aufbauend wurden Einschätzskalen entwickelt, mit deren Hilfe man feststellen konnte, ob eine Nahtoderfahrung vorlag oder nicht. In der am häufigsten verwandten Skala von Greyson werden die Personen nach den typischen Elementen gefragt: „Fühlten Sie sich von ihrem physischen Körper getrennt?", „Sahen Sie die Geister Verstorbener oder religiöse Wesen?", „Sahen oder fühlten Sie sich von einem strahlenden Licht umgeben?", „Betraten sie eine andere, überirdische Welt?" usw.[5] In der internationalen Forschung werden Nahtoderfahrungen ebenfalls als ein Erlebnismuster behandelt, das sich durch transzendenz- und jenseitsbezogene Elemente auszeichnet.

Es dauerte nicht lange, bis man feststellte, dass dieses Erlebnismuster nicht nur in Todesnähe auftritt. Der Psychologieprofessor und Nahtod-Forscher Kenneth Ring teilte schon in den 80er Jahren mit, dass ihm über hundert Briefe von Menschen vorlägen, die von gleichartigen Erlebnissen erzählten, die „bei der Meditation, der Entbindung, in einer persönlichen Krise oder auch ganz spontan" aufgetreten waren.[6] Rings Befund wurde 2003 durch eine britische Studie untermauert. Sie bezieht sich auf eine Sammlung von Schilderungen religiöser Erlebnisse, über die das Institut für die Erforschung religiöser Erfahrungen in England verfügt. Das Institut inseriert seit den 60er Jahren regelmäßig in Zeitschriften mit der Bitte, Berichte über religiöse Erfahrungen zuzusenden. Der Philosoph und Theologe Mark Fox fand in

---

5 Greyson, B., The Near-Death Experience Scale: Construction, reliability, and validity, Journal of Nervous and Mental Disease 171 (1983), 369–378.

6 Ring, K., Den Tod erfahren – das Leben gewinnen, Bern ^{2}1986, 218.

dieser Sammlung 99 Schilderungen, die inhaltlich Nahtoderfahrungen entsprachen. Nur ca. ein Drittel der Berichte bezog sich auf lebensbedrohliche Situationen. Der größere Teil - ca. zwei Drittel - hatte sich in nicht-lebensbedrohlichen Situationen - etwa im Schlaf, während einer Meditation oder beim Spaziergang - ereignet.[7]

Todesnähe ist also nur einer von verschiedenen auslösenden Bedingungen, die zu einem solchen Erlebnis führen können. Weitere Situationen, in denen die Erfahrungen außerhalb lebensbedrohlicher Umstände eintreten können, betreffen zum Beispiel Schocksituationen, Depressionen und Drogenkonsum. In den Fällen, in denen keine lebensbedrohliche Situation vorliegt, verbietet sich der Begriff „Nahtoderfahrung". Stattdessen spricht man von „nahtodähnlichen" Erlebnissen. Das darf aber nicht zu der Fehleinschätzung verleiten, „Nahtoderfahrungen" seien die „eigentlichen", „richtigen" Erlebnisse, während es sich bei nahtodähnlichen nur um vage Gemeinsamkeiten handele. Es ist der gleiche Erlebnistypus, der nur in unterschiedlichen Situationen auftritt.

2. Ein überkulturelles Phänomen

Für die Beurteilung der Nahtoderfahrungen ist die Frage entscheidend, welche Rolle der kulturelle Hintergrund der betreffenden Personen spielt. Wenn sie kulturell geformt sind, spiegelt sich in ihnen nur der persönliche Hintergrund und die kulturelle und religiöse Sozialisation der jeweiligen Personen. Sind sie dagegen vom kulturellen Hintergrund unabhängig, stellen sie ein eigenständiges Phänomen dar, in dem sich überkulturelle Jenseitsvorstellungen herausbilden.

Inzwischen wurden in vielen Ländern Studien durchgeführt. Die meisten Studien stammen aus westlich geprägten Ländern wie den USA, Australien, Großbritannien, den Niederlanden und Deutschland. Aber auch aus China[8]

---

[7] Fox, M., Religion, Spirituality and the Near-Death Experience, London 2003.

[8] Zhi-Ying, F./ Jian-Xun, L., Near-Death Experiences among Survivors of the 1976 Tangshan Earthquake, Journal of Near-Death Studies, 11/1 (1992), 39–48.

und Japan[9] liegen Studien vor, in denen sich die charakteristischen Elemente zeigen. Von besonderem Interesse für interkulturelle Vergleiche ist die Frage, was Menschen anderer Religionen erleben. Was erleben zum Beispiel Muslime in Todesnähe? Darauf geht eine Studie aus dem Iran ein. Als Ergebnis halten die Autoren fest, dass Nahtoderfahrungen bei Muslimen sich in ihren Kernaspekten nicht sehr von westlichen Nahtoderfahrungen unterscheiden. Sie seien nicht sehr von religiösen oder spirituellen Überzeugungen beeinflusst.[10] Die Ergebnisse der internationalen Forschung zeigen also, dass es sich bei Nahtoderfahrungen um ein transzendenzbezogenes Erlebnismuster handelt, das nationen- und kulturübergreifend auftritt.

Wie kommt es dann aber, dass manche Autoren behaupten, Nahtoderfahrungen seien kulturbedingt? Der Grund liegt darin, dass sie sich nicht an dem charakteristischen Erlebnismuster orientieren, sondern von dem Begriff „Nahtoderfahrung" ausgehen. Ein Beispiel dafür stellt die Studie von Hubert Knoblauch dar. Knoblauch hatte mehr als 2000 zufällig ausgewählten Personen in ganz Deutschland einen Fragebogen zugeschickt, dessen entscheidende Frage („Filterfrage") lautete, ob sie schon einmal ein intensives Erlebnis hatten, bei dem sie glaubten, gerade zu sterben, in der Nähe des Todes zu sein, oder bei dem sie das Gefühl hatten, tot zu sein.[11] Knoblauch wollte also alle Arten von Todesnähe-Erfahrungen sammeln. Wenn man Menschen in dieser Weise auf Erlebnisse in kritischen Lebenssituationen anspricht, nennen sie nicht nur die typischen Nahtoderfahrungen, sondern auch individuell geprägte Erlebnisse, in denen sich ihre Situation in einem kritischen Augenblick ihres Lebens ausdrückt. Dem weiten Spektrum der Antworten entsprechend diffus ist ihr gemeinsamer Nenner. „Nahtoderfahrung" wird zu einem Sammelbegriff ohne spezifischen Inhalt.

---

9 Tachibana, T., Rinshi taiken [Nahtoderfahrung], Tokio 2000.

10 Fracasso, C. L./ Aleyasin, S. A., Friedman, H./ Joung, S., Near-Death Experiences among a Sample of Iranian Muslims, Journal of Near-Death Studies 29/1 (2010), 265–272.

11 Schmied, I./ Knoblauch, H./ Schnettler, B., Todesnäheerfahrungen in Ost- und Westdeutschland – Eine empirische Untersuchung, in: Knoblauch, H./ Soeffner, H. G. (Hg.), Todesnähe. Interdisziplinäre Zugänge zu einem außergewöhnlichen Phänomen, Konstanz 1999, 227.

In der Interpretation seiner Ergebnisse verwischt Hubert Knoblauch den Unterschied zwischen individuellen Fantasien und überindividuellen, kulturübergreifenden Erlebnisformen. Aber dieser Unterschied ist fundamental. In der Vielfalt individuell und kulturell gefärbter Erlebnisse findet die subjektive Imagination der betreffenden Personen ihren Ausdruck. Sie entsprechen dem psychologischen „Normalfall", der keiner besonderen Erklärung bedarf. Man kann sie nicht gegen das überkulturelle Erlebnismuster ins Feld führen. Dieses verdient wegen seines durchgängigen Transzendenzbezuges besondere Beachtung.

3. Der Unterschied zwischen Oberflächen- und Tiefenstrukturen

Bei meinem Vorgehen orientiere ich mich an der Hermeneutik. Sie ist die „Kunst des Verstehens". Sie wird eingesetzt, um Sinnstrukturen von Texten zu erschließen. Sie kann auch genutzt werden, um den Sinngehalt der Nahtoderfahrungen zu erschließen. Auf diese Weise kann sie dazu beitragen, durch ein systematisches, methodisch transparentes Vorgehen die Interpretation der Texte auf eine nicht-wertende, wissenschaftliche Basis zu stellen.[12]

In diesem Beitrag ziehe ich die Hermeneutik heran, um Berichte über die Phase des Übergangs zu untersuchen. Dabei erweist es sich als notwendig, zwei Ebenen zu unterscheiden. Auf der ersten Ebene beschreiben die Menschen die anschaulichen, manifesten Inhalte, die sie wahrgenommen haben. Das kann zum Beispiel die Bewegung durch ein tunnelförmiges Gebilde sein. Es sind die *Oberflächenstrukturen*. Sie sind vielfältig und individuell geprägt. Es gibt aber noch eine zweite Ebene. Sie betrifft die *Tiefenstrukturen*. Auf dieser Ebene beschreiben die Menschen das Empfinden, das sie während des Übergangs hatten. Es macht den eigentlichen Kern der Erlebnisse aus.

---

12 Die methodischen Aspekte erläutere ich in dem Beitrag „Die Kunst, Nahtod-Erfahrungen zu verstehen", in: Kuhn, W./ Nicolay, J. (Hg.), Nahtod-Erfahrungen. Neue Wege zu einem tieferen Verständnis, Amerang 2020.

Wenn man die Tiefenstrukturen außerachtlässt und nur die Oberflächenstrukturen heranzieht, versteht man nicht, wovon die Menschen sprechen. Dann können die Berichte seltsam und manchmal auch skurril erscheinen. Das zeigen zwei Fallbeispiele, auf die sich Hubert Knoblauch stützt, um seine These einer Kulturabhängigkeit zu untermauern. Knoblauch hat sie dem Buch von Karlis Osis und Erlendur Haraldsson *Der Tod – ein neuer Anfang*[13] entnommen. In dem Buch stellen die Autoren die Resultate einer großen, vergleichenden Studie der Todesnähe-Erfahrungen von Sterbenden in Indien und den USA dar, die sie in den 60er und 70er Jahren des letzten Jahrhunderts durchgeführt hatten.

In dem ersten Fallbericht geht es um eine indische Frau, die auf Grund einer allergischen Reaktion das Bewusstsein verloren hatte. Als sie wieder zu sich kam, erzählte sie, ein religiöses Wesen sei zu ihr gekommen und habe sie aufgefordert, es zu begleiten. „Sie wurde auf einer Kuh in den Himmel gebracht." In einem vergleichbaren Fall habe ein Mann aus New York die Vision gehabt, mit einem gelben Taxi dorthin zu fahren.[14] Die beiden Berichte sind zweifellos geeignet, Leserinnen und Leser in der Meinung zu bestärken, dass Nahtoderfahrungen ein subjektives, kulturell geprägtes Phänomen darstellen.

Wenn man aber die Unterscheidung zwischen Oberflächen- und Tiefenstrukturen heranzieht, kommt man zu einem differenzierteren Urteil. Offensichtlich wird in beiden Fällen nur die äußere Form beschrieben, in der sich die Phase des Übergangs für die betreffenden Personen gestaltet hat. Das reicht nicht, um eine Aussage über den Sinngehalt der Erfahrungen zu treffen. Dazu müsste man die Tiefenstrukturen kennen, also zum Beispiel wissen, wie die Betroffenen ihre „Reise ins Jenseits" erlebt haben und was ihnen ihr „Transportmittel" bedeutet hat. Im Hinblick auf den Bericht der indischen Frau kann man davon vielleicht etwas ahnen, wenn man einbezieht, dass Kühe in Indien heilige Tiere sind. Auch wenn Menschen im Westen dies als lächerlich empfinden mögen, könnte es eine Inderin als eine würdige Form

---

13 Osis, K./ Haraldsson, E., Der Tod – Ein neuer Anfang. Visionen und Erfahrungen an der Schwelle des Seins, Freiburg i. Br. [8]2001.

14 Knoblauch, H., Berichte aus dem Jenseits. Mythos und Realität der Nahtod-Erfahrung, Freiburg i. Br. 1999, 89.

des Übergangs empfunden haben, auf einem heiligen Tier ihre letzte Reise antreten zu dürfen.

Osis und Haraldsson haben in gewisser Weise schon die Unterscheidung zwischen Oberflächen- und Tiefenstrukturen vorweggenommen. Ihnen war klar, dass man die Bedeutung der Berichte nicht an den Wahrnehmungsinhalten festmachen kann. Sie schreiben: „Wir müssen uns [...] eher auf *die Eigenart der Erfahrung als auf die Bilderwelt verlassen*".[15] Deshalb sahen sie in den beiden Fallberichten auch keinen Widerspruch zu dem Gesamtresultat ihrer statistisch sorgfältig untermauerten Untersuchung, dass nämlich „die Kernphänomene in den Erlebnissen der Sterbenden [...] von individuellen, nationalen und kulturellen Faktoren nicht maßgeblich beeinflusst" werden.[16]

4. Das Bild des Tunnels

Wie stellen sich die Oberflächenstrukturen dar, die für die Phase des Übergangs charakteristisch sind? In der Öffentlichkeit ist der Eindruck verbreitet, dass diese Phase meistens ähnlich beschrieben wird. Man geht davon aus, dass die Menschen sich mit großer Geschwindigkeit durch einen Tunnel auf ein fernes Licht zu bewegen. Der Physiker Markolf Niemz hat auf dieser Vorstellung eine physikalische Deutung aufgebaut. Er erläutert in seinem Buch *Lucy mit c*, dass aus physikalischen Gründen eine Person, die sich mit Lichtgeschwindigkeit fortbewegen würde, in ähnlicher Weise einen Tunnel mit einem immer größer und heller werdenden Licht wahrnehmen würde, wie Nahtoderfahrene es beschreiben. Der Tunneleindruck würde also dadurch entstehen, dass die Seele sich vom Körper löst und mit Lichtgeschwindigkeit dem Jenseits zustrebt.[17]

Aber entspricht diese Vorstellung auch dem, was die Menschen tatsächlich schildern, die eine solche Erfahrung gemacht haben? Bei einem Blick in

---

15 Osis et al., Der Tod (Fußnote 13), 206 (kursiv im Original).

16 Ebd., 129.

17 Niemz, M. H., Lucy mit c. Mit Lichtgeschwindigkeit ins Jenseits, Norderstedt [3]2006, 45–46.

Raymond Moodys Buch fällt auf, dass der Tunnel bei ihm dunkel ist. Von einem Licht ist keine Rede. Er schreibt, den „dunklen Raum", habe er „als ‚Höhle', ‚Schacht', ‚Rinne', ‚eingegrenzten Raum', ‚Tunnel', ‚Trichter', als ‚Vakuum', ‚Leere', als ‚Rohr', ‚Tal' und ‚Zylinder'" bezeichnen hören. [18] Allerdings hat Moody sich nach eigenen Angaben nur auf circa 50 Fallberichte bezogen.[19] Wie stellt sich der Befund heute dar, in einer Zeit, in der sehr viele Berichte weltweit vorliegen? Um einen Eindruck von der Art und Häufigkeit der Phänomene zu bekommen, die sich in der Übergangsphase abspielen, habe ich 111 Fälle aus der Literatur untersucht. Es sind Nahtodberichte, die in Büchern von Melvin Morse [20], Günter Ewald[21] und Andreas Bieneck[22] enthalten sind.

Die Berichte bestätigen den Eindruck der Vielfalt, der schon bei Moody anklingt. Zu Beginn scheint der Tunnel oft dunkel zu sein. Erst nach einiger Zeit wird ein Licht in der Ferne wahrgenommen. Die Form des Tunnels variiert in den Berichten. Nicht immer wird eine charakteristische Tunnelform erwähnt. Der Tunnel kann auch „quadratisch"[23] oder „rechteckig"[24] sein oder aussehen „wie ein Darm"[25]. In vier Fällen handelt es sich von Beginn an um einen Lichttunnel. „Ich sah mich in einem großen Rohr, das sehr schön und hell war, eine Helle, die ich noch nie gesehen habe."[26]

Was sagen die Betroffenen über die Bewegung im Tunnel? Sie wird meist als ein Schweben, Gleiten, Fliegen, Gehen oder Fallen geschildert. Am häufigsten ist von einem Schweben oder Gleiten die Rede.[27] Die Fortbewegung

---

18 Moody, Leben nach dem Tod (Fußnote 2), 37.

19 Ebd., 25.

20 Morse, M./ Perry, P., Zum Licht. Was wir von Kindern lernen können, die dem Tod nahe waren, Frankfurt a. M. 1994, 17–56, 140–144, 158–184.

21 Ewald, G., Nahtoderfahrungen – Hinweise auf ein Leben nach dem Tod? Kevelaer 2006.

22 Bieneck, A./ Hagedorn, H. B./ Koll, W. (Hg.), „Ich habe ins Jenseits geblickt." Nahtoderfahrungen Betroffener und Wege, sie zu verstehen, Neukirchen-Vluyn 2006.

23 Morse et al., Zum Licht (Fußnote 20), 163.

24 Ebd., 141.

25 Bieneck et al., „Ich habe ins Jenseits geblickt." (Fußnote 22), 63.

26 Ebd., 46.

27 In der großen britischen Studie von Peter und Elisabeth Fenwick wird die Bewegung im Tunnel meist als ein Schweben oder Treiben beschrieben. Siehe

kann sehr langsam erfolgen. In einem Fall hat jemand das Gefühl, „langsam schwerelos, wie auf einer Rolltreppe“ dem Licht entgegenzugleiten.[28] Ein junger Mann erinnert sich an eine Nahtoderfahrung, die er in frühester Kindheit hatte. Er weiß noch, dass er einen langen, dunklen Tunnel hinauf krabbelte.[29] Nicht immer findet überhaupt eine Bewegung statt. Das zeigen vier Berichte, in denen die Menschen vor einem Tunnel stehen und in ihn hineinblicken. Da ist zum Beispiel die Rede von einem Erlebnis, bei dem „ich durch einen Tunnel blickte, an dessen Ende ich ein ganz helles Licht – wie Sonnenschein – sah, sowie eine wiesenartige Fläche, die mit Blumen übersät war.“[30] Der Tunnel wird zu einer Art „Fernglas“, durch den sich ein Blick in eine schöne, lichterfüllte Welt öffnet.

Die Meinung, dass sich die Menschen in dieser Phase meist mit hoher Geschwindigkeit auf ein Licht hinbewegen, wird durch Textvergleiche nicht gestützt. Eine schnelle Fortbewegung ist nicht die Regel, sondern die Ausnahme. Nur in zwei Fällen der untersuchten Beispiele ist eindeutig von einer sehr schnellen Fortbewegung die Rede. Man kann also auf die Annahme einer sehr schnellen Fortbewegung keine Deutung des Phänomens aufbauen. Hier wie bereits bei den Beispielen, die Knoblauch aus dem Buch von Osis und Haraldsson ausgewählt hat, wird ein Grundproblem von Erklärungsversuchen sichtbar. Bevor man versucht, ein Erklärungsmodell zu entwickeln, muss man erst einmal das Phänomen als Ganzes erschließen und verstehen. Sonst besteht die Gefahr, dass man am Wesentlichen, das die Erfahrungen ausmacht, vorbei argumentiert.

5. Die Symbolik der Übergangsformen

Die Tunnel-Schilderungen zeichnen sich nicht durch Einheitlichkeit, sondern durch Vielfalt aus. Hinzu kommt, dass der Tunnel nur eine von mehreren Arten darstellt, wie eine Phase des Übergangs erlebt werden kann. In den

---

Fenwick, P./ Fenwick, E., The Truth in the Light. An Investigation of Over 300 Near-Death Experiences, New York 1995, 50.

[28] Ebd., 44.

[29] Morse et al., Zum Licht (Fußnote 20), 52.

[30] Bieneck et al., „Ich habe ins Jenseits geblickt.“ (Fußnote 22), 24.

111 Fallberichten, die ich untersucht habe, wird in 63 % der Fälle (70) eine Phase des Übergangs geschildert. Bezogen auf diese 70 Berichte einer Phase des Übergangs wurde in 46 % der Fälle (32) ein tunnelähnliches Gebilde wahrgenommen. In 54 % (38) fand der Übergang auf andere Weise statt:
11 Personen berichten von einer Bewegung, die aus dem Dunkel ins Helle führt.
Am Beginn steht eine räumlich nicht begrenzte Dunkelheit, durch die man sich hindurchbewegt. Man kann von einem *Himmelsaufstieg* sprechen, weil die Menschen das Empfinden haben, in eine jenseitige Welt zu gelangen.
17 Betroffene beschreiben die Bewegung zum Licht ohne Eindrücke von Dunkelheit. Oft befindet sich das Licht schon ganz in der Nähe.
Mark Fox hat bei der Auswertung von 99 Berichten festgestellt, dass sich manche Menschen unmittelbar im Licht befanden, ohne vorher eine Bewegung durch einen Raum festgestellt zu haben.[31]
In 7 Fällen führt der Weg zum Licht über eine Straße, einen Gang, eine Treppe usw.
Bernard Jakoby zählt eine Reihe von Möglichkeiten auf, wie der Übergang ohne Tunnel in NTE-Berichten beschrieben wird. Es kann sich um „Straßen, Korridore, Flüsse, Räume, Bergpässe, Brücken, lange Gänge oder gar dunkle Wolken" handeln.[32]
3 Menschen haben einen Übergang nur empfunden.
In diesen Fällen spielt sich der Übergang allein auf der Ebene des Erlebens ab.

Die Vielfalt der Wahrnehmungs- und Erlebnisformen, die beim Übergang auftreten, sprechen für einen subjektiven Ursprung. Es scheint sich um Bilder zu handeln. Aber wofür stehen sie? Offenbar haben die Menschen in diesen Momenten das Gefühl, die Erde zu verlassen und in eine außerweltlich-jenseitige Welt zu gelangen. Das ist kein kontinuierlicher Prozess, wie wenn man sich von einem irdischen Ort zum nächsten bewegt, sondern ein disruptives Geschehen, das mit einem Wechsel der Ebenen verbunden ist. Das Bild des Tunnels eignet sich besonders, einen solchen Übergang zu versinnbilden.

---

31 Fox, Religion, Spirituality (Fußnote 7).

32 Jakoby, B., Die Brücke zum Licht. Nahtod-Erfahrung als Hoffnung, Reinbek bei Hamburg, [3]2009, 43.

Man weiß nicht, wohin er führt. Aber die gleiche Funktion können auch andere Bilder erfüllen. Das zeigt das folgende Beispiel.

Herr F. hatte mit seiner Frau Urlaub in den Alpen gemacht. Unter Anderem erinnert er sich an eine Wanderung, bei der sie an eine Bergwiese kamen, die er als besonders schön empfand. An einer Weggabelung gingen sie weiter einen Weg, den sie schon von früher kannten. Den anderen Weg kannten sie nicht. Diese Bergwiese spielte in einer Nahtoderfahrung eine Rolle, zu der es kurz nach seiner Heimkehr kam. Bei einem schweren Unfall wurde er bewusstlos und wachte Stunden später in einer Klinik wieder auf. In der Zwischenzeit hatte er ein Nahtoderlebnis, bei dem er die Bergwiese wieder vor sich sah.

Es sei klar gewesen, dass es sich um die Stelle handelte, wo sie im Urlaub den ihnen schon vertrauten Weg gegangen waren. Am Ende des unbekannten Weges, den sie im Urlaub nicht gegangen waren, war eine Art Schranke, und alles war voller Nebel. Die Schranke habe er eindeutig als Grenze zum Tod empfunden. In dem Nebel sah er ein ganz helles Licht, auf das er zuging. Auf der anderen Seite der Stange stand eine Gestalt, die ihn an einen Engel erinnerte. Sie winkte ihm zu, er solle herüberkommen. Herr F. sagte, er sei aber nicht rübergegangen, sondern umgekehrt. Den Grund wisse er selbst nicht. „Es war so, als wäre ich noch nicht reif dafür, dort hinüberzugehen."

In dem Bericht wird die Bergwiese zum Szenarium einer Jenseitserfahrung. Der schöne Weg, den Herr F. noch aus seinem Urlaub lebhaft in Erinnerung hat, führt in eine Begegnung mit einer anderen Welt. Der Nebel erleichtert den Wechsel des Erlebens von der irdischen Sphäre zu einer jenseitigen Sphäre. Sie wird durch das Licht und den Engel verkörpert. Der Engel lädt ihn ein, hinüberzukommen und gibt ihm damit die Möglichkeit, eine Entscheidung zu treffen. Herr F. weiß, dass es sich um die Grenze zum Tod handelt. Er kehrt um mit dem Gefühl, dass er noch nicht reif ist für den Übergang in die andere Welt. Auf diese Weise hat er eine spirituelle Erfahrung gemacht, die ihn einerseits mit der Transzendenz verbunden und gleichzeitig sein Bewusstsein für die Notwendigkeit einer weiteren persönlichen Entwicklung verstärkt hat.

6. Der „Sog von der anderen Seite“

Die Vielfalt der Bilder, die für einen Übergang stehen, kann dazu verleiten, die Phase des Übergangs der subjektiven Imagination der betroffenen Menschen zuzuschreiben und damit in den Bereich der Fantasie zu verwiesen. Aber die Bilder beziehen sich nur auf die Oberflächenstruktur der Erfahrungen. Das Wesentliche liegt in den Tiefenstrukturen. Sie schlagen sich in einem gleichartigen, spirituellen Erleben nieder, in dessen Zentrum die Begegnung mit einer „jenseitigen“ Wirklichkeit steht. Die Intensität, mit der die Begegnung erlebt wird, kann variieren, aber der Gehalt bleibt der gleiche. Er lässt sich an Motiven aufzeigen, die regelmäßig wiederkehren.

Schon beim „Verlassen“ des Körpers treten häufig Gefühle von Gelassenheit und Leichtigkeit auf. Sie begleiten die Menschen meist auch noch in der Phase des Übergangs. Nur selten ist die Rede davon, dass jemand „eine ängstliche Ungewissheit vor dem Unbekannten“[33] oder sogar „Todesangst“[34] empfindet. Es überwiegen Hoffnung und Erwartung, sogar Vorfreude kann sich einstellen. Die Menschen streben einem Ziel entgegen, das sie noch nicht kennen, von dem sie sich aber angezogen fühlen. Das Angezogenwerden ist das Hauptmotiv in den Berichten über das Erleben in dieser Phase. Im Brennpunkt steht meistens das Licht, das sich in der Ferne zeigt.

Das Licht ist eines der Elemente, die in Nahtoderfahrungen am häufigsten vorkommen. Hauptmerkmale, die mit ihm assoziiert werden, sind „Glück und universelle Liebe“.[35] Wenn die Menschen es in der Phase des Übergangs in der Ferne sehen, fühlen sie oft einen „Sog“, der von ihm auszugehen scheint. Er kann als „sehr angenehm, friedlich, liebevoll, weich“[36] empfunden werden. Manchmal wird ihm die Kraft eines Magneten zugesprochen. Als ich eine Betroffene fragte, womit man die Anziehungskraft vergleichen könne, die vom Licht ausgeht, meinte sie:

---

33 Fenwick et al., The Truth in the Light (Fußnote 27), 47.

34 Bieneck et al., „Ich habe ins Jenseits geblickt“ (Fußnote 22), 57.

35 In der Studie von P. und E. Fenwick war das Licht in 74 % der Fälle das vorherrschende Element, vgl. Fenwick et al., The Truth in the Light (Fußnote 27), 58.

36 Eucker, D., Zurück ins Leben, in: Läpple, V./ Schmidt, K. W. (Hg.), „Dem Tode so nah ...“ - Wenn die Seele den Körper verlässt, Frankfurt a. M. 2005, 154.

„Mit sehr wenigem, höchstens umgekehrt mit dem unbedingten Willen, sich zu retten, wenn man am Ertrinken ist oder abzustürzen droht. In meinem Fall war es aber ein seliges Streben, noch viel, viel mehr, als auf einen geliebten Menschen zuzustreben. Nichts anderes war mir mehr wichtig. Das war das Einzige, was zählte." (Inge Drees)

Es ist kein innerweltliches Ziel, dem man entgegenstrebt. Der „Sog", den die Menschen wahrnehmen, ist der „Sog von der anderen Seite".[37] Der Theologe und Religionswissenschaftler Rudolf Otto hat solche Erfahrungen als „numinos" bezeichnet. Das Numinose steht bei Otto für die Sphäre des Heiligen und Göttlichen. Das Empfinden, dass sich etwas Heiliges ereignet, schwingt auch in manchen Beschreibungen der Phase des Übergangs mit. Es kann seinen Ausdruck in einer feierlichen Atmosphäre finden. Ein Mann beschreibt seine Eindrücke, als er sich durch einen langen Lichttunnel hindurchbewegte: „Es gab keine irdischen Geräusche. Nur Feierlichkeit, fremdartige Musik, wie ich sie noch nie gehört hatte. Eine Symphonie von unbeschreiblicher Schönheit, die sich mit dem Licht verband, dem ich mich näherte."[38] Die Menschen fühlen sich in eine „ganz andere", außerweltliche Wirklichkeit versetzt. In der Erfahrung einer „ganz anderen Wirklichkeit" sah Rudolf Otto das Hauptmerkmal des Numinosen.[39]

Die „ganz andere" Wirklichkeit erleben die Menschen nicht als „mysterium tremendum", als ein Geheimnis, vor dem sie erschrecken würden. Sie hat eher den Charakter eines „mysterium fascinans", eines Geheimnisses, das „etwas eigentümlich Anziehendes, Bestrickendes, Faszinierendes" hat.[40] In den Berichten klingt diese Faszination immer wieder an. Für Hellmut Laun war das Licht, dem er sich in einer Nahtoderfahrung näherte, der Inbegriff von Erfüllung. In ihm, so wurde ihm gewiss, würde sich sein Sehnen und Streben vollenden. Im Rückblick meint er:

„Heute, nach so vielen Jahren, würde ich sagen, dass von dem geheimnisvollen Zentrum eine unendliche Lebensfülle ausging, ein rätselhaftes Alles-in-

---

37 Wiesenhütter, Blick nach drüben (Fußnote 3), 18.
38 Ring, Den Tod erfahren (Fußnote 6), 49.
39 Otto, R., Das Heilige, München 1987, 34.
40 Ebd., 42.

Allem […] Ganz klar war mit der Beglückung der Annäherung die Gewissheit verbunden, dass mein eigenes Ich dort seine Erfüllung finden würde."[41]

Man muss beachten, dass die Berichte in Bereiche führen, die kaum kommunizierbar sind. Die Menschen können nichts vorweisen, woran sie ihre Aussagen festmachen könnten, weil sich alles auf der Ebene eines außergewöhnlichen, außerweltlichen Erlebens abspielt. Deshalb ziehen manche es vor, zu schweigen. Andere greifen zu Superlativen oder verweisen auf die Unvergleichlichkeit des Erlebten. Die Menschen ringen um Worte, weil ihre Erfahrung ein so außergewöhnliches, überwältigendes Geschehen betrifft.

7. Das Gefühl zu sterben

Der „Sog von der anderen Seite" ist das Hauptmotiv in den Schilderungen der Phase des Übergangs. Ein anderes Motiv klingt ebenfalls oft an. Ich bezeichne es als *Hintergrundmotiv*. Es ist das Gefühl zu sterben.

Das Gefühl zu sterben mag auf den ersten Blick wenig verwunderlich erscheinen, da sich die Menschen in der Regel in einer lebensbedrohlichen Situation befinden, wenn sie ein Nahtoderlebnis haben. Aber das Gefühl zu sterben ist nicht an eine lebensbedrohliche Situation gebunden. Es kann sich auch in nahtodähnlichen Erlebnissen einstellen, die in normalen Alltagssituationen auftreten. Ein Mann sagt: „Während ich jetzt schräg nach unten schwebte, wurde mir mit einem Mal klar, dass ich jetzt sterben würde, und ich war überrascht. Ich wusste, dass ich jetzt in eine andere Welt, in ein anderes Leben gehen würde." Er befand sich aber nicht in einer lebensgefährlichen Situation, sondern hatte sich „wie gewohnt" zu Bett gelegt.[42]

Ich kenne eine Reihe ähnlicher Schilderungen, in denen die Menschen über die Erfahrung eines Übergangs in eine andere Dimension berichten, die mit dem Gefühl zu sterben verbunden war, obwohl sie sich nicht in einer lebensbedrohlichen Situation befunden hatten. Wenn das Gefühl zu sterben auch

---

41 Laun, H., So bin ich Gott begegnet. Eine ungewöhnliche Bekehrung, Linz/Wien [3]1984, 54–55.

42 Bieneck et al., „Ich habe ins Jenseits geblickt" (Fußnote 22), 44.

außerhalb lebensbedrohlicher Situationen auftritt, ist das ein Hinweis darauf, wie *real* die Betroffenen einen Übergang erleben. Es entspricht der inneren Logik einer Erfahrung des Übergangs in eine andere, außerweltliche Wirklichkeit, dass man dort nur bleiben kann, wenn man sein irdisches Leben aufgibt. Spätestens, wenn jemand mit all seinem Streben in die außerweltliche Wirklichkeit hineindrängt, muss ihm zu Bewusstsein kommen, dass dies das physische Ende bedeuten würde.

In diesen Momenten einer Nahtod- oder nahtodähnlichen Erfahrung verändert sich die Vorstellung vom Tod. Der Tod verliert seinen Schrecken, weil er nicht mehr als totale Vernichtung, sondern als Tor in ein neues Dasein erscheint. Nur vor diesem Hintergrund versteht man, warum die Menschen nach einer solchen Erfahrung die Angst vor dem Tod verlieren. Sie verlieren nicht nur die Angst. Der Tod erhält eine verheißungsvolle, vielversprechende Perspektive. Vor dem Hintergrund seiner Erfahrung erscheint der Tod einem jungen Mann als „sehr, sehr verführerisch, da er uns dieses starke Licht, diese Wärme und das Gefühl unendlichen Glückes vermittelt".[43]

Oft enden die Erfahrungen schon in der Phase des Übergangs. Das geschieht aber meistens nicht abrupt. Die Rückkehr wird vorbereitet. Zum Beispiel tauchen Verstorbene oder andere Wesen auf, die die Person mit dem Hinweis „zurückschicken", ihre Zeit sei noch nicht gekommen, sie hätten noch eine Aufgabe zu erledigen. Das „Zurückschicken" und die Erwähnung einer noch verbleibenden Aufgabe sind weitere Hinweise darauf, dass die Betroffenen während ihres Erlebnisses das Bewusstsein hatten, sich in einer außerweltlichen Wirklichkeit befunden zu haben.

Bei Frau K. war es die Stimme ihres verstorbenen Vaters, die sie zurückschickte. Frau K. hat weder ein Licht gesehen noch einen Tunnel oder eine andere Form des Übergangs wahrgenommen. Aber ihre Worte zeigen, dass sie das Gefühl hatte, im Begriff zu sein, in eine andere Welt hinüberzugehen, in die sie unbedingt gelangen wollte, auch um den Preis des (irdischen) Lebens.

> „Es war ein Zustand, den man nicht beschreiben kann. Es war wie ein Schweben, ein Loslassen. Man ist nur noch leicht, glücklich, und man möchte

---

[43] Bieneck et al., „Ich habe ins Jenseits geblickt" (Fußnote 22), 37.

unbedingt ‚dort' hin. (*Wohin wollten Sie?*) Ich hatte das Gefühl, ich bin noch nicht angekommen. Es war nicht nur Neugierde, wie wenn man im Leben auf etwas neugierig ist, auf einen Urlaub zum Beispiel. Damit kann man es nicht vergleichen. Ich musste und wollte ‚da' hin. Ich habe keinen Augenblick überlegt: ‚Was ist mit den Angehörigen? Was wird aus meinem Mann?' Das war alles weg. Es war, wie wenn einen ein Magnet anzieht, man aber gleichzeitig einen Widerstand spürt. Und man kann gar nicht begreifen, warum die einen festhalten.

(*Was hat Sie festgehalten?*) Was mich zurückhielt, war die Stimme meines verstorbenen Vaters, der mir ständig sagte, dass ich nicht gehen könne. Es wäre noch nicht meine Zeit, und ich könne noch nicht gehen [...] Und trotzdem habe ich mich geweigert, das anzunehmen. Ich weiß nicht, ob ich eine Stimme hatte. Aber von meinem Innern her, ohne dass ich es laut ausgesprochen habe, kam: ‚Nein, nein, nein!' Und von meinem Vater kam immer wieder die Resonanz: ‚Du kannst noch nicht, du darfst noch nicht. Es ist noch nicht deine Zeit.'"

Die Nahtoderfahrung von Frau K. endete also damit, dass ihr verstorbener Vater sie zurückschickte. Die Erinnerung daran, dass sie in diesen Momenten ihres Erlebnisses hatte „hinübergehen" wollen, machte ihr nach dem Aufwachen zu schaffen.

„Wenn Sie zurückkommen und die Angehörigen stehen drum herum, und alle sind froh, dass Sie wieder da sind – Sie können denen ja gar nicht begreiflich machen, dass Sie eigentlich lieber weggegangen wären, ohne dass es mit den Personen an sich zu tun hat. Sie würden die ja nur furchtbar verletzen. Ich glaube, das Zurückkommen ist die schwierigste Phase."

8. Eine Quelle religiöser Überzeugungen

In Erfahrungen des Übergangs entsteht das Bewusstsein, dass es eine „höhere", spirituelle Dimension gibt, die das irdische Leben übersteigt. Übereinstimmend heben Betroffene diese Überzeugung als Resultat ihres Erlebnisses hervor. „Ich weiß jetzt, dass es dort drüben etwas Größeres als uns gibt, weil ich es selbst erfahren habe."[44] Auch Menschen, die sich vor ihrem

[44] Morse et al., Zum Licht (Fußnote 20), 173.

Erlebnis als Atheisten oder Agnostiker betrachteten, gewinnen die Gewissheit, dass es noch *„eine andere Dimension [...] eine andere Realität"* (Herr L.) gibt. In diesem Sinn kann man von Transzendenzerfahrungen sprechen. Die Überzeugung der Existenz einer anderen Dimension verknüpft sich mit der Gewissheit, dass das Leben weitergeht. Herr L. ist sich seit seiner Nahtoderfahrung sicher, dass der Tod nur einen „Schritt zu einer anderen Lebensform" darstellt. „Was ich zurücklasse, das ist meine Hülle, das bin nicht ich."

Wo kommt die Gewissheit her, dass es diese jenseitige Dimension gibt? Sie hängt mit dem Erleben während des Übergangs zusammen. Ein Mann beschreibt es so: „Ich empfand alles nicht als verworrenen Traum, sondern sehr real. Ich befand mich in einer anderen Welt [...]"[45] Es ist ein Wahrheits- und Wirklichkeitsbewusstsein, dass die Menschen nicht näher begründen können. Sie können nichts vorzeigen, woran sie den Realitätsgehalt festmachen könnten. Der Religionspsychologe William James bezeichnet die Gewissheit, die sich Menschen in spirituellen Erfahrungen mitteilt, als „noetische" Qualität. Wenn man die Erlebnisse von außen betrachte, seien sie zwar Gefühlszuständen ähnlich. Für die, die sie erfahren, handle es sich aber anscheinend auch um Erkenntniszustände, „Einsichten in Tiefen der Wahrheit, die vom diskursiven Verstand nicht ausgelotet werden".[46]

Die Überzeugung der Existenz einer höheren Wirklichkeit und eines Weiterlebens nach dem Tod sind auch Kerngehalte vieler Religionen. In Nahtoderfahrungen zeigt sich aber, dass diese Überzeugungen nicht nur die Frucht religiöser Vermittlung sind. In Erfahrungen des Übergangs wie in Nahtoderfahrungen insgesamt begegnen wir einer Quelle, aus der unabhängig von vorherigen Glaubensüberzeugungen das Bewusstsein der Existenz einer „höheren" Wirklichkeit und eines Weiterlebens nach dem Tod entspringt. Kenneth Ring schreibt, natürlich lasse sich darüber streiten, ob diese Erlebnisse wirklich mehr seien als bloße Halluzinationen. „Aber selbst, wenn man diesen Standpunkt vertritt, wäre noch immer offensichtlich, dass Menschen mit Nah-Todeserlebnissen [...] bis zum Erfahrungsursprung des universellen

[45] Ewald, Nahtoderfahrungen (Fußnote 21), 62.

[46] James, W., Die Vielfalt religiöser Erfahrung. Eine Studie über die menschliche Natur, Olten 1997, 384.

menschlichen Glaubens an eine andere – religiöse – Dimension vorgedrungen sind."[47]

Wie die jenseitige Wirklichkeit konkret beschaffen ist, bleibt in Erfahrungen des Übergangs offen.[48] Herr M. erläutert, was er aufgrund seiner Erfahrung in einem Lichttunnel mit dem Jenseits verbindet. Er sagt:

> „Da ist wirklich was. Wenn du von Allem was hier ist, was dich belastet, was dich festhält, was dich bedroht, wenn du davon loslassen kannst, wenn du tot bist und wenn du gehen darfst, dann ist etwas da, das dich auffängt, etwas, wo du hingehen kannst und wo auch dein Körper nicht mehr stört. Da ist Geist, da ist Wärme, und da ist Geborgenheit, da ist alles das, was für dich positiv ist [...] Man könnte vom Paradies sprechen, wenn man nicht durch die Bibel vom Paradies ein ganz anderes Bild hätte: Adam und Eva und ein schöner Garten. Aber das ist wieder was Gegenständliches. Es muss aber überhaupt nicht gegenständlich sein."

In der Theologie wird manchmal die Ansicht vertreten, so etwas wie eine ursprüngliche religiöse beziehungsweise spirituelle Erfahrung gebe es gar nicht. Jede Erfahrung sei immer sprachlich-kulturell vermittelt. Wenn man jedoch die Berichte von Nahtoderfahrenen liest, sieht man, dass diese Theorie hier nicht zutrifft. Sie sind in einer erfahrungsbezogenen und erfahrungsgesättigten Sprache geschrieben und kommen ohne religiöse Formulierungen und stereotype Formeln aus. Wenn die Menschen trotzdem auf religiöse Begriffe zurückgreifen, bestimmen sie den Sinn von ihrem Erleben her. Herr M. greift auf das Bild des Paradieses in der Weise zurück, dass er den Sinngehalt von seiner Erfahrung her bestimmt.

Herr M. hat auch vor seiner Nahtoderfahrung schon an ein Weiterleben nach dem Tod geglaubt. An seinem Bericht erkennt man aber, dass das Erlebnis seinen Glauben gestärkt und zugleich auch modifiziert hat. Aus seinem Erleben kristallisiert sich ein Verständnis einer Wirklichkeit nach dem Tod heraus, das ohne jede Anschaulichkeit auskommt. Auch Frau K. hatte schon

---

47 Ring, Den Tod erfahren (Fußnote 6), 80–81.

48 Auf den weiteren transzendenten Stufen einer Nahtoderfahrung sieht man, wie sich das Bewusstsein für die „höhere" Wirklichkeit ausdifferenziert, vgl. Nicolay, J. (Hg.), Ein Gehen ins Licht. Nahtoderfahrungen, Kevelaer 2017, 47–55, 59–70, 73–90.

vor ihrer Nahtoderfahrung an ein Weiterleben geglaubt. Die Erfahrung hat auch bei ihr einen Unterschied bewirkt. Sie sieht es so: „Dass es irgendwas gibt, daran glaubte ich schon. Aber das war so eine Hypothese. Man konnte es sich nicht vorstellen. Jetzt habe ich eine Vorstellung davon." Nahtoderfahrungen können zu einer Revitalisierung des Glaubens führen und alte und oft auch entleerte, religiöse Symbole mit neuem Leben füllen.[49]

9. Grenzen der Erklärungsversuche

Es wurden mehrere Modelle entwickelt, um das Tunnel-Licht-Phänomen zu erklären. Sie beziehen sich alle auf die Oberflächenstrukturen. Man versucht zu zeigen, wie der Eindruck entsteht, dass man sich durch einen Tunnel auf ein fernes Licht zu bewegt. Der Neuropsychologe und Theologe Christian Hoppe erläutert einen neurobiologischen Ansatz. Eine allmähliche Minderdurchblutung der Netzhaut könne „zu einem konzentrischen Erblinden vom Gesichtsfeldrand her (Tunnel!) und zu einem sehr starken Lichterlebnis im Zentrum des Gesichtsfeldes (Licht!)" führen.[50] Diese Erklärung wird jedoch weder der Vielfalt der Formen gerecht, in denen Menschen den Übergang beschreiben, noch erfasst sie den Kern des Erlebens. Sie ignoriert den spirituellen Gehalt, der die Phase des Übergangs erst zu einer tiefen, persönlich bedeutsamen Transzendenz- und Jenseitserfahrung macht.

Die Phase des Übergangs führt die Menschen in eine Sphäre des Transzendenten und Heiligen und, wenn die Begegnung mit dem Licht im Zentrum steht, auch in mystische Dimensionen hinein. Das gleiche Erleben begleitet die Menschen auf allen weiteren Stufen der Nahtoderfahrung. Jeder Versuch, Nahtoderfahrungen zu erklären, muss diesem spirituellen Erleben Rechnung tragen. Da es überkulturell ähnlich auftritt, muss es in irgendeiner Weise in der menschlichen Natur verankert sein. Nahtoderfahrungen weisen auf eine

---

[49] Vgl. Nicolay, J., Die verdrängte Seite des Glaubens. Nahtoderfahrung und Religion bei Eckart Wiesenhütter, in: Nicolay J. (Hg.), Nahtoderfahrung und Religion. Beiträge aus Theologie, Philosophie und Medizin, Goch 2015, 100–102.

[50] Hoppe, Ch., Nahtoderlebnisse – Blick ins Jenseits? in: Souvignier, G., Durch den Tunnel. Nahtoderfahrungen interdisziplinär betrachtet, Goch 2007, 99.

spirituelle Dimension des Bewusstseins hin, die unter anthropologischen Gesichtspunkten gewürdigt werden muss.

Welche Funktion die spirituelle Dimension hat, deutet sich an, wenn man die Nachwirkungen von Nahtoderfahrungen betrachtet. Sie wurde in vielen Studien untersucht. Nahtoderfahrungen bewirken so etwas wie ein spirituelles „Erwachen". In einer großen deutschen Studie haben in Folge einer Nahtoderfahrung bei 87 % der Befragten der Glaube an ein Weiterleben nach dem Tod und bei 81 % der Glaube an Gott bzw. eine höhere Macht zugenommen. Damit einher ging ein Wachstum spiritueller Interessen um 59 %. 55 % verspürten vermehrt den Wunsch zu beten.[51] Diese Wirkungen zeigen, dass Menschen ihr Leben nach einer Nahtoderfahrung tendenziell in einem größeren, transzendenten Bezug sehen und es aus diesem Bezug heraus zu gestalten versuchen.

Auch soziale Potenziale werden aktiviert. In der Studie zeigte sich, dass bei den befragten Nahtoderfahrenen das Interesse an materiellen Zielen – das Streben nach Besitz, Prestige und Erfolg – bei 52 % abnahm. Soziale Kompetenzen verstärkten sich dagegen: die Toleranz anderen gegenüber wuchs bei 69 % der Befragten; die Bereitschaft andere zu akzeptieren bei 75 %; die Fähigkeit Liebe zu zeigen bei 72 %. Das Verständnis für andere wuchs bei 77 %, das Mitgefühl für andere bei 72 %; das Bedürfnis, anderen zu helfen bei 72 %. Die Veränderungen deuten darauf hin, dass Nahtoderfahrungen das Bewusstsein der Verbundenheit mit anderen Menschen vertiefen. Damit einher geht ein gesteigertes Bewusstsein für den Sinn des Lebens. Die „Sinnfindung im Leben" hatte bei 78 % der befragten Personen zugenommen.[52]

Die Entfaltung spiritueller Bezüge, die Ausweitung der Verbundenheit und die Vertiefung der Sinnfindung zeigen, dass Nahtoderfahrungen das Leben der Menschen bereichern. Auch das muss bei allen Erklärungsversuchen berücksichtigt werden. Die lebensbereichernden Auswirkungen sind unvereinbar mit Versuchen, Nahtoderfahrungen auf gestörte Hirnprozesse im Sinne eines „Notprogramms" des menschlichen Gehirns zurückzuführen. An ihnen

---

51 Stechl, A., Nah-Todeserlebnisse und ihre Auswirkungen auf Psyche, Ethik und Religiosität/Spiritualität, (Unveröffentlichte Diplomarbeit, Naturwissenschaftliche Fakultät der Universität Salzburg) 2006.

52 Ebd.

ist nichts Pathologisches.[53] Es sind Transzendenzerfahrungen. Sie zeigen, was sich im Leben von Menschen verändern kann, wenn sie in Berührung mit einer als jenseitig empfundenen, spirituellen Dimension kommen.

Aber welche anderen Erklärungen für Nahtoderfahrungen kommen in Frage? Das Bestreben vieler Wissenschaftler ist darauf ausgerichtet, Hirnprozesse zu finden, die eventuell mit dem Auftreten von Nahtoderfahrungen im Zusammenhang stehen. Wenn man solche Prozesse benennen kann, ist das allerdings noch kein Beweis, dass Nahtoderfahrungen vom Gehirn produziert werden. Es könnte sein, dass die neurobiologischen Prozesse die Erlebnisse nicht erzeugen, sondern nur Bedingungen schaffen, die die Begegnung mit einer jenseitig-numinosen Wirklichkeit ermöglichen. Die neuronalen Prozesse wären dann nicht die Ursache der Erfahrungen, sondern nur ihr Auslöser.[54]

Wenn man diese Möglichkeit ausschließen will, muss man nachweisen, dass *allein* die neurobiologischen Prozesse für die Entstehung der Erfahrungen verantwortlich sind. Aber wie soll ein solcher Nachweis geführt werden? Angenommen, man würde die Hirnaktivitäten beobachten können, die zu dem Zeitpunkt auftreten, an dem eine Person eine Nahtoderfahrung hat. Das wäre immer noch kein Beweis dafür, dass die Hirnprozesse die Erlebnisse erzeugen; denn beobachten könnte man nur eine Korrelation zwischen Hirnaktivität und dem Auftreten des Erlebnisses. Aber eine Korrelation ist keine Kausalität. Sie lässt die Möglichkeit offen, dass die beobachteten Prozesse nur neurobiologische Voraussetzungen für das Auftreten der Nahtoderfahrung schaffen.

---

53 Allerdings können tiefe Nahtoderfahrungen zu einer Umstrukturierung der persönlichen Wertvorstellungen führen und mit einer spirituellen Krise einhergehen. Es handelt sich um ein Anpassungsproblem an den neuen, inneren Bezugsrahmen. Ein Integrationsprozess kann den Menschen helfen, das Potenzial der Erfahrungen im vollen Umfang für sich zu nutzen. Dieser Prozess wird erleichtert, wenn die Menschen kundige Ansprechpartner finden. Erschwerend wirkt sich die verbreitete Tabuisierung des Themas aus.

54 In den letzten Jahren wurden mehrfach Befunde veröffentlicht, die auf eine besondere Hirnaktivität zum Zeitpunkt des Todes sowohl bei Menschen als auch bei Tieren hindeuten. Weil nicht entschieden werden kann, ob es sich dabei um die Ursache oder nur den Auslöser der eventuell auftretenden Nahtoderfahrungen handelt, sagen die Befunde nichts über die Transzendenzfrage aus.

Wir stoßen hier auf eine Erklärungslücke, die wahrscheinlich nicht geschlossen werden kann.[55] Bei allen Erklärungsversuchen, die auf psychologische oder neurobiologische Prozesse Bezug nehmen, bleibt diese Lücke offen, und mit ihr bleibt die Transzendenzfrage offen. Es kann sein, dass Nahtoderfahrungen das sind, als das die betroffenen Menschen sie erleben: Begegnungen mit einer den Tod überschreitenden Wirklichkeit des Heiligen und Göttlichen.

[55] Zu einem ähnlichen Ergebnis kommt Godehard Brüntrup. Er schreibt: „Selbst, wenn wir entdecken würden, dass eine bestimmte Substanz verlässlich und wiederholbar Nahtoderfahrungen erzeugen kann, so hätten wir immer noch nicht begriffen, was die Natur dieser Erfahrung ist." Es könne sein, meint er, dass wir es mit einer „Unwissenheit" zu tun haben, die unüberwindlich ist. Brüntrup, G., Die Bedeutung des Erlebens des eigenen Sterbens. Eine philosophische Betrachtung zur sogenannten „Nahtoderfahrung", in: Evangelium und Wissenschaft 35 /2014, Heft 1, 52.

Barbara Drossel

Auferstehung und die Grenzen der Physik

Was hat die Physik zum Thema „Auferstehung und ewiges Leben" zu sagen? Nichts. Die Physik befasst sich mit den gesetzmäßigen materiellen Abläufen innerhalb dieser Welt. Aus christlicher Perspektive sind die physikalischen Gesetze die Regeln, nach denen Gott diese Welt am Laufen erhält. Beim Thema Auferstehung geht es im Gegensatz dazu um eine neue Schöpfung oder eine wesensmäßige Transformation der gegenwärtigen Schöpfung. Nach welchen Gesetzen diese zukünftige Schöpfung funktionieren wird, liegt jenseits der Erkenntnismöglichkeiten der Physik.

Trotzdem begegnet mir immer wieder die Auffassung, dass die Gesetze der Physik eine Auferstehung, die irgendetwas mit dieser Welt zu tun hat, verbieten. Die Auferstehung Jesu aus dem Tod wird daher oft nicht körperlich verstanden und die Frage, ob sein Grab leer war, als unwichtig eingestuft. Die allgemeine Auferstehung der Toten wird in ein völliges Anderswo verlegt, das nichts mit dieser Welt zu tun hat und die davon unberührt bleibt. Meines Erachtens wird der Gültigkeitsbereich der Gesetze der Physik hierbei weit über das empirisch Überprüfbare und Notwendige hinaus behauptet.

Es ist daher das Ziel meines Beitrags zu diesem Buch, aufzuzeigen, was die Physik leisten kann und wo ihre Grenzen liegen. Es wird sich zeigen, dass die Gesetze der Physik keineswegs eine allumfassende Vorschrift für alle Abläufe in der Welt sind. Sie legen daher nicht alles Geschehen fest.

Den ersten Teil dieses Kapitels möchte ich dafür verwenden, das Wesen der Gesetze der Physik zu erläutern. Anhand der ältesten physikalischen Theorie, die wir haben, der klassischen Mechanik, werde ich zeigen, dass physikalische Gesetze immer wieder dazu missbraucht wurden, um Weltbilder – Aussagen über das Wesen der physikalischen Welt – oder gar Weltanschauungen

– Aussagen über alles, was existiert – abzuleiten. Die Geschichte der Physik hat gezeigt, dass solche Weltbilder mit dem Fortschritt der Wissenschaft wieder zusammenbrechen können. Für die heutigen Weltbilder, die auf der modernen Physik basieren, kann man dasselbe prognostizieren. Solche Weltbilder sind in jedem Fall ein Überschreiten der Grenzen der Physik.

Weil aber die Naturgesetze keine umfassende Beschreibung der Natur liefern, wird auch nicht alles Geschehen von ihnen bestimmt. Ich werde argumentieren, dass die durch die physikalischen Gesetze beschriebenen Abläufe nicht kausal geschlossen sind, sondern in einen größeren Kontext eingebettet sind, der sie bedingt und beeinflusst. Einige Denker sprechen von der „Kausalen Offenheit" der physikalisch beschriebenen Natur. Diese kausale Offenheit ermöglicht meines Erachtens sowohl unser Handeln in der Welt als auch Gottes Handeln in der Welt.

Allerdings sprengt die Auferstehung Jesu und die verheißene allgemeine Auferstehung der Toten den Rahmen dessen, was wir durch die kausale Offenheit der gewöhnlichen Abläufe in der Natur erklären können. Diesem Thema widmet sich der letzte Teil meines Beitrags. In diesem Teil wird argumentiert, dass die physikalischen Gesetze nicht nur Raum für kontingente Ereignisse lassen, sondern dass sie selbst kontingent sind und ihre Gültigkeit daher von dem weiteren Kontext abhängt, in den sie eingebettet sind. Dieser größere Kontext ist die große Geschichte von Schöpfung, Erlösung und Neuschöpfung, die die Bibel erzählt. In diesem Kontext haben die Gesetze der Physik einen vorläufigen Charakter. Sie gelten im Rahmen der bisherigen Schöpfung. Doch mit der Auferstehung Jesu beginnt eine neue Schöpfung, an der einst alle Menschen nach der allgemeinen Auferstehung teilhaben werden. Um die theologische Dimension dieser Überlegungen zu würdigen, soll David Wilkinson, ein Theologe und Physiker, am Ende dieses Kapitels ausführlich zitiert werden.

1. Die Newtonschen Gesetze

Wir heutigen Menschen können uns nur schwer vorstellen, eine wie große Revolution Newtons Werk „Philosophiae Naturalis Principia Mathematica" aus dem Jahr 1685 darstellte. Durch Newtons Theorie wurde es auf einmal möglich, eine Vielfalt von verschiedenen Phänomenen und Gesetzen auf wenige einfache Prinzipien zurückzuführen. Das erste Newtonsche Gesetz besagt, dass die Geschwindigkeit eines Objektes gleichbleibt, solange keine Kraft auf es einwirkt. Vorher dachte man, dass bewegte Objekte von alleine zur Ruhe kommen, wenn sie nicht dauernd durch Kräfte bewegt werden. Newtons berühmtes zweites Gesetz $F = ma$ – Kraft ist gleich Masse mal Beschleunigung – gibt einen Zusammenhang zwischen der Stärke einer Kraft und der daraus verursachten Geschwindigkeitsänderung – also Beschleunigung. Und das dritte Gesetz besagt, dass es zu jeder Kraft eine entgegengesetzt gerichtete gleich große Gegenkraft gibt: Wenn ich mit meinem Gewicht auf die Sitzfläche des Stuhls drücke, drückt der Stuhl mit derselben Kraft dagegen.

Darüber hinaus führte Newton die Gravitationskraft ein. Der Legende nach saß er unter einem Apfelbaum und beobachtete einen fallenden Apfel, als ihm die Idee kam, dass nicht nur die Erde den Apfel, sondern auch der Apfel die Erde anzieht. Hier erkennt man das dritte Newtonsche Gesetz wieder. Sein Gravitationsgesetz gibt eine Formel für die Stärke der Gravitationskraft: $F_g = GmM/r^2$. Angewendet auf den zur Erde fallenden Apfel ist m die Masse des Apfels, M die Masse der Erde und r der Abstand zwischen den Schwerpunkten – das sind ungefähr die Mittelpunkte – der beiden. G ist eine Naturkonstante, die Newton eingeführt hat und die nach ihm „Newtonsche Gravitationskonstante" genannt wird.

Aus dem Gravitationsgesetz, verbunden mit Newtons zweitem Gesetz, lassen sich eine Reihe bis dahin unabhängiger Gesetze ableiten, insbesondere die drei Keplerschen Gesetze über die Planetenbahnen und das Fallgesetz von Galilei. Keplers erstes Gesetz besagt, dass die Bahnen der Planeten um die Sonne Ellipsen sind, wobei die Sonne in einem der beiden Brennpunkte der Ellipse steht. Sein zweites Gesetz besagt, dass die Verbindungslinie zwischen dem Planeten und der Sonne in gleicher Zeit gleiche Flächen abdeckt. Wenn der Planet näher an der Sonne ist, bewegt er sich also schneller. Und schließlich stellt Keplers drittes Gesetz einen mathematischen Zusammenhang zwischen dem Abstand eines Planeten von der Sonne und seiner Umlaufdauer um die Sonne her. Es ist für mich immer einer der Höhepunkte der Vorlesung zur klassischen Mechanik, wenn ich aus dem Newtonschen Gravitationsgesetz diese drei Keplerschen Gesetze ableite.

Das Fallgesetz von Galilei besagt, dass alle Objekte unabhängig von ihrer Masse gleich schnell fallen, wenn man den Luftwiderstand ausschaltet. Die Fallzeit ist proportional zur Wurzel der Fallhöhe. Das bedeutet, dass, wenn man ein Objekt von der vierfachen Höhe fallen lässt, die Fallzeit doppelt so groß ist.

Die drei Newtonschen Gesetze beinhalten darüber hinaus weitere bis dahin unabhängige Gesetze, z. B. das Hebelgesetz und das Auftriebsgesetz. Nicht nur damals, sondern auch heute werden die Newtonschen Gesetze in vielen Situationen angewendet: Die Beschleunigung, die eine Rakete braucht, um dem Schwerefeld der Erde zu entkommen, die Stabilität von Kränen, die Neigung der Gleise von Achterbahnen und die Stabilität von rollenden Rädern lassen sich alle mit Hilfe der Newtonschen Gesetze berechnen.

2. Wie aus den Newtonschen Gesetzen ein Weltbild abgeleitet wurde

Die Erfolge der Newtonschen Mechanik führten dazu, dass im 18. und 19. Jahrhundert das sogenannte mechanistische Weltbild unter gebildeten Leuten vorherrschte. Die Newtonschen Gesetze besagen, dass die zukünftige Bewegung von Objekten durch die Kräfte zwischen ihnen und durch ihre Anfangsposition und -geschwindigkeit festgelegt ist. Man übertrug diese mechanische Theorie auf alle Bewegung und Veränderung in der Welt und meinte, dass die Welt wie ein riesiges Uhrwerk funktioniere, dessen Zahnräder und Federn anfangs so eingestellt wurden, dass es seitdem seinen unabänderlichen Verlauf nimmt.

Um von Newtons Gesetzen zu diesem Weltbild zu kommen, muss man mehrere gedankliche Schritte gehen, derer man sich oft nicht bewusst ist, die aber weit über den erwiesenen Gültigkeitsbereich der Theorie hinaus gehen. Der erste Schritt besteht darin zu glauben, die Gesetze der Physik seien direkt aus der Natur abgelesen. Die Gesetze wurden daher als eine exakte Beschreibung der Naturabläufe angesehen. Doch dies ist eine sehr naive Meinung. Unsere physikalischen Gesetze sind nur Modelle, die unvollständige, vereinfachte Beschreibungen der Natur geben.

Der zweite Schritt besteht darin, die Eigenschaften der Gesetze als Eigenschaften der Natur zu betrachten. Die Newtonschen Gesetze haben zwei wichtige Eigenschaften, die auf die Natur übertragen wurden: Zum einen verwenden diese Gesetze einen absoluten Raum und eine absolute Zeit. Das bedeutet, dass alle Beobachter sich auf Ort und Zeit eines Ereignisses einigen können. Sie brauchen hierfür nur ein gemeinsames Koordinatensystem und eine gemeinsame Uhr zu verwenden. Dies scheint intuitiv so offensichtlich, dass es eine große Überraschung war, als Raum und Zeit sich im 20. Jahrhundert als relativ erwiesen. Die andere Eigenschaft der Newtonschen Gesetze ist, dass sie deterministisch sind. Wenn nur Ort und Geschwindigkeit aller Objekte gegeben sind, legen die Kräfte ihre zukünftige Bewegung fest. Man folgerte daraus, dass die Natur deterministisch sei. Ihre zukünftige Entwicklung ist also jetzt schon festgelegt, weil ja Orte, Geschwindigkeiten und Kräfte festgelegt sind.

Der letzte Schritt hin zum mechanistischen Weltbild besteht darin, diese auf den Newtonschen Gesetzen beruhenden Eigenschaften mechanischer Systeme auf alles in der Natur anzuwenden. Nicht nur mechanische Abläufe, sondern auch elektrische, magnetische, biologische und medizinische Phänomene sind demnach deterministisch. Freilich gab es auch damals Stimmen, die gegen ein deterministisches Weltbild Einspruch erhoben und gute Gegenargumente vorbrachten, doch sie waren in der Minderheit.[1]

Man blieb damals nicht beim mechanistischen Weltbild stehen, sondern zog daraus Konsequenzen für die Vorstellungen über Gott. Wenn die Welt ein großes Uhrwerk ist, das nach seinen unabänderlichen Gesetzen abläuft, dann

1 Del Santo, F., Indeterminism, causality and information: Has physics ever been deterministic?, arXiv:2003.07411 [physics.hist-ph], 2020.

ist Gott der himmlische Uhrmacher, der dieses Uhrwerk am Anfang aufgestellt hat und nun nur noch zusieht, wie die Welt ihren vorbestimmten Verlauf nimmt. Dies führt zum Deismus.

Doch der Deismus ist nicht die einzig mögliche Folgerung aus dem mechanistischen Weltbild. Wenn Gott in der Welt keine Aufgabe mehr hat, da die Naturgesetze allein ihren Verlauf festlegen, kann man ihn auch ganz abschaffen, und so kommt man zum Atheismus. Um den Atheismus zu vertreten, muss man dann aber auch den Anfang der Welt abschaffen und fordern, dass die Welt aus sich selbst heraus existiert und schon von Ewigkeit her einen von Naturgesetzen bestimmten Verlauf nimmt. Dass diese Auffassung vor 100 Jahren sehr tief in den Köpfen vieler Physiker verankert war, führte dazu, dass die Idee des Urknalls jahrzehntelang abgelehnt wurde.[2]

Selbst der Theismus ist durch ein mechanistisches Weltbild nicht unmöglich geworden. Theisten glauben, dass Gott in der Welt handelt. Aber wenn der Verlauf der Welt allein aufgrund der Naturgesetze schon vollständig festgelegt ist, bedeutet jedes Handeln Gottes einen „Eingriff" in diesen determinierten Verlauf. Gott ändert durch sein Handeln also den Verlauf der Welt, der ohne diesen Eingriff stattgefunden hätte. Der Literaturwissenschaftler und Schriftsteller C. S. Lewis verteidigt diese interventionalistische Sicht auf eine brillante Weise in seinem Buch „Miracles". Auch wenn er im ersten Teil des Buches auf die neuen Erkenntnisse der Quantenmechanik anspielt und andeutet, dass sie die ganze Sicht auf das Verhältnis von Gott und Natur ändern könnte, bleibt er beim mechanistischen Weltbild. Mir scheint, dass auch die Intelligent-Design-Bewegung auf dem Boden dieses Weltbildes gewachsen ist. Denn Vertreter des Intelligent Design argumentieren, dass es Eingriffe Gottes in die Natur gab und gibt, die den durch die Gesetze der Physik festgelegten Ablauf verändern. Weiter unten werde ich die Prämisse hinterfragen, dass die Gesetze der Physik allein ausreichend dafür sind, den Ablauf der Natur festzulegen.

Alternativ zum Interventionalismus gibt es für Theisten noch die Denkmöglichkeit, dass die durch die Naturgesetze vollständig festgelegten Geset-

---

2 Dies kann man z. B. in diesem Buch nachlesen: Singh, S., Big Bang: The Origin of the Universe, Chicago 2011.

ze der Natur gleichzeitig Gottes Handeln implementieren, incl. Gebetserhörungen etc. Als ich noch Teenager war, hörte ich öfters die Auffassung, dass Gott in seiner Allwissenheit schon von Anfang an alles mit eingeplant hat, was er später tun wollte. Da er über der Zeit stehe, sei für ihn sowieso alles gleichzeitig. Das erschien mir schon damals etwas seltsam. Wenn alles schon von Anfang an festliegt, wieso muss dann überhaupt noch die Zeit ablaufen, und wieso nehmen wir uns als handelnde Wesen wahr?

3. Wie das auf den Newtonschen Gesetzen basierende Weltbild zusammenbrach

3.1. Zweifel an der Exaktheit der Theorie

Bekanntermaßen zeigten die physikalischen Entdeckungen des frühen 20. Jahrhunderts, dass die naiven Annahmen, auf denen das mechanistische Weltbild erbaut wurde, nicht stimmen. Der Physiker und Philosoph Pierre Duhem hatte schon vor diesen neuen Entdeckungen darauf hingewiesen, dass physikalische Gesetze wohl nicht exakt richtig sind.[3] Er folgerte dies aus dem Vergleich der drei Keplerschen Gesetze mit den Newtonschen Gesetzen. Ich habe oben erwähnt, dass die Keplerschen Gesetze aus dem Newtonschen Gravitationsgesetz abgeleitet werden können. Doch das stimmt nicht ganz. Bei der Ableitung müssen nämlich vereinfachende Annahmen gemacht werden, sonst kommen nicht exakt die Keplerschen Gesetze heraus, sondern nur etwas, was ihnen sehr ähnlich ist. Die eine vereinfachende Annahme ist, dass die Sonne unendlich viel mehr Masse hat als der Planet, dessen Bahn man betrachtet. Nur dann steht die Sonne unbeweglich im Brennpunkt der Ellipse. Anderenfalls bewegen sich beide, Sonne und Planet, um ihren gemeinsamen Schwerpunkt. Eine weitere vereinfachende Annahme ist, dass die anderen Planeten keinen störenden Einfluss auf die Bahn des betrachteten Planeten haben. Auch dies stimmt natürlich nur näherungsweise. Und

---

3 Duhem, P., The Aim and Structure of Physical Theory, Princeton 1954, 190–195 (erstmals 1906 auf Französisch erschienen).

schließlich wird die räumliche Ausdehnung des Planeten vernachlässigt. Sie führt dazu, dass auf den Planeten verformende Gezeitenkräfte wirken, die die Rotation um seine Achse verlangsamen.

Diese Überlegung zeigt, dass die Keplerschen Gesetze, so perfekt sie erscheinen, nicht ganz exakt sind. Sie sind kein direktes Abbild der Natur, sondern eine – wenn auch sehr gute – Vereinfachung. Pierre Duhem folgerte daraus, dass wohl auch die Newtonschen Gesetze nicht völlig exakt sind, sondern ebenfalls eine Vereinfachung. Und er wurde durch den Fortgang der Wissenschaft bestätigt.

3.2. Der Zusammenbruch des Weltbildes

Der absolute Raum und die absolute Zeit, die beide der Newtonschen Mechanik zugrunde liegen, wurden durch die Relativitätstheorie abgeschafft: Sowohl die Länge von Objekten als auch der zeitliche Abstand zwischen zwei Ereignissen hängt davon ab, wie der Beobachter sich relativ zu dem Objekt bzw. zu den Ereignissen bewegt. Auch der Determinismus, den man von den Newtonschen Gesetzen auf die Natur übertrug, wurde durch neue Physik in Frage gestellt. Dies geschah sowohl durch die Chaosphysik als auch durch die Quantenphysik. Die Chaosforschung zeigte, dass jede noch so genaue Kenntnis des Anfangsortes und der Anfangsgeschwindigkeit aller Objekte keine Vorhersage über die zukünftige Bewegung jenseits eines bescheidenen Zeithorizonts ermöglicht. Der Grund ist, dass extrem kleine Abweichungen in der Anfangsposition schon nach relativ kurzer Zeit zu einer völlig anderen Bahn führen. Dies gilt für alle mechanischen Systeme, die nicht „integrabel" sind, deren Bahnen sich also nicht durch eine einzige umfassende Formel beschreiben lassen. Schon ein System aus drei Himmelskörpern – z. B. Erde, Mond und ein Asteroid – ist nicht integrabel. Das bedeutet, dass die Bahn eines Asteroiden chaotisch wird, wenn er gleichzeitig den Gravitationseinfluss von Mond und Erde spürt.

Man hört öfter den Einwand, dass chaotische Bewegung trotz der empfindlichen Abhängigkeit von den Anfangsbedingungen durchaus deterministisch sei. Doch diese Art von „Determinismus" hat nichts mit Physik zu tun. Die

Physik befasst sich mit Phänomenen, die man messen oder berechnen kann. Sie kann also bestenfalls einen sog. „starken" Determinismus nachweisen: Starker Determinismus bedeutet, dass ähnliche Anfangsbedingungen zu ähnlichen Bahnen führen. Nur einen solchen Determinismus kann man empirisch überprüfen. Da wir niemals eine Anfangsbedingung mit unendlicher Genauigkeit reproduzieren oder messen können, lässt sich ein schwacher Determinismus, der für identische Anfangsbedingungen identische Bahnen vorhersagt, grundsätzlich nicht überprüfen. Damit lässt sich das „deterministische Chaos" auch nicht empirisch nachweisen, sondern es ist ein mathematisches Konstrukt, das daraus resultiert, dass wir Positionen und Geschwindigkeiten mit reellen Zahlen beschreiben, also mit unendlicher Genauigkeit. Dass eine solche unendliche Genauigkeit keine physikalische Realität hat, wurde durch die Quantenmechanik deutlich. Die Heisenbergsche Unschärferelation besagt nämlich, dass Ort und Geschwindigkeit eines Objekts nicht gleichzeitig beliebig scharf sein können. Wenn aber Anfangsort und -geschwindigkeit unscharf sind, ist auch die zukünftige Zeitentwicklung nicht schon mit dem Anfangszustand festgelegt. Der Zeithorizont, über den die zukünftige Entwicklung anfangs feststeht, ist begrenzt.

Diese Unvorhersagbarkeit chaotischer Systeme führte dazu, dass zur 300-Jahrfeier von Newtons „Principia" im Jahr 1986 der damalige Inhaber von Newtons Lehrstuhl in Cambridge, Sir James Lighthill, in seiner Festrede folgende denkwürdigen Sätze aufnahm:

> „Wir sind uns heute zutiefst dessen bewusst, dass der Enthusiasmus unserer Vorgänger für die großartigen Errungenschaften der Newtonschen Mechanik sie dazu führte, allgemeine Schlussfolgerungen über die Vorhersagbarkeit mechanischer Systeme zu ziehen, an die man bis zu den 1960er Jahren geglaubt hat, aber von denen wir heute erkennen, dass sie falsch waren. Wir möchten uns gemeinsam dafür entschuldigen, dass wir die breite gebildete Öffentlichkeit irregeführt haben. [...]"[4]

Dies können wir auch als Entschuldigung dafür verstehen, dass man aus einer physikalischen Theorie ein ganzes Weltbild abgeleitet hat.

---

[4] Lighthill, M. J., The recently recognized failure of predictability in Newtonian dynamics, Proceedings of the Royal Society A 407 (1986), 35–50.

3.3. Lektionen aus der Geschichte der Newtonschen Mechanik

Die geschilderte Geschichte der Newtonschen Mechanik lehrt uns meiner Meinung nach die folgenden Erkenntnisse über das Wesen der Naturgesetze:

1. Physikalische Gesetze sind extrem erfolgreich: Die Newtonschen Gesetze haben unzählige Anwendungen damals wie heute. Deshalb finde ich es auch unangemessen zu sagen, die Newtonschen Gesetze seien „falsch", wie man immer wieder liest.
2. Physikalische Gesetze sind Idealisierungen, die nicht exakt mit der Natur übereinstimmen: Das sahen wir am Beispiel der Keplerschen Gesetze, die nur mit Hilfe von Näherungen aus den Newtonschen Gesetzen folgen. Doch dies gilt auch für jedes andere physikalische Gesetz.
3. Physikalische Gesetze haben jeweils einen begrenzten Anwendungsbereich: Die Newtonschen Gesetze versagen bei Geschwindigkeiten nahe der Lichtgeschwindigkeit, bei kosmischen Entfernungen und bei atomaren Abständen. Es gibt also keine „richtigen" und „falschen" Gesetze, sondern nur Gesetze mit einem größeren oder kleineren Gültigkeitsbereich, innerhalb dessen sie eine gute Näherung sind.
4. Da jedes Gesetz einen begrenzten Anwendungsbereich hat, ist die Natur womöglich unterbestimmt durch die Gesetze der Physik: So sagt es z. B. die Wissenschaftsphilosophin Nancy Cartwright in ihrem Buch „How the laws of physics lie".[5] Weiter unten werde ich weitere Argumente für diese Sichtweise bringen.
5. Den von den Gesetzen nahegelegten Weltbildern kann man nicht trauen. In jedem Fall sind sie eine Überschreitung der Grenzen der Physik.

---

[5] Cartwright, N., How the Laws of Physics Lie, Oxford 1983.

4. Weltbilder, die man aus der heutigen Physik ableitet

Viele Wissenschaftler und Laien sind anscheinend unbeeindruckt durch die Lektion, die die Geschichte der Newtonschen Mechanik erteilt, und versuchen auch heute noch, aus den jeweils fundamental erscheinenden Gesetzen Weltbilder abzuleiten. Ich möchte im Folgenden zwei konträre Weltbilder beschreiben, die beide aus der modernen Physik abgeleitet werden. Das eine ist das reduktionistische Weltbild, das oft mit der Elementarteilchenphysik begründet wird; das andere ist ein nichtreduktiver Naturalismus, der oft mit Emergenz in Verbindung gebracht wird und nicht selten auch eine spirituelle Dimension annimmt.

4.1. Das reduktionistische Weltbild

Einer der bekanntesten Vertreter des reduktionistischen Weltbilds ist Steven Weinberg (1933–2021). Er bekam im Jahr 1979 den Nobelpreis für seinen Beitrag zur Theorie der elektroschwachen Wechselwirkung. Weinberg hatte erkannt, dass die elektromagnetischen Kräfte und die schwache Kernkraft zusammen eine Einheit bilden. Seine Theorie ist die Fortsetzung dessen, was Maxwell im 19. Jahrhundert erreichte: Maxwell zeigte, dass elektrische und magnetische Phänomene eine Einheit bilden. Seit seiner Entdeckung hoffte Weinberg und mit ihm viele andere Physikerinnen und Physiker, dass es eines Tages gelingen würde, eine erweiterte vereinheitlichte Theorie zu finden, in der auch die verbleibenden beiden grundlegenden Kräfte der Physik, nämlich die starke Kernkraft und die Gravitation, ihren Platz finden. Solch eine Theorie wäre nach seiner Auffassung eine „Weltformel", die alles bestimmt, was in der Welt passiert. In seinem Buch „Dreams of a Final Theory" hat Weinberg diesen Traum beschrieben.[6] Die Hoffnung, eine solche Theorie zu finden, scheint durch die beeindruckenden Erfolge der Teilchenphysik gerechtfertigt. Die Theorie der elektroschwachen Wechselwirkung und die Theorie der starken Wechselwirkung haben die Existenz mehrerer

---

[6] Weinberg, S., Dreams of a Final Theory, New York 1992.

Teilchen vorhergesagt, die später durch Experimente am großen Teilchenbeschleuniger am CERN tatsächlich entdeckt wurden: die Z- und W-Bosonen, das Top-Quark und das Higgs-Teilchen. Zu diesen Vorhersagen kam man, weil man die Theorien auf Symmetrie- und Einfachheitsprinzipien gründete.

Das reduktionistische Weltbild, das alle Ereignisse im Universum auf die „fundamentalen" Bausteine der Materie und die Kräfte zwischen ihnen zurückführt, ist eine moderne Version des mechanistischen Weltbilds, das ja ebenfalls auf den materiellen Objekten und den Kräften zwischen ihnen aufbaute. Oft geht dieses reduktionistische Weltbild auch mit dem Determinismus einher, da die fundamentalen Gleichungen der Quantenmechanik deterministisch sind. Ein System aus vielen Teilchen wird in der Quantenmechanik durch eine Wellenfunktion beschrieben, deren Zeitentwicklung der Schrödingergleichung folgt. Viele Physiker meinen, dass selbst makroskopische Objekte wie Messgeräte oder Katzen dieser Gleichung gehorchen, da sie ja aus Atomen bestehen. Um das zu behaupten, muss man allerdings das Messproblem wegerklären. Denn bei einer Messung an einem quantenmechanischen Objekt resultiert zufällig eines der möglichen Messergebnisse. Der Messprozess ist also nicht deterministisch und folgt nicht der Schrödingergleichung. Wer dies nicht akzeptiert, vertritt eine Interpretation der Quantenmechanik wie die Viele-Welten-Theorie, gemäß der alle möglichen Messergebnisse auftreten – wenn man sowohl den Messapparat als auch das zu messende Objekt durch eine gemeinsame Schrödingergleichung beschreibt –, aber unser Bewusstsein nur einer dieser möglichen Zeitentwicklungen folgt. Diese und ähnliche Interpretationen der Quantenmechanik sind allerdings für viele Physiker indiskutabel. Daher ist das Messproblem einer der Gründe, warum meiner Meinung nach und auch nach der Meinung anderer Wissenschaftler der Reduktionismus nicht zutrifft. Es gibt nicht nur den Einfluss von den Teilen auf das Ganze, sondern umgekehrt auch den Einfluss des größeren Kontextes auf die Teile. Dies passiert beim Messprozess, da das Messgerät erst das Quantensystem dazu bringt, sich für eines der Messergebnisse zu „entscheiden". Ein besonders einfaches Beispiel für den Einfluss des Ganzen auf die Teile ist das Neutron, einer der beiden Bausteine von Atomkernen. Wenn ein Neutron sich frei durch den Raum bewegt, zerfällt es mit einer Halbwertszeit von ungefähr 10 Minuten. Ist es dagegen Teil eines stabilen Atomkerns, wie z. B. Helium, zerfällt es nicht. Der Kontext bestimmt also die Lebensdauer eines Neutrons.

Darüber hinaus gibt es natürlich auch eine Reihe philosophischer Einwände gegen den Reduktionismus, der ja eine Form des Materialismus ist. Die wichtigsten dieser Einwände gründen sich auf das Phänomen des Bewusstseins, wie z. B. Thomas Nagel in seinem Buch „Mind and Cosmos“[7] ausgeführt hat, aber auch Holm Tetens in „Gott denken“[8].

4.2. Nichtreduktiver Naturalismus

Die Fähigkeit von Materie, sich selbst zu organisieren und komplexe Strukturen auszubilden, ist für einige Wissenschaftler der Grund, warum sie eine nichtreduktionistische Sicht vertreten. Die entstehenden Strukturen lassen sich nicht aus den Bausteinen der Materie und ihren Interaktionen vorhersagen, sondern sie sind etwas ganz Neues. In diesem Zusammenhang wird auch oft der Begriff „Emergenz“ verwendet. In diesem Buchbeitrag möchte ich nicht auf die verschiedenen Konzepte von Emergenz und Selbstorganisation eingehen. Es gibt freilich diejenigen, die auch Selbstorganisation und sogar das Leben rein reduktionistisch erklären wollen und damit ein materialistisches Weltbild verbinden. Doch daneben gibt es eine wachsende Zahl von Wissenschaftlern, die sich vom Reduktionismus abwenden und emergente Phänomene und die sie beschreibenden Gesetze als ebenso fundamental oder real ansehen wie die Quanten- und Teilchenphysik. Einige dieser nichtreduktionistischen Wissenschaftler leiten aus dem Phänomen der Selbstorganisation und Emergenz ein Weltbild ab. Hier ist insbesondere der Theoretische Biologe Stuart Kauffman zu nennen. Er hat in seiner Forschung wichtige Beiträge zur Entwicklung holistischer Theorien in der Biochemie und Biologie geleistet. Ein wichtiges Argument von ihm ist, dass das Phänomen der Evolution durch natürliche Selektion nicht auf Physik reduzierbar ist, da es nicht an eine bestimmte biochemische Plattform gebunden

---

7 Nagel, T., Mind and Cosmos: Why the Materialist Neo-Darwinian Conception of Nature Is Almost Certainly False, Oxford 2021.

8 Tetens, H., Gott denken. Ein Versuch über rationale Theologie, Stuttgart 2015.

ist. Mit genetischen Algorithmen machen wir „Evolution durch Selektion" sogar im Computer. Außerdem ist die Selektion ein Einfluss der Umgebung und damit das Einwirken des Ganzen auf seine Teile. Im Reduktionismus dagegen wird immer nur die Auswirkung der Teile auf das Ganze gesehen. Für Kauffman bietet die schier unbegrenzte Kreativität, die sich in der Entwicklung des Lebens und auch der menschlichen Zivilisation ausdrückt, die Grundlage für eine neue Art der Religion. Schon die Titel einiger seiner Bücher sprechen davon: „Reinventing the Sacred", „A World Beyond Physics", „Humanity in a Creative Universe". In seinem Buch „Reinventing the Sacred" schreibt er sehr deutlich, dass er eine wissenschaftlich fundierte Alternative zum traditionellen Glauben an einen Schöpfergott anbietet:[9]

> „I will present a new view of a fully natural god and of the sacred, based on a new, emerging scientific worldview. This new worldview reaches further than science itself and invites a new view of God, the sacred, and ourselves – ultimately including our science, art, ethics, politics, and spirituality. My field of research, complexity theory, is leading toward the reintegration of science with the ancient Greek ideal of the good life, well lived. It is not some tortured interpretation of fundamentally lifeless facts that prompts me to say this; the science itself compels it."

Immer wieder weist er in dem Buch darauf hin, dass für die Erklärung von Komplexität und Kreativität kein Schöpfergott gebraucht wird. Aus dem wissenschaftlich beschreibbaren Phänomen der Evolution wird also eine Sicht des Universums als Ganzes abgeleitet und daraus eine naturalistische Weltanschauung mit spiritueller Dimension, die dieses Universum zur letzten Realität erklärt und sogar ethische Prinzipien begründet.

Dies ist allerdings ein Schritt weit über die Grenzen der Naturwissenschaft hinaus. Die wissenschaftliche und die metaphysische Erklärungsebene werden von Kauffman nicht unterschieden.

[9] Kauffman, S., Reinventing the Sacred, New York 2008, ix.

5. Das Wesen physikalischer Gesetze

Das letzte Teilkapitel hat aufgezeigt, dass physikalische Gesetze auch heute noch dazu missbraucht werden, ganze Weltbilder oder gar Weltanschauungen auf sie zu gründen. Dabei wird vergessen, dass selbst wenn physikalische Gesetze extrem erfolgreich sind, sie nur Idealisierungen und Näherungen darstellen mit einem begrenzten Anwendungsbereich.

Um den Boden für die Ausgangsfrage nach der Vereinbarkeit von physikalischen Gesetzen und Auferstehung zu bereiten, möchte ich in diesem Teilkapitel die philosophische Grundlage und die Grenzen physikalischer Gesetze noch gründlicher beleuchten.

5.1. Physikalische Gesetze sind kontingent

Die Gesetze der Physik lassen sich nicht aus logischen Überlegungen ableiten. Es gibt nämlich keinen ersichtlichen Grund, dass sie genau die Form haben müssen, die sie haben. Deshalb müssen wir die Natur erforschen und Experimente durchführen, um die physikalischen Gesetze zu entdecken. Die klassische christliche Erklärung für die Kontingenz der Naturgesetze ist, dass sie dem Willen des Schöpfers entspringen. Für die Forscher der frühen Neuzeit wie Bacon, Kepler, Newton waren die Naturgesetze die Regeln, die Gott der Welt auferlegt hat. Genau wie Gesetze im juristischen Sinn hätten die Naturgesetze im Prinzip auch anders sein können, wenn der Wille des Gesetzgebers anders gewesen wäre. Wenn aber die Naturgesetze dem Willen des Schöpfers entspringen, dann kann man ihnen keine absolute, immerwährende Gültigkeit zuschreiben, sondern sie haben eine bedingte Gültigkeit.

5.2. Physikalische Gesetze sind mehr als nur Regelmäßigkeiten

In der Wissenschaftsphilosophie gibt es zwei verschiedene Meinungen in Bezug auf die Frage, was hinter den Naturgesetzen steckt. Die einen, die sogenannten „Regularisten“ meinen, Naturgesetze seien nichts anderes als unsere Beschreibung beobachteter Regelmäßigkeiten. Zu ihnen gehören David

Hume und John Ayer, die die Existenz von Gesetzen leugnen und die von uns formulierten Gesetze als nichts weiter als beobachtete Regelmäßigkeiten zu betrachten. Dem halten die im englischen Sprachraum als „Necessitarians" bezeichneten Philosophen entgegen, dass hinter den Gesetzmäßigkeiten der Natur eine „Notwendigkeit" steckt. Gesetze fassen nicht nur Beobachtungen zusammen, sondern sie erklären auch: Die Newtonschen Gesetze konnten eine Vielfalt von bis dahin unabhängigen Phänomenen und Einzelgesetzen erklären. Es scheint also ein tieferes Prinzip am Werk zu sein. Das Erkennen von Naturgesetzen ermöglicht es uns sogar, Vorhersagen über künftige Beobachtungen zu machen. Johannes Kepler hatte zunächst nur die Daten des Planeten Mars zur Verfügung. Als er herausgefunden hatte, dass die Bahn des Mars durch eine Ellipse beschrieben wird, folgerte er sofort, dass alle Planetenbahnen Ellipsen sind. Solch eine Folgerung zieht man nicht, wenn Gesetze nur beobachtete Regelmäßigkeiten beschreiben. Dann würde man erst dann zur Aussage kommen, dass Planetenbahnen Ellipsen sind, wenn man eine Vielzahl von Planetenbahnen vermessen hätte. Aber wir folgern schon aufgrund eingeschränkter Beobachtungen, dass es ein allgemeines Gesetz gibt. Das Top-Quark und das Higgs-Teilchen wurden vorhergesagt, weil man an die Symmetrieprinzipien glaubte, die hinter einigen physikalischen Gesetzen stecken. Der Erfolg der Naturwissenschaften gibt also denjenigen Recht, die die Naturgesetze für etwas Tieferes, die Natur Regierendes halten.

Doch das stellt die Wissenschaftsphilosophen vor ein Dilemma: Wie kann ein Gesetz gleichzeitig kontingent sein und notwendig gelten? Der Grund für den zwingenden Aspekt der Naturgesetze wurde bisher vergeblich in innerweltlichen Erklärungen gesucht, die sich z. B. auf logische Notwendigkeiten oder auf das anthropische Prinzip beziehen – wenn die Gesetze anders wären, gäbe es kein Leben und niemanden, der die Gesetze erkennen kann. Der Züricher Philosoph Michael Hampe schreibt in seinen Beiträgen über die Naturgesetze, dass viele frühere Wissenschaftler der Auffassung waren, Gott hätte der Natur diese Gesetze gegeben. Doch diese Denkoption bestünde heute nicht mehr[10]. - Wieso eigentlich nicht? Dies ist meines Erachtens ein dem naturalistischen Zeitgeist geschuldetes Vorurteil. Eine Reihe von Naturwissenschaftler-Theologen wie John Polkinghorne meinen, dass Gott auch heute noch eine sehr plausible Erklärung dafür ist, dass es Naturgesetze gibt. Wenn Gott eine Welt schaffen möchte, in der es Menschen gibt, die verantwortlich handeln, dann muss diese Welt verlässliche Regelmäßigkeiten aufweisen. Nur dann können wir Menschen wissen, was die Folgen unseres Handelns sind, und nur dann können wir sinnvoll planen und handeln. Gleichzeitig dürfen diese Gesetze nicht kausal geschlossen sein und alles Geschehen im Detail festlegen, denn dann gäbe es keine Handlungsfreiheit.[11] Wir sehen also, dass die Vorstellung, dass Gott die Naturgesetze geschaffen hat, sehr gut mit dem zusammenpasst, was wir bisher über die Naturgesetze erkannt haben.

5.3. Physikalische Gesetze legen nicht alles lückenlos fest

Die oben beschriebene Geschichte der newtonschen Gesetze hat gezeigt, dass sie nur einen begrenzten Anwendungsbereich haben. Bei atomaren Abständen, bei kosmischen Entfernungen und bei sehr hohen Geschwindigkeiten lassen sich diese Gesetze nicht anwenden. Ähnliches gilt auch für jedes andere physikalische Gesetz. Zum Beispiel kann die Grundgleichung der Quantenmechanik, die Schrödingergleichung, so erfolgreich sie ist, nicht die Feinstruktur atomarer Spektren erklären und nicht die Abstrahlung von Licht aus angeregten Atomen. Und wenn man sie auf alle 10^{23} Atome eines makroskopischen Objekts anwenden will, wie z. B. auf ein Messgerät oder Schrödingers Katze, zeigen sich grundlegende Widersprüche mit dem, was man an solchen makroskopischen Objekten beobachtet, wie weiter oben ausgeführt.

---

10 Hampe, M., Gesetz, Natur, Geltung - Historische Anmerkungen, in: Mittelstaedt, P./ Vollmer, G. (Hg.), Was sind und warum gelten Naturgesetze?, Philosophia Naturalis XXXVII (2000), 243-244.

11 Polkinghorne, J., Belief in God in an Age of Science, London 1998.

Wenn aber jedes Gesetz nur näherungsweise zutrifft und einen begrenzten Anwendungsbereich hat, können die Gesetze der Physik die zeitliche Entwicklung der Natur nicht vollständig festlegen. Dafür sind sie weder genau genug noch umfassend genug. Dennoch halten viele Physiker daran fest, dass die Gesetze der Physik die Abläufe in der Natur vollständig regieren. Die Mathematiker sind in dieser Hinsicht schon weiter. Seit Gödel seine Unvollständigkeitssätze bewies, wissen sie, dass es keinen Satz von Axiomen gibt, innerhalb dessen man jede Aussage beweisen oder widerlegen kann.

Eine aus meiner Sicht viel plausiblere Charakterisierung der Rolle von physikalischen Gesetzen wird vom Kosmologen und Templeton-Preisträger George Ellis vorgeschlagen:[12] Er betrachtet die von der Physik beschriebene Natur als kausal offen für Einflüsse von „oberhalb" der physikalischen Beschreibungsebene wie der biologischen und psychologischen Ebene. Die Physik liegt zwar allem zugrunde, was geschieht, und ermöglicht es. Doch sie bestimmt nicht alles, was geschieht. Das ist ähnlich wie die Hardware eines Computers: Sie ist komplex genug, dass jede denkbare Rechnung auf dem Computer durchgeführt werden kann. Man nennt einen solchen Computer eine Turing-Maschine. Doch die Hardware bestimmt nicht das Ergebnis der Rechnung. Dieses wird durch das auf dem Computer laufende Programm und die dahinterstehende Logik bestimmt. Analog ist die Vielfalt der elementaren Kräfte und fundamentalen Teilchen der Physik so gewählt, dass Leben möglich ist und sogar denkende Wesen mit einem Bewusstsein ihrer selbst. Doch weder die detaillierten Eigenschaften von Lebewesen noch die Inhalte unserer Gedanken und Handlungen werden durch die Physik bestimmt. Sie werden durch sie ermöglicht, folgen aber ihrer eigenen Logik und ihren eigenen Gesetzen. Und sie wirken sich sogar auf das physikalische Geschehen aus: Eine kreative Idee, die wir haben, setzt sich um in Handlungen, bei denen wir die physikalische Welt gestalten. Wenn zum Beispiel eine Ingenieurin ein neues Autodesign entwirft oder ein Koch eine neue Rezeptidee hat, wirkt sich das auf die Gestalt von Autos bzw. die Zusammensetzung von Mahlzeiten aus. George Ellis spricht von „abwärtsgerichteter Kausalität".

---

12 Ellis, G., How can Physics Underlie the Mind, Berlin 2016.

5.4. Gott kann in der Welt handeln, ohne die Naturgesetze zu verletzen

Diese Einsicht finde ich hilfreich, um zu verstehen, dass Gott in der Welt handeln kann, ohne dabei die Naturgesetze zu verletzen. Wenn es eine abwärtsgerichtete Kausalität von der menschlichen mentalen Welt auf die physikalische Welt gibt, dann kann es ebenso eine abwärtsgerichtete Kausalität von Gottes Wirklichkeit auf unsere physikalische Welt geben. John Polkinghorne spricht in seinem schon zitierten Buch von der kausalen Offenheit der physikalisch beschriebenen Welt.

Ich höre immer wieder den Einwand, dass bei dieser Argumentation Gott zum Lückenbüßer gemacht wird für das, was die Naturgesetze bisher nicht erklären können. Doch dies ist ein Fehlschluss. Es geht ja hier gerade nicht um Erklärungslücken der Physik, die durch den Fortschritt der Forschung aufgefüllt werden könnten. Es geht um das Wesen der Gesetze der Physik. Sie sind so beschaffen, dass sie unsere komplexe Welt ermöglichen und die Plattform für Leben und Handeln sind, die wiederum von ihrer eigenen Logik bestimmt werden. Genauso wenig können Fortschritte in der Erforschung der physikalischen Funktionsweise von Computern vorhersagen, welche Ergebnisse die Berechnungen des Computers liefern werden. Die Hardware ist völlig indifferent in Bezug auf das Ergebnis von Berechnungen. Sie ist kausal offen für jede Art von Programm.

Der Theologe Wolfhart Pannenberg hat in seinem Aufsatz „Kontingenz und Naturgesetz"[13] sehr schön dieses Zusammenspiel von physikalischen Gesetzen und den kontingenten Umständen, in denen diese Gesetze zur Anwendung kommen, beschrieben. Die Beschreibung eines physikalischen Ablaufs ist allein durch die Naturgesetze nicht möglich. Man muss zusätzlich noch das betrachtete System, seine Zusammensetzung und seine Anfangskonfiguration spezifizieren. Dies wird auch von George Ellis immer wieder betont. Dazu kommt noch, dass kein physikalisches System vollständig von äußeren Einflüssen abgeschirmt werden kann. Daher ist auch jede Beschreibung al-

---

13 Pannenberg, W., Kontingenz und Naturgesetz, in: Müller, A. M. K./ Ders. (Hg.), Erwägungen zu einer Theologie der Natur, Gütersloh 1970, 33–80.

lein auf Basis des betrachteten Systems unvollständig und nur näherungsweise bzw. über einen beschränkten Zeitraum zutreffend. Doch Pannenberg weist noch auf einen weiteren kontingenten Aspekt der Natur hin: die Naturgesetze selbst sind kontingent. Dies führt uns zur Frage, wie die Naturgesetze sich zur Auferstehung und der Verheißung einer neuen Schöpfung verhalten.

6. Auferstehung und die Grenzen der Physik

Die Frage, ob die Gesetze der Physik lückenlos und für alle Zeiten gelten, hängt eng mit dem philosophischen Problem der Induktion zusammen. Können wir aus der Beobachtung, dass jeden Morgen die Sonne aufgeht, folgern, dass dies auch morgen wieder so sein wird? Nein, das können wir nicht logisch zwingend folgern. Wir brauchen Zusatzannahmen. Weiter oben habe ich argumentiert, dass hinter den Naturgesetzen eine „Notwendigkeit" steckt; etwas, das sie zur mehr als nur beobachteten Regelmäßigkeiten macht. Für diejenigen, die an Gott als Schöpfer glauben, entspringen die Naturgesetze dem Willen Gottes. Damit entspringt ihre zuverlässige Gültigkeit der Treue des Schöpfers zu seiner Schöpfung. Doch gleichzeitig sind die Gesetze abhängig von Gottes Absichten und Zielen, die er mit ihnen erreichen will, und daher haben wir keine Garantie, dass sie in alle Zukunft in der uns jetzt vorliegenden Form gelten werden.

Der Philosoph Bertrand Russell veranschaulichte das Problem der Induktion am Beispiel eines Hahns, der auf einem Bauernhof aufwächst. Der Hahn beobachtet auch ein „Gesetz": Jeden Morgen und jeden Abend kommt der Bauer und bringt ihm Futter. Nun könnte der Hahn folgern, dass dieses Gesetz unverbrüchlich gilt und er auch in Zukunft jeden Tag zweimal gefüttert werden wird. Doch eines Tages kommt der Bauer nicht, um ihn zu füttern, sondern um ihn zu schlachten ... Der Hahn hatte keine Ahnung von dem größeren Kontext, in den sein kleines „Gesetz" eingebettet war, und der bestimmt, wie lange das Gesetz gelten wird.

6.1. Auferstehung und der größere Kontext

Die Auferstehung Jesu hat in meinen Augen etwas mit diesem größeren Kontext zu tun, in den unsere Schöpfung eingebettet ist. Dieser größere Kontext, der in der Bibel beschrieben wird, ist die Geschichte Gottes mit seiner Schöpfung. Der Mensch, aber darüber hinaus auch die ganze Schöpfung, wird als erlösungsbedürftig beschrieben. Dieses Ziel Gottes, seine Schöpfung zu erlösen, klingt im Alten Testament insbesondere bei den Propheten an und findet im Neuen Testament seine volle Entfaltung. In Jesus wurde Gott Mensch, um uns seine Liebe zu zeigen und uns durch seinen Tod am Kreuz mit sich zu versöhnen. Durch die Auferstehung Jesu wurde der Tod besiegt, und es begann eine neue Schöpfung, an der die, die an ihn glauben, jetzt schon teilhaben dürfen.

Der bekannte Theologe Dietrich Bonhoeffer formuliert Gottes Plan hinter der Auferstehung Jesu so[14]:

> „Die Auferstehung Jesu Christi ist Gottes Ja zur Kreatur. Nicht Zerstörung, sondern Neuschöpfung der Leiblichkeit geschieht hier. Der Leib Jesu geht aus dem Grabe hervor, und das Grab ist leer (Mk 16, 15f). [...] Nicht eine Christusidee lebt fort, sondern der leibliche Christus. In der Auferstehung erkennen wir, daß Gott die Erde nicht preisgegeben, sondern sich zurückerobert hat. Er hat ihr eine neue Zukunft, eine neue Verheißung gegeben. Dieselbe Erde, die Gott schuf, trug den Sohn Gottes und sein Kreuz, und auf dieser Erde erschien der Auferstandene den Seinen, und zu dieser Erde wird Christus am letzten Tage wieder kommen. Wer die Auferstehung Christi gläubig bejaht, der kann nicht mehr weltflüchtig werden, er kann aber auch nicht mehr der Welt verfallen, denn er hat mitten in der alten Schöpfung die neue Schöpfung Gottes erkannt."

[14] Bonhoeffer, D., Konspiration und Haft 1940–1945, DBW 16, 472f., siehe auch: https://www.dietrich-bonhoeffer.net/zitat/479-die-auferstehung-jesu-chris/.

6.2. Es ist wichtig, dass die Auferstehung leiblich ist

In dem Bonhoeffer-Zitat klingt an, dass die leibliche Auferstehung Jesu aus dem Grab von Bedeutung ist. Gott bekennt sich zu seiner Schöpfung und gibt dieser Schöpfung eine Verheißung für die Zukunft.

Es gibt allerdings in der Theologie Stimmen, die das leere Grab für unwesentlich erklären. Wesentlicher als das Grab und viel zuverlässiger überliefert seien die Erscheinungen des Auferstandenen, die schon sehr früh, nämlich im ersten Korintherbrief erwähnt werden. Die Auferstehung Jesu sei nicht mit unseren Vorstellungen beschreibbar, und die in den Evangelien berichteten Erzählungen vom leeren Grab seien spätere Ergänzungen.

Dieses Buchkapitel ist freilich nicht der Ort, um die Glaubwürdigkeit der Evangelienberichte vom leeren Grab zu diskutieren oder zu argumentieren, dass im damaligen jüdischen Denken eine Auferstehung, die nicht auch den Leib miteinschließt, undenkbar war. Diese Diskussion wurde schon ausführlich geführt, und viele gute Argumente für das leere Grab finden sich zum Beispiel in dem theologischen Sammelband „Die Wirklichkeit der Auferstehung".[15] Ich möchte hier nur erwähnen, dass mir persönlich die Argumente für das leere Grab deutlich plausibler scheinen als diejenigen für eine Auferstehung ohne leeres Grab.

Stattdessen möchte ich auf diejenigen Argumente gegen das leere Grab eingehen, die sich in irgendeiner Form auf die Physik beziehen. Diese Argumente betreffen nicht nur die Auferstehung Jesu, sondern auch die allgemeine Auferstehung der Toten, die am Ende des apostolischen Glaubensbekenntnisses erwähnt wird. Diese Auferstehung wird öfters so verstanden, dass sie nichts mit dieser Welt und ihrer Materie zu tun hat. Das ist ganz analog zu der Auffassung, dass die Auferstehung Jesu nichts mit seinem im Grab liegenden Körper zu tun hat.

---

15 Eckstein, H.-J./ Welker, M. (Hg.), Die Wirklichkeit der Auferstehung, Göttingen 2010.

6.3. Warum Einwände gegen das leere Grab meines Erachtens nicht greifen

Im Folgenden möchte ich drei Einwände gegen das leere Grab aufgreifen und erklären, warum sie mich als gläubige Physikerin nicht überzeugen. Der erste Einwand lautet, dass die Auferstehung Jesu eine Wiederbelebung seines Körpers in diese Welt hinein wäre. Damit wird suggeriert, dass ein auferstandener Körper denselben Gesetzen der Physik unterworfen sein müsse, wie er es vorher war. Doch so stellt sich das wohl kaum jemand vor, der an das leere Grab glaubt. Das biblische Zeugnis besagt ja, dass der auferstandene Jesus nicht an unseren Raum und unsere Zeit gebunden war, sondern plötzlich erscheinen und verschwinden konnte, selbst bei geschlossenen Türen. Der Körper Jesu ist also in etwas Neues verwandelt worden und nicht einfach in unsere Welt zurückgeholt worden. Da dieses Neue ein Schöpfungsakt Gottes ist, sind seine Eigenschaften weder vorhersehbar noch mit den uns bisher bekannten Naturgesetzen beschreibbar.

Genau dieses Phänomen, dass mit der Materie unserer Welt etwas passiert, das nicht den Gesetzen der Physik gehorcht, wird allerdings von einigen nicht für möglich gehalten. Für sie gelten die Gesetze der Physik so unverbrüchlich, dass sie in dieser Welt unter keinen Umständen aufgehoben werden können. Doch an dieser Stelle möchte ich auf Bertrand Russels Hahn verweisen: Wie lange und unter welchen Bedingungen die Gesetze der Physik gelten, hängt von dem größeren Kontext ab, in dem sie stehen. Der Physiker und Theologe John Polkinghorne und andere weisen darauf hin, dass die Auferstehung Jesu der Anbeginn der Neuen Schöpfung ist, die einst die ganze Welt erfassen wird.[16] Hierbei gibt es zugleich Kontinuität und Diskontinuität: Die Kontinuität besteht unter anderem darin, dass die neue Schöpfung diese Welt betrifft, die transformiert wird, und nicht eine ganz neue Welt im völligen Anderswo. Die Diskontinuität besteht darin, dass die neue Schöpfung neuen Gesetzen folgt, die nicht aus den alten Gesetzen vorhersehbar sind.

Doch an dieser Stelle wird oft der dritte Einwand vorgebracht: Welche Materie soll Gott denn bei der Auferstehung verwenden? Die Atome unseres

---

16 Polkinghorne, J., The God of Hope and the End of the World, Cambridge 2002.

Körpers werden doch sowieso andauernd ausgetauscht, und unzählige Atome waren schon in anderen Körpern, bevor sie in meinem Körper gelandet sind. Meine Identität hängt also nicht an meinen Atomen, und genauso wenig hängt die Identität Jesu an den Atomen, die zum Zeitpunkt seines Todes zu seinem Körper gehört haben. Ich muss bei diesem Argument unweigerlich an die Einwände denken, die die Sadduzäer in Diskussionen mit Jesus gegen die Auferstehung der Toten vorgebracht haben. Sie stellten ebenfalls ein scheinbar unauflösbares Dilemma vor: Wenn eine Frau nacheinander mit sieben Männern verheiratet war, wessen Mann sollte sie nach der Auferstehung sein? Die Antwort Jesu passt meines Erachtens auch auf das Dilemma mit den Atomen: „Ihr kennt weder die Schrift noch die Kraft Gottes." (Mt 22, 29). Das obige Bonhoeffer-Zitat beschreibt meines Erachtens ganz treffend, dass Gott sich zu seiner Schöpfung bekennt und sie erlösen und nicht der Vernichtung preisgeben möchte. Dieses Bekenntnis Gottes zu seiner Schöpfung zieht sich meines Erachtens durch die ganze Bibel und wird durch die Botschaft vom leeren Grab betont. Bei der Frage, welches Atom zu welchem auferstandenen Körper gehören wird, würde Jesus vielleicht sagen: „Nach der Auferstehung gibt es keine Atome, wie wir sie kennen, sondern die Materie wird in eine neue Substanz transformiert." Ein – freilich schwacher – Vergleich aus der Physik könnte eine Fouriertransformation vom Orts- in den Impulsraum sein. In der neuen Darstellung sind die Impulse (oder Wellenzahlen) die beschreibenden Variablen, und diese lassen sich nicht in Beziehung zu einzelnen Ortsvariablen der alten Darstellung setzen. Alle Ortsvariablen gehen in die Beschreibung jeder einzelnen Impulsvariable ein.

Eine andere Weise, sich plausibel zu machen, dass die neue Schöpfung ganz anders ist, aber doch aus der alten hervorgeht, ist das Bild vom Samen und der daraus hervorgehenden Pflanze, das Paulus in 1 Kor 15 verwendet.

6.4. Wie ein Physiker-Theologe die neue Schöpfung versteht

Mir persönlich hat das Buch „Christian Eschatology and the Physical Universe" des Physikers und Theologen David Wilkinson zum Verständnis der neuen Schöpfung sehr geholfen.[17] Daher möchte ich zum Abschluss einige Gedanken aus diesem Buch zusammenfassen. Für Wilkinson ist die leibliche Auferstehung Jesu aus dem Grab von zentraler Bedeutung für die neue Schöpfung. In der Auferstehung Jesu steckt die Verheißung, dass Gott einst die gesamte Schöpfung verwandeln wird. Hierbei wird es eine gewisse Kontinuität zwischen der alten und neuen Schöpfung geben, da ja die alte Schöpfung in die neue verwandelt wird. Gleichzeitig gibt es Diskontinuität, da diese Verwandlung nicht vorhergesehen werden kann, sondern auf das schöpferische Handeln Gottes zurückgeht und nicht auf die intrinsischen Möglichkeiten der alten Schöpfung.

Wilkinson bezieht sich auf eine Reihe von Bibelstellen. Im Alten Testament beschreiben insbesondere Jes 11, 1–9 und Jes 65, 17–25 eine verwandelte, erneuerte Welt, in der Gerechtigkeit und Frieden herrschen werden und auch die Natur von Leid befreit sein wird. In den neutestamentlichen Stellen 1 Thess 4, 13–5, 11 und 2 Petr 3, 10–13 ist von Jesu Wiederkunft und vom Tag des Herrn die Rede, also von einem Eingreifen Gottes in den bisherigen Lauf der Welt. Die Petrusstelle, ebenso wie Offb 21, 1–8 werden oft so verstanden, dass die alte Schöpfung zugunsten der neuen Schöpfung völlig vernichtet wird. Doch Wilkinson zeigt auf, dass der Vergleich mit der damaligen eschatologischen Literatur ebenso wie mit den eben genannten Jesajastellen eher eine Erneuerung als eine totale Zerstörung nahelegt. Von besonders wichtiger Bedeutung sind für ihn die drei Paulus-Texte Röm 8, 18–30, 1 Kor 15 und Kol 1, 15–20. Die zentralen Verse 18–22 der Römerstelle lauten in der Luther-Übersetzung:

> „Denn ich bin überzeugt, dass dieser Zeit Leiden nicht ins Gewicht fallen gegenüber der Herrlichkeit, die an uns offenbart werden soll. Denn das ängstliche Harren der Kreatur wartet darauf, dass die Kinder Gottes offenbar werden. Die Schöpfung ist ja unterworfen der Vergänglichkeit – ohne ihren Willen, sondern durch den, der sie unterworfen hat –, doch auf Hoffnung; denn auch die Schöpfung wird frei werden von der Knechtschaft der Vergänglichkeit zu der herrlichen Freiheit der Kinder Gottes. Denn wir wissen, dass die ganze Schöpfung bis zu diesem Augenblick seufzt und in Wehen liegt."

---

[17] Wilkinson, D., Christian Eschatology and the Physical Universe, London 2010.

Dieser Text spricht von einer Verwandlung, die nicht nur uns Menschen betrifft, sondern die die ganze Schöpfung umfasst. In der Kolosserstelle wird die zentrale Rolle Christi sowohl bei der alten als auch bei der neuen Schöpfung betont: Er ist der Herr der alten Schöpfung und der neuen Schöpfung. Er ist nicht nur ihr Schöpfer, sondern auch ihr Erlöser. Er ist das Ziel, auf das die Schöpfung zugeht. Durch seinen Tod am Kreuz hat er Erlösung und Versöhnung gebracht. In diese Versöhnung wird einst die gesamte Schöpfung einbezogen. Dass er der „Erstgeborene von den Toten" ist, bedeutet, dass er der Anfang der neuen Schöpfung ist. Deshalb ist es für Wilkinson so wichtig, dass unser Nachdenken über die neue Schöpfung sich an der Auferstehung Jesu orientiert. Er betont mehrfach, dass das Kreuz und die Auferstehung Jesu nicht nur für die Menschen von Bedeutung sind, sondern für die ganze Schöpfung, also das gesamte Universum. Insbesondere die Stelle 1 Kor 15 ist hier relevant, da in diesem Kapitel die Auferstehung Jesu mit der allgemeinen Auferstehung in Beziehung gesetzt wird. In diesem Text gibt es sowohl Kontinuität als auch Diskontinuität beim Übergang von der alten zur neuen Schöpfung. In der Tat war die leibliche Auferstehung Jesu die Grundlage, auf der in der frühen Kirche über die Zukunft der Welt nachgedacht wurde, wie man laut Wilkinson u. a. den Clemensbriefen, Ignatius von Antiochien, Polykarp, der Didache und dem Brief des Barnabas entnehmen kann.

Der zukünftige, unvorhersehbare Eingriff Gottes in die Schöpfung kann sich nicht nur auf die Erde beschränken. Denn dann wäre sie ja immer noch der Vergänglichkeit durch Kometenimpakt und das Aufblähen der Sonne ausgesetzt. Gottes Neuschöpfung muss daher das ganze Universum umfassen.

Die Neuschöpfung ist nicht eine Flucht aus einer total verdorbenen Schöpfung, sondern die Vollendung von Gottes ursprünglicher Absicht in und mit seiner Schöpfung. John Polkinghorne formuliert es so: „Ultimately the issue is whether this world makes sense not just now but totally and forever".[18]

---

[18] Polkinghorne, The God of Hope (Fußnote 16).

Ulrich Harbecke

Mitten im Leben – Zeichnungen von Martí Faber

Der Tod ist groß.
Wir sind die Seinen
lachenden Munds.
Wenn wir uns mitten im Leben meinen,
wagt er zu weinen
mitten in uns.
Rainer Maria Rilke

Dorfkinder in Indien haben es erlebt. Eine kleine, fremde Frau wanderte auf der Landstraße heran, setzte sich unter den Schatten eines Baumes, nahm Block und Stift aus ihrem Rucksack und begann zu zeichnen. Ein erstes Kind näherte sich mutig und sah ihr über die Schulter. Andere kamen heran. Staunend beobachteten sie, wie auf dem weißen Papier Striche, Linien und Schraffuren entstanden. Sie erkannten ein kleines Stück ihrer Welt. Die Frau konnte zaubern. Bald tauchten sogar Gesichter auf, ihre Gesichter. Es begann ein fröhlicher Dialog aus Gesten, Lachen, Rufen. Die Frau musste nicht sprechen. Niemand musste sprechen. Die Sprache, sonst so oft die Quelle der Missverständnisse, hier hatte sie ein „weiches" Vokabular und eine pulsierende Syntax. Bilder und Gestaltungen, Lichter und Schatten, Kontraste und Verläufe weckten ganz andere Ebenen des Verstehens. – Irgendwann kamen auch die Erwachsenen, schauten nach, was da „los" sei, fassten ihrerseits Vertrauen. Niemand musste es „zur Sprache" bringen. Alle erlebten die Magie der Kunst: Eine Künstlerin nahm ein Blatt Papier, und Augenblicke später war das Papier vergessen. Die Kraft einer Linie ließ es verschwinden.

Sie verwandelte es in ein Bild. Scheu und andächtig wanderte es von Hand zu Hand.

Martí Faber studierte Grafik-Design und freie Kunst, unter anderem an der Kunstakademie in Málaga. Zahlreiche Preise und Auszeichnungen bei nationalen und internationalen Wettbewerben begründeten ihren Ruf. Sie konzipierte Hotels, Kindergärten, Bauten und Objekte des Industrie-Designs und schuf sich damit den Spielraum für freie Arbeiten. Das Spektrum ihres Schaffens reicht von großen Stahlskulpturen im öffentlichen Raum bis zu fragil lyrischen Ereignissen auf Papier. Immer steht für sie der Mensch im Mittelpunkt, vor allem sein Gesicht, in unerschöpflicher Vielfalt und Verletzlichkeit, aber auch als Ausdruck seiner geprägten Identität.

Ihr Medium ist die Linie, nicht als ästhetische Kategorie, sondern als Lebenszeichen. Es entstanden Tausende von Zeichnungen in fremden Ländern oder im nahen Pflegeheim und Hospiz. Im Grenzbereich von Leben und Tod teilte die Künstlerin Zeit und Kraft mit Menschen, deren Zeit und Kraft schwindet. Sie zeichnete Kranke und Sterbende nicht als Objekt ihrer Kunst, sondern als Subjekt einer gemeinsamen Menschlichkeit. Sie spendete Nähe und Gegenwart, wo Einsamkeit oft als die schwerste Last empfunden wird.

Man weiß ja, dass viele Sterbende die letzte Phase ihres Lebens als die vielleicht wichtigste empfinden. An sich selbst und in ihrem Umfeld machen sie Erfahrungen, die im Alltag verschüttet waren. Ganz neue Sinne wachsen ihnen zu. Ganz neue Perspektiven öffnen sich. Das anerzogene und eingeübte Wertesystem einer auf Effizienz und Durchsetzungskraft getrimmten Gesellschaft tritt in den Hintergrund. Ein Mensch ist plötzlich nicht mehr nur Exemplar seines Milieus, seiner Interessengemeinschaft oder einer ideologischen Projektion. Er erlebt seine Auferstehung als einzigartige Persönlichkeit, gerade wenn sich der Zeitspalt seines Lebens schließt. Sterbende haben ein großes Bedürfnis, diese Erfahrung mitzuteilen. Sie ertragen es nur schwer, wenn ihre letzten Worte an uns kein hörendes Gegenüber haben.

Die romanischen Sprachen sagen „Resurrection". Besser als im Deutschen drückt das Wort eine Wiederherstellung aus, eine Rück- und Heimholung. Und war das Leben gegenüber der Kindheit nicht ein großes Vergessen? Hat es nicht den ungeheuren Reichtum der ersten Jahre mit ihrem Überfluss an Entdeckungen, Empfindungen und weltumspannendem Vertrauen an die

Welt des Rechnens und Zählens verkauft? Hat es unsere Sinne nicht eher verödet als geschärft? Waren wir jemals später so mutig, so gerechtigkeitshungrig, so ganzheitlich gestimmt, so mitfühlend wie in Kindheit und Jugend?

Max Frisch schrieb in seinem Tagebuch über den Prozess des Lebens als eine immer wieder fällige Häutung. Gewohntes wird zur Gewohnheit. Die äußere Schicht unseres Daseins sklerotisiert. Sie trocknet aus, ist nicht mehr Teil des Stoffwechsels, behindert, statt zu schützen, engt ein, statt auszuweiten, fordert, statt zu gewähren. Sie platzt auf und löst sich ab. Aber – o Wunder! – das Neue darunter ist längst schon da. Es muss nicht erst mühsam seine Rolle finden und lernen. Der Körper hat es vorausschauend entwickelt und bereitgestellt; eine wundersame Fähigkeit und vielleicht das Geheimnis seiner Spannkraft. Der Organismus wäre verloren, wenn ein neuer und lebenswichtiger Teil erst dann entstünde, wenn er durch das Absterben des alten benötigt wird. Gehört es nicht auch zur christlichen „ars moriendi", den Tod als „Häutung" zu glauben, als Übergang in einen neuen Zustand, den es unbemerkt schon lange gab?

Wer bereit ist, das Leben von seinem Ende her zu denken, beginnt, es von seinem Anfang her zu begreifen. Man muss keinem romantisierenden Künstlerbild frönen, um dieser menschlichen Spezies dafür ein besonderes Sensorium zuzutrauen. „Kunst ist niemals modern", meinte Egon Schiele. Sie wurzelt in den archaischen Tiefenschichten unseres Bewusstseins. Sie existiert, ganz einfach und elementar. Sie ist immer Ernstfall und unfähig, die Radikalität des kindhaften Wahrnehmens und Gestaltens aufzugeben, zum ewigen Ärger der Akademien. Aristoteles definierte die Philosophie als „Liebe zum Tod", weil dieser die Krankheit des Lebens beende. Die Kunst definiert sich als Liebe zum Leben, „all inclusive", den Tod eingeschlossen und über ihn hinaus.

Das zeichnerische Werk der Martí Faber ist dafür ein tausendfacher Beleg. Es ist auf der manischen Suche nach menschlichen Gesichtern, gerade dort, wo sich die Konturen in Krankheit und Schwäche verschärfen, und ein großes Staunen beginnt. Und ebenso unbefangen am Rand einer indischen Dorfstraße, wo fröhliche Kinder plötzlich ihr eigenes Gesicht auf dem Zeichenblock dieser fremden Frau entdecken.

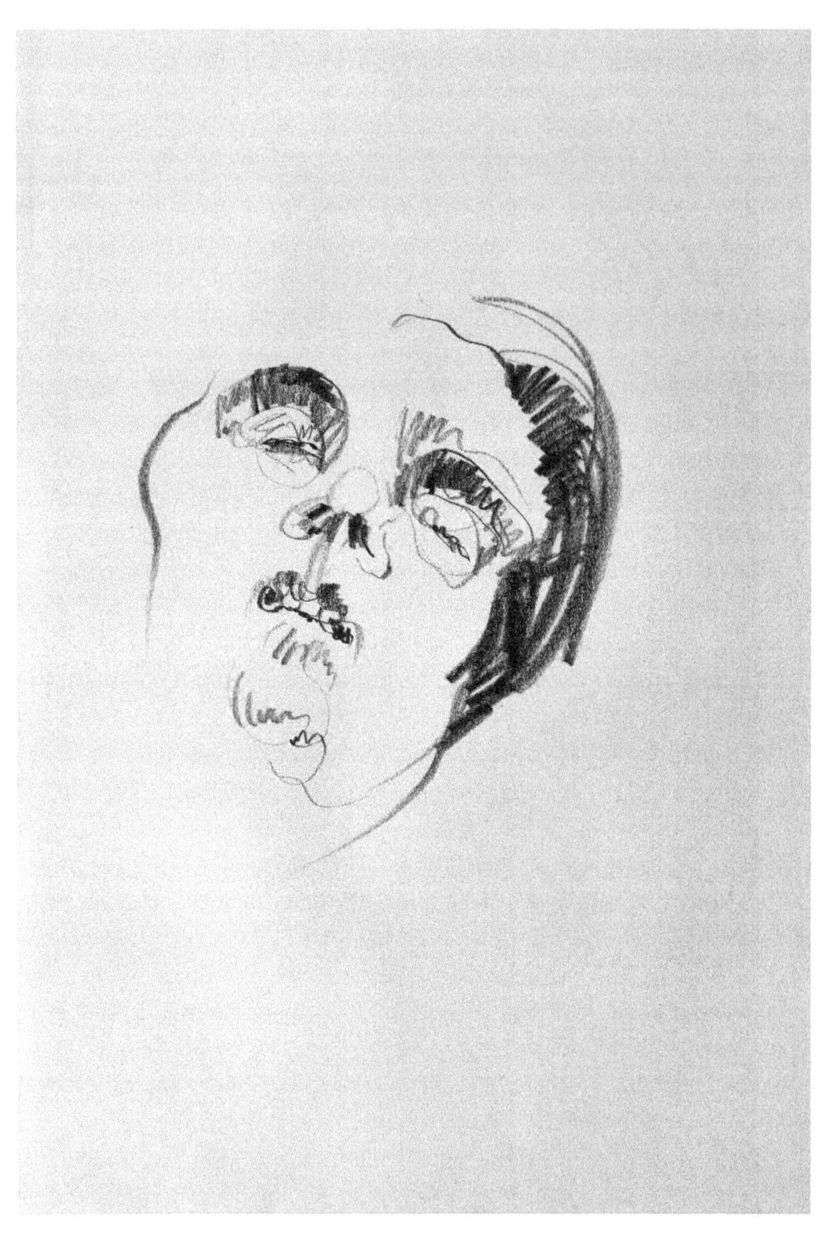

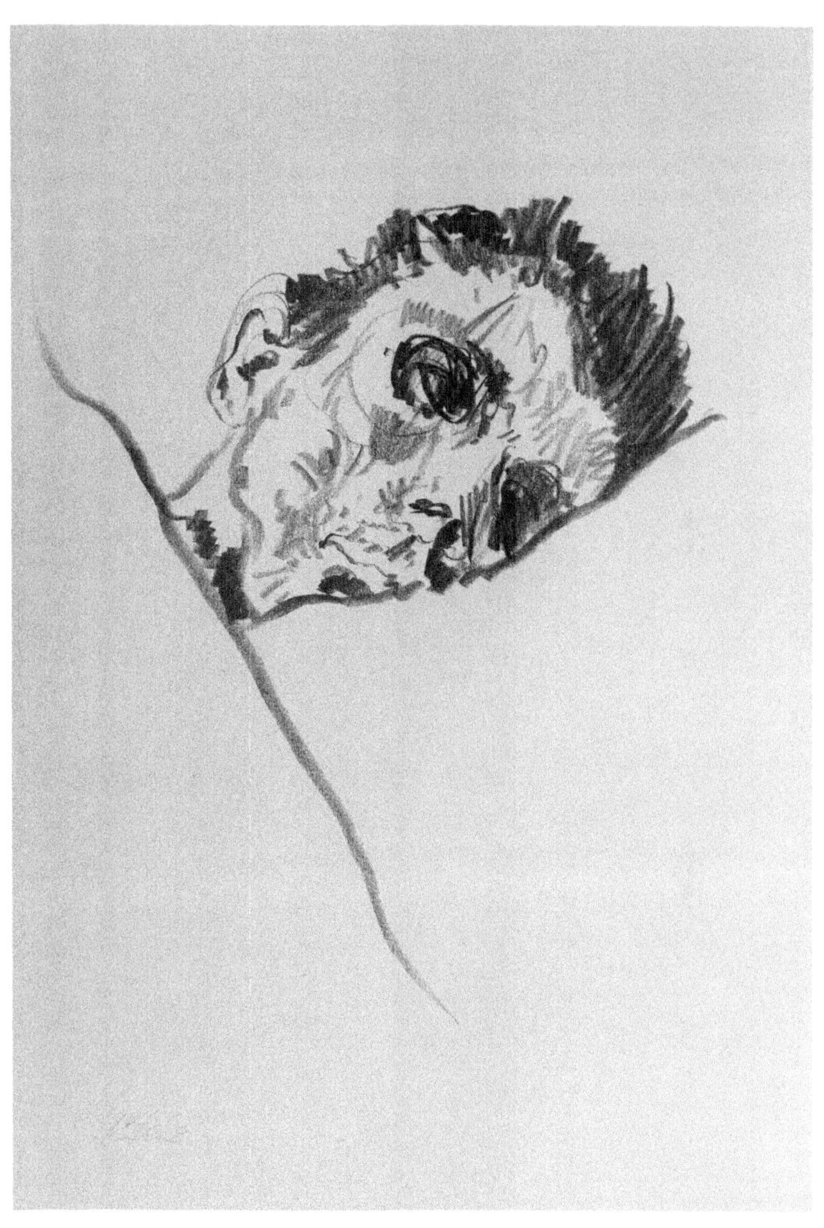

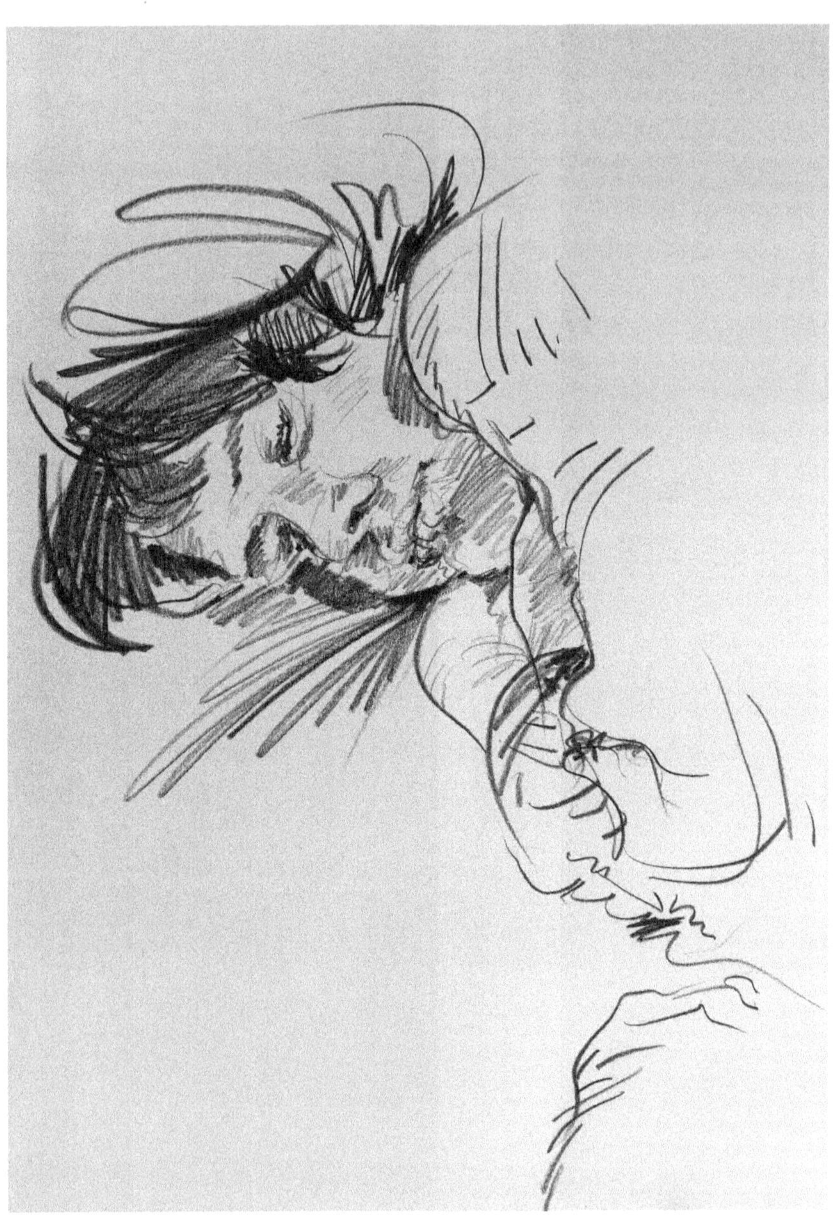

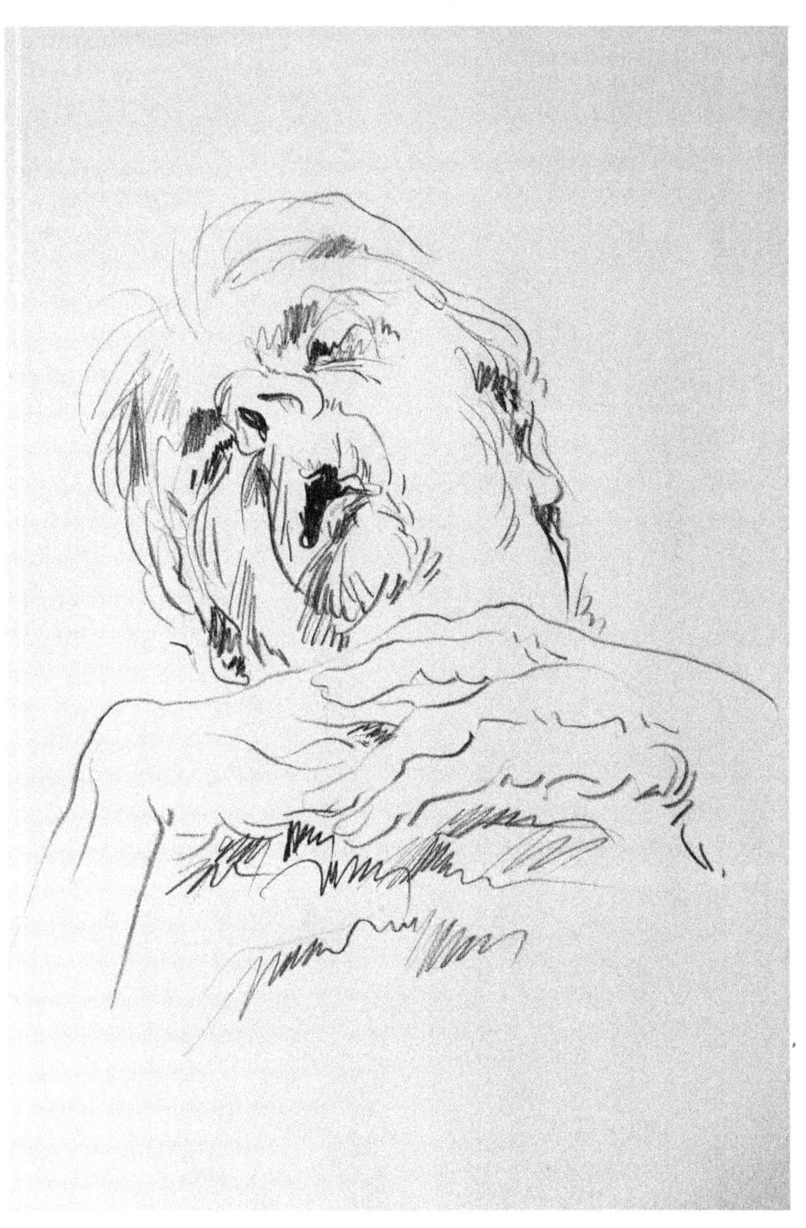

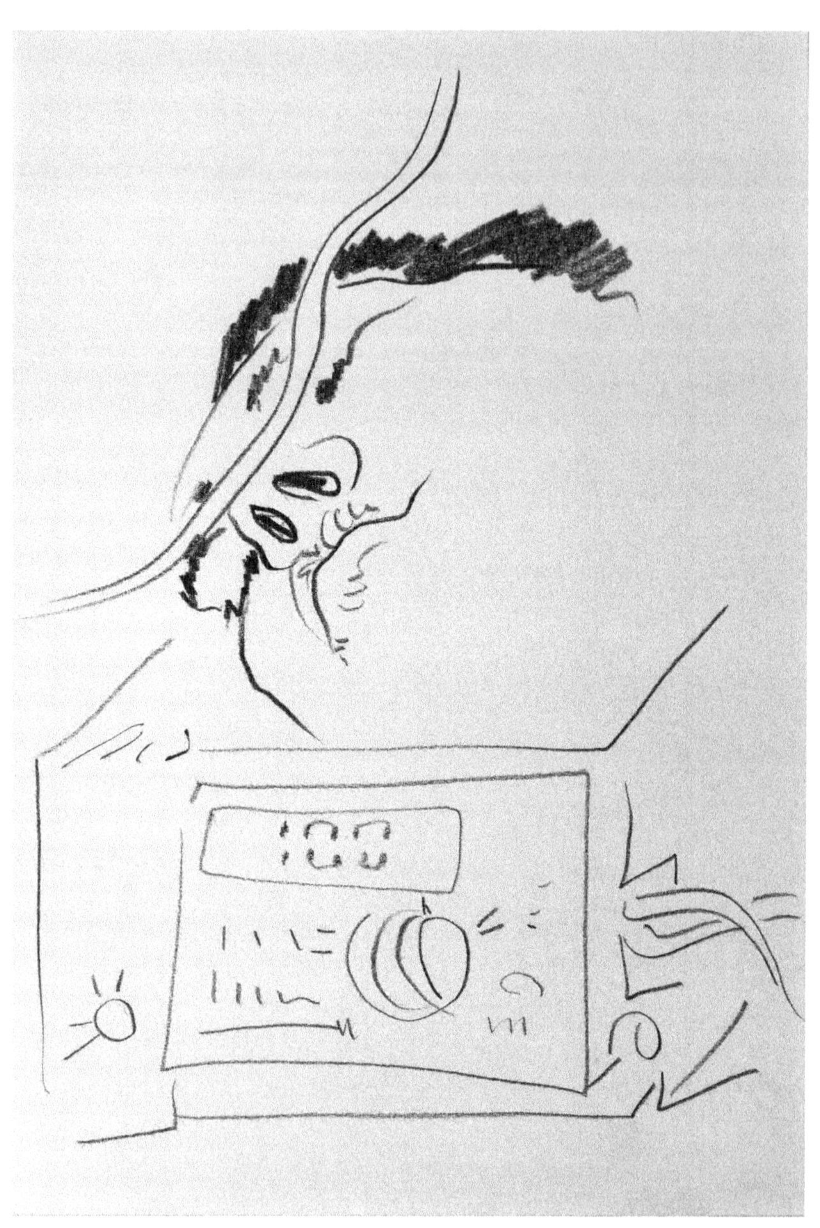

Monika Fick

Selbstüberschreitung. Der Tod als Bedingung des Lebens bei Rainer Maria Rilke und Christoph Ransmayr

1. Zur Fragestellung

Wenn ich im Folgenden zwei Positionen der modernen deutschsprachigen Literatur vorstelle, die gelingendes Leben im Blick auf Vergänglichkeit und Tod zu imaginieren versuchen, so geht es nicht darum, besondere sprachliche Strategien für die Artikulation von Transzendenzerfahrungen nachzuweisen. Sondern es geht um eine ideengeschichtliche Problematik. Denn in diesen literarischen Texten steht nicht nur die Möglichkeit, sondern auch die Wünschbarkeit von Transzendenz ebenso auf dem Prüfstand und in Zweifel wie überall in unserer westlichen Zivilisation, seitdem neben dem religiösen Glauben der Nicht-Glaube zu einer gleichberechtigten Option geworden ist.[1] Gleichwohl wird sich „Transzendenz" als ein Schlüsselbegriff erweisen, und zwar in der Form von „Selbsttranszendenz", deren – individuelle und gesellschaftliche – Notwendigkeit gegenwärtig allenthalben gesehen wird.[2] Transformation und Selbsttranszendenz – aber wohin, in welche Zusammenhänge hinein?

1 Vgl. Taylor, Ch., A Secular Age, Cambridge MA/London 2007.

2 Z. B. Joas, H., Die Sakralität der Person. Eine neue Genealogie der Menschenrechte. Mit einem neuen Vorwort, Berlin 2015.

2. Säkularisierung: Mystik ohne Gott um 1900

Rainer Maria Rilkes Dichtung ist nicht nur deswegen so aussagekräftig für das Tagungsthema, weil er immer wieder die Bedeutung des Todes für das Leben transparent zu machen sucht, sondern weil seine Fragen und Antworten repräsentativ sind für die Auffassung vieler Intellektueller um 1900, an derjenigen epochalen Zeitenwende zu stehen, an der breitenwirksam und kulturprägend die überkommenen Glaubensinhalte sich auflösen und die religiösen Impulse sich nurmehr lebensphilosophisch artikulieren. Dabei speist sich der Anspruch, einer Zeitenwende Ausdruck und Profil zu geben, vor allem aus der Auffassung, mit der Überwindung des christlichen Dualismus (zwischen Diesseits und Jenseits, Leib und Geist) diejenigen Energien, die an den Bezug zu einem transzendenten Gott gewendet bzw. „verschwendet" worden seien, für das Leben hier auf Erden fruchtbar machen zu können. Schriftsteller wie Robert Musil loten das Phänomen einer „gottlosen Mystik" aus;[3] und die Gestaltung von säkularen Epiphanie-Erfahrungen wird zu einem wichtigen Strukturelement modernen Erzählens. Charakteristisch ist das Pathos, mit dem Rilkes Romanfigur Malte Laurids Brigge die Notwendigkeit, eine neue Sprache zu finden, mit dem Bewusstsein einer Jahrtausend-Zäsur verknüpft, die wesentlich mit der Auflösung des traditionellen Gottesbildes bzw. dem Immanent-Werden Gottes zusammenhänge:

> „Ist es möglich, denkt es, daß man noch nichts Wirkliches und Wichtiges gesehen, erkannt und gesagt hat? [...]
>
> Ist es möglich, daß man trotz Erfindungen und Fortschritten, trotz Kultur, Religion und Weltweisheit an der Oberfläche des Lebens geblieben ist? [...]
>
> Ist es möglich, daß es Leute giebt, welche ‚Gott' sagen und meinen, das wäre etwas Gemeinsames? [...] Ist es möglich, zu glauben, man könne einen Gott haben, ohne ihn zu gebrauchen?"[4]

---

3 Wagner-Egelhaaf, M., Mystik der Moderne. Die visionäre Ästhetik der deutschen Literatur im 20. Jahrhundert, Stuttgart 1989; Spörl, U., Gottlose Mystik in der deutschen Literatur um die Jahrhundertwende, Paderborn et al. 1997.

4 Rilke, R. M., Die Aufzeichnungen des Malte Laurids Brigge, in: Rilke, R. M., Werke. Kommentierte Ausgabe in vier Bänden, hg. von Manfred Engel et al., Bd. 3, Prosa und Dramen, hg. von A. Stahl, Frankfurt a. M. 1996, 468–470.

Ich werde also in einem ersten Schritt zeigen, wie Rilke in seiner Dichtung im Rahmen eines strikt immanenten Weltentwurfs die Frage, wie wir trotz Vergänglichkeit und Todesbewusstsein das Leben vollgültig ausschöpfen können, mit „Selbstüberschreitung" und „Verwandlung" beantwortet. Anschließend stelle ich mit Christoph Ransmayrs Roman *Die letzte Welt* ein Werk aus der Literatur der Gegenwart vor, das in einem zu Rilke konträren Sinn an den Metamorphose-Gedanken anknüpft und die utopische Vision vom überschwänglichen, den Tod integrierenden Leben in ein dystopisches Untergangsszenarium verkehrt.

3. „Weltinnenraum" statt Jenseits: Rainer Maria Rilke

In lyrischer Verdichtung und Abstraktion ist Rilkes Poesie eine einzige Variation auf das Thema, dass nur derjenige zur Fülle des Lebens gelangt, der sein Ich zu transzendieren vermag und es entweder in den übergreifenden Zusammenhang der Natur oder in den Resonanzraum der menschlichen Kulturleistungen einbringt. „Heil dem Geist, der uns verbinden mag", so beginnt das Zwölfte der *Sonette an Orpheus* (Erster Teil), um mit dem zweiten Vers fortzufahren: „denn wir leben wahrhaft in Figuren."[5] Damit ist ein zweites Moment angesprochen: Anders als dem Tier, das unbewusst *eins* ist mit dem Ganzen des Lebens – „Und wo wir Zukunft sehn, dort sieht es Alles/ und sich in Allem und geheilt für immer"[6] –, kann dem Menschen der lebendige Bezug zu den Dingen, den Pflanzen, Tieren, den Landschaften, der Welt, dem All, nur durch eine Steigerung gelingen, die Vergeistigung und Verwandlung zugleich bedeutet.[7] Bezüge verbinden; wird man sich ihrer aber bewusst und

---

[5] Rilke, Werke (Fußnote 4), Bd. 2, Gedichte 1910 bis 1926, hg. von M. Engel und U. Fülleborn, Frankfurt a. M. 1996, 246.

[6] Achte Duineser Elegie; zit. nach Rilke, Werke, Bd. 2 (Fußnote 5), 225.

[7] Die in literarischen Texten der Jahrhundertwende artikulierten Vorstellungen einer „Alleinheit" und Allverbundenheit weisen erstaunliche Ähnlichkeiten mit Berichten über Nahtoderfahrungen auf, wie sie im Beitrag von Joachim Nicolay in diesem Band referiert werden (S. 100, 101). – Rilkes Transzendenzbezug wird neuerdings über die Rolle, die Musik als schöpferisches Prinzip und als Medium der All-Einheitserfahrung spielt, sehr erhellend erschlossen. Vgl. die Forschungen von Martinec, Th., Unsagbarkeit und Musik in der Poetik um 1900. Ein Beitrag zur

artikuliert das Gemeinsame, befindet man sich auf der Ebene der Metapher, der Einbildungskraft, der Figur. Die sinnliche Erfahrung einer Frucht, ihren Geschmack, beschreibt Rilke wie folgt:

> „schmeckte ich dann und wann eine Frucht, ging sie mir auf auf der Zunge, so wars auch schon wie ein Wort des Geistes, das zergeht, die Erfahrung dessen, was in ihr unzerstörbar gelungen war, ihr purer Genuß, stieg gleich hoch in allen sichtbaren und unsichtbaren Gefäßen meines Wesens".[8]

In den *Duineser Elegien* heißt es über den Auftrag des Dichters, die irdischen Dinge im Geist, im Gesang zu bewahren: „aber zu *sagen*, verstehs,/ oh zu sagen *so*, wie selber die Dinge niemals/ innig meinten zu sein."[9] Rilkes berühmte Formel für diesen Welt- und Lebensbezug lautet „Weltinnenraum"; ihn müsse Dichtung spürbar machen.

> „Durch alle Wesen reicht der *eine* Raum:
> Weltinnenraum. Die Vögel fliegen still
> durch uns hindurch. O, der ich wachsen will,
> ich seh hinaus, und *in* mir wächst der Baum."[10]

Durchaus kontraintuitiv bedeutet also die Reaktion auf den Andrang der Welt mittels Imagination und Einbildungskraft nicht die Spaltung in Außen- und Innenwelt, in Subjekt und Objekt, in die „Welt im Kopf" und die äußere Wirklichkeit, sondern gerade die Überwindung solcher Spaltungen oder besser: deren fundamentale Nicht-Anerkennung, Nicht-Setzung. *Ein* Raum reicht *durch* alle Wesen und verbindet sie im Innern durch das Sichtbare hindurch oder vielmehr über es hinaus. Wer sich so in Beziehung setzt, erfährt Lebenssteigerung: „O, der ich wachsen will,/ ich seh hinaus, und *in* mir wächst der Baum."

Rezeption des romantischen Musikbegriffs, Baden-Baden 2023, 217–275 (im Druck); ders., „In Wahrheit singen, ist ein andrer Hauch." Musik und Verwandlung in Rilkes Sonetten an Orpheus, Blätter der Rilke Gesellschaft, Bd. 32 (2014), 159–174; ders. (Hg.), Rilkes Musikalität, Göttingen 2019.

8 Brief an Lou Andreas-Salomé, 26.6.1914, zit. nach Rilke, Werke, Bd. 2 (Fußnote 5), 737.

9 *Die Neunte Elegie*, zit. nach Rilke, Werke, Bd. 2 (Fußnote 5), 228.

10 Rilke, Werke, Bd. 2 (Fußnote 5), 113.

Mehr Leben, Fülle des Lebens, umfassende Lebensbejahung durch Selbsttranszendenz; „Weltinnenraum" als das neue, immanente Jenseits: Die entscheidende Frage lautet an dieser Stelle, ob dieses Konzept und Projekt des „Weltinnenraums" nicht doch nur eine gigantische Täuschung und Illusion ist; nichts als die Erzeugung von Spiegelwelten des eigenen Ichs oder, was auf ähnliches hinausläuft, die Schöpfung bloßer Sprachspiele?

Die Antwort darauf vermag ins Licht zu rücken, wie grundlegend für Rilke zum einen die existentielle Überwindung der Egozentrik, die Überschreitung der Ich-Grenzen ist, wie basal zum anderen die Verankerung im Irdischen und sinnlich Erfahrbaren bleibt. Denn dass die Überschreitung der Ich-Grenzen echt und nicht nur illusionär ist, nicht nur eine Ausdehnung des Ichs bedeutet, garantiert auf konstitutive Weise die Struktur der sinnlichen Erfahrung, die Rilke wie wenige in seiner Dichtung ausgelotet hat. Ich-Überschreitung beruht bei ihm zuerst auf dem selbstvergessenen Gebrauch der fünf Sinne, auf dem intensiven Anschauen, Hören, Riechen, Fühlen, Schmecken, wodurch der Gegenstand bzw. das Gegenüber zur Geltung gebracht wird. Rehabilitation der Sinnlichkeit impliziert nicht nur die Rehabilitation von Lust und Genuss, sondern auch die Anerkennung dieser ihr innewohnenden dienenden Funktion. Rilke ist ein Meister der genauen, hingebungsvollen Beobachtung; (fast) jedes seiner Gedichte legt Zeugnis davon ab. Die eingeforderte Haltung ist diejenige eines rückhaltlosen Empfangens: „Aber *wann*, in welchem aller Leben/ sind wir endlich offen und Empfänger?"[11], fragt der Dichter im fünften Sonett aus dem zweiten Teil des Orpheus-Zyklus angesichts der weit geöffneten Blütenblätter einer Anemone, die zum Sinnbild eines „unendlichen Empfangs" (ebd.) wird. Das solchermaßen für die sinnlichen Eindrücke empfängliche, offene Ich verliert die Position als kontrollierendes Subjekt; es wird sozusagen „dezentralisiert", erfährt sich selbst *nur* als korrespondierend mit einem anderen, ausgesetzt den fremden Einflüssen; an ihm geschieht etwas; es steht im Austausch mit der Umwelt und wird von dieser verwandelt, ja, verzehrt.[12] „[L]aß dich läuten", fordert das

[11] Rilke, Werke, Bd. 2 (Fußnote 5), 259.

[12] Zur sinnlichen Wahrnehmung in Rilkes Lyrik s. Fick, M., Sinnenwelt und Weltseele. Der psychophysische Monismus in der Literatur der Jahrhundertwende, Tübingen

letzte der Sonette an Orpheus, um mit dem befremdlichen Trost fortzufahren: „[...] Das, was an dir zehrt,// wird ein Starkes über dieser Nahrung."[13] Was wir mit einem modernen Begriff als „Resonanz"[14] bezeichnen könnten, das überwindet also auf dieser Ebene des sinnlichen Weltbezugs die Isolation des „entbetteten Selbst"[15]. Die Utopie gelingenden Lebens zeichnet sich ab als die harmonische Verschränkung des Ichs mit den Menschen, Tieren und Dingen seiner Umwelt, die es alle richtig zu brauchen weiß, von denen es sich zugleich, reziprok, brauchen[16] und sogar verbrauchen, verzehren lässt.

Dafür aber, dass in der responsiven Verwandlung der Dinge durch die Einbildungskraft – und der dadurch gewonnenen Lebensbejahung – das Ich wahrhaft aus der Begegnung mit demjenigen heraus spricht bzw. seine Erfahrung gewinnt, was reicher und größer ist als es selbst und nicht (nur) von ihm gedacht und konstruiert, steht für Rilke in letzter Konsequenz noch ein anderes Moment ein, nämlich die Bejahung des Todes als der Bedingung des Lebens. Damit ist vor allem die Bejahung der eigenen Sterblichkeit gemeint. Es handelt sich dabei nicht lediglich um den – im frühen 20. Jahrhundert in Literaten- und Intellektuellenzirkeln weit verbreiteten – Gedanken, dass mit seinem Tod das Individuum aufgehe in der Alleinheit des Lebensstroms. Vielmehr arbeitet Rilke – wie Georg Simmel[17] – den Gedanken aus, dass der

---

1993, 184–223; Pasewalck, S., „Die fünffingrige Hand". Die Bedeutung der sinnlichen Wahrnehmung beim späten Rilke, Berlin/New York 2002.

13 Rilke, Werke, Bd. 2 (Fußnote 5), 272.

14 Rosa, H., Resonanz. Eine Soziologie der Weltbeziehung, Berlin 2016; ders., Unverfügbarkeit, Wien/Salzburg ³2019. Zur Übertragung des sozialwissenschaftlichen Konzepts der „Resonanz" auf die Literatur s. Taylor, Ch., Resonanz und die Romantik, übers. v. H. Ketterer, in: Peters, Ch. H./ Schulz, P. (Hg.), Resonanzen und Dissonanzen. Hartmut Rosas kritische Theorie in der Diskussion, Bielefeld 2017, 249–270.

15 Taylor, Ch., Secular Age (Fußnote 1).

16 Vgl. *Die Erste Elegie*: „Ja, die Frühlinge brauchten dich wohl [...]", Rilke, Werke, Bd. 2 (Fußnote 5), 201.

17 Simmel, G., Zur Metaphysik des Todes, in: Logos. Internationale Zeitschrift für Philosophie der Kultur, Bd. 1 (1910/11), 57–70. Zu den Bezügen zwischen Rilke und Simmel vgl. Schings, H.-J., Die Fragen des Malte Laurids Brigge und Georg

Tod jedes einzelnen Menschen aus dessen individueller Lebensform hervorgehe, jeder also seinen eigenen Tod sterben müsse (*Die Aufzeichnungen des Malte Laurids Brigge*), ja, dass dieser *eigene* Tod sogar die Bedingung für die jeweilige Individualität, für ihre Grenzen und Begrenzungen, sei. Der Tod avanciert zu der treibenden Formkraft des Lebens. Nach außen zu bedeutet diese sozusagen durch den Tod hindurchgegangene Bejahung des Lebens: Kraft und Seinsfülle auch in der Verwesung zu sehen. Der *Malte*-Roman bringt eindrückliche Bilder dafür. Die Zielvorstellung, man müsse sich zu den Aussätzigen legen können und sie „erwärmen mit der Herzwärme der Liebesnächte",[18] ist vielleicht das radikalste. Nach innen zu zeigt sich die Akzeptanz des Todes in der Überwindung oder besser: Verwandlung der Todesangst (statt deren Verdrängung). Namenloses Entsetzen ergreift Malte, wenn er den Todeskampf des Sterbenden in der Pariser Crêmerie[19] weniger beobachtet als sich in ihn einfühlt; er spürt den Tumor in dessen Hirn platzen und zeigt sich trotz seines Grauens auf dem richtigen Weg, wenn er dafür die Metapher der aufgehenden „Sonne" einsetzt, „die ihm die Welt verwandelte"[20]. Den Todeskampf des Ahnherrn Brigge, der als Beispiel für das Sterben eines „eigenen Todes"[21] dient, beschreibt er als Verausgabung der im Lauf des Lebens noch unangewendeten Kraft, als einen Höhe- und Gipfelpunkt des Lebens mithin:

> „Das war nicht der Tod irgendeines Wassersüchtigen, das war der böse, fürstliche Tod, den der Kammerherr sein ganzes Leben lang in sich getragen und aus sich genährt hatte. Alles Übermaß an Stolz, Willen und Herrenkraft, das er selbst in seinen ruhigen Tagen nicht hatte verbrauchen können, war in seinen Tod eingegangen, in den Tod, der nun auf Ulsgaard saß und vergeudete."[22]

Simmel, in: Deutsche Vierteljahrsschrift für Literaturwissenschaft und Geistesgeschichte, Bd. 76 (2002), 643–671. Zur Todesthematik in Rilkes Roman s. auch Fick, Sinnenwelt und Weltseele (Fußnote 12), 300–318.

18 *Die Aufzeichnungen des Malte Laurids Brigge*, Rilke, Werke, Bd. 3 (Fußnote 4), 505. Die erotische Konnotation weist das Bild als einen Gegenentwurf zur christlichen *caritas* aus.

19 Rilke, Werke, Bd. 3 (Fußnote 4), 487–490.

20 Ebd., 489.

21 Ebd., 459.

22 Ebd., 463.

Die durchlittene – und bejahte – Todesangst wird nachgerade zum Gradmesser für die errungene Intensität der Lebenszuwendung, in der das bloß Selbstbezügliche durchbrochen ist. In folgendem Gedicht wird die Vereinigung mit dem „großen" Leben so modelliert, dass sich die Umrisslinien eines neuen Leibes abzeichnen; das letzte Wort, „Gesicht", deutet die neue, intensivere Wahrnehmung an:

„Wir sind nur Mund. Wer singt das ferne Herz,
das heil inmitten aller Dinge weilt?
Sein großer Schlag ist in uns eingeteilt
in kleine Schläge. Und sein großer Schmerz
ist, wie sein großer Jubel, uns zu groß.
So reißen wir uns immer wieder los
und sind nur Mund. Aber auf einmal bricht
der große Herzschlag heimlich in uns ein,
so daß wir schrein –,
und sind dann Wesen, Wandlung und Gesicht."[23]

In abstrahierender Stilisierung drückt das berühmte dreizehnte *Sonett an Orpheus* (Zweiter Teil) einen vergleichbaren Gedanken aus: dass nämlich erst ein bejahendes Todesbewusstsein das Ich den in ihm angelegten Reichtum an Leben und Dasein finden und entfalten lasse:

„Sei – und wisse zugleich des Nicht-Seins Bedingung,
den unendlichen Grund deiner innigen Schwingung,
daß du sie völlig vollziehst dieses einzige Mal."[24]

Das kleine Ich muss also sterben, das Herz zerspringen, um das große Leben – in der Natur, den Kulturschöpfungen, dem Kosmos – wahrnehmen und aufnehmen zu können und so zu (s)einem wahren Sein zu gelangen. Immer wieder gestaltet Rilke diese Erfahrung in einer bestürzend körpernahen Sprache, die das Metaphorische der Redeweise mit ihrem sinnlichen Substrat verbindet.

Für diese Art der Verbundenheit mit der Welt (oder dem Sein), in der auch Schmerz, Leiden und Todesfurcht als Äußerungen des Lebens integriert und – in der Bildsprache des oben zitierten Gedichts – „einverleibt" sind, setzt

---

23 Rilke, Werke, Bd. 2 (Fußnote 5), 292.
24 Ebd., 263.

Rilke das Konzept der intransitiven Liebe ein: eine unbedingte Liebe zum Sein, die sich nicht auf einzelne Individuen beschränken lässt und vor allem nicht auf personale Gegenliebe angewiesen ist, ja, diese abwehrt. Ist aber ohne personale Gegenliebe dem Menschen Selbsttranszendierung und Verwandlung überhaupt möglich, würde man vom Standpunkt einer Religion aus, die ein personales Gottesbild vertritt, zurückfragen wollen. Jedenfalls macht dies Konzept der intransitiven Liebe die grundsätzliche Differenz Rilkes zum Christentum am deutlichsten. Trotz der Integration des Scheiterns, Zerbrechens, des Schweren, das geleistet werden müsse, erkennt Rilkes Vision von Lebensfülle die Bedürftigkeit des Menschen, sein Angewiesensein auf ein zu Hilfe kommendes Du, nicht an. Die intransitive Liebe als höchste menschliche Errungenschaft ist eine göttlich vollkommene, allverströmende und alles umfassende, nichts auslassende Liebe. Vielleicht hängt diese Differenz mit der ästhetischen Dimension von Rilkes Lyrik zusammen, jenem ungeheuren Sprachvermögen, dem der Ausdruck von Allem und Jedem gegeben war.

Wie vor allem die *Duineser Elegien* und die *Sonette an Orpheus* bestätigen, suchte Rilke gezielt nach Antworten auf die Situation des modernen Menschen mit ihren Merkmalen: Glaubensverlust, Massenkultur, Technisierung, Ökonomisierung, Beschleunigung. Die Menschheitsverbrechen des Nationalsozialismus und Stalinismus, die Zerstörungen des Zweiten Weltkriegs und die Bedrohung durch den Klimawandel hat er noch nicht gekannt. Die Rezeptionsgeschichte zeigt, dass viele Menschen nach 1945 ihre existentiellen Anliegen in Rilkes Poesie gespiegelt fanden. Aber heute werden Stimmen laut, die seine Vision von Resonanzen und seine Ästhetik der Figur als nicht (mehr) tragfähig erscheinen lassen. Eine dieser Stimmen ist Christoph Ransmayr, der mit seinem Roman *Die letzte Welt* auf Ovids *Metamorphosen*-Epos zurückgreift, womit zumindest ein indirekter Bezug zu Rilkes *Sonetten an Orpheus* gegeben ist, zumal da in beiden Werken die Funktion des Dichters eine zentrale Rolle spielt.

4. Am Ende: Die Macht des Todes? Christoph Ransmayrs dystopischer Roman *Die letzte Welt*

Der Roman erzählt von des Römers Cotta Suche nach dem verbannten und in Tomi, dem Exilort, verschollenen Ovid. Die Herrschaft des Kaisers Augustus wird in Ransmayrs Fiktion zu einer totalitären Diktatur in einem hoch technisierten Überwachungsstaat, der alle Zeiten umfasst und sich über den gesamten Globus ausdehnt: Wir befinden uns, wie der Titel besagt, in der „letzten Welt", in einem „eisernen" Zeitalter,[25] in dem archaische Götterkulte, Relikte christlicher Religionsausübung und moderne Technik nebeneinander existieren.[26] Doch nicht Zeitlosigkeit herrscht in dieser „letzten Welt", sondern Verwandlung, Metamorphose: Dass „keinem" seine „Gestalt" bleibe, zeigt auch Ransmayrs Roman als die wesentliche Bedingung des Daseins auf.[27] An dieser Bedingung bricht sich die Macht Roms. Zwar setzt das staatliche Kontrollsystem auf die Dauerhaftigkeit seiner rationalen Ordnung, erzeugt damit jedoch eine künstliche Erstarrung, die, unvermittelt, ihr Gegenteil produziert: Die Grenzregionen des Imperiums werden dem Verfall überlassen; dem Sog der Zeit preisgegeben, sind sie dem Zugriff der staatlichen Ordnungsinstanzen entzogen: „Hier, an dieser Küste, verloren sich die Gesetze, die Macht und der Wille Roms in der Wildnis. Hier! grölte einer im Keller des Branntweiners, hier! würde ein Spitzel auch unter den Röcken einer Dorfhure nicht finden, was Tomi verbergen wollte ...".[28] Flüchtigkeit und Dahinschwinden, *vanitas*, die Cotta nach Ovids Sturz als die Quintessenz menschlichen Daseins erkennt, richten sich gegen die Bollwerke der Macht: „Als Naso tatsächlich fiel, nahm Cotta das Wasserzeichen der Vergänglichkeit

---

25 Vgl. Ovids Erzählung von den vier Weltaltern aus dem ersten Buch der *Metamorphosen*.

26 Zu den Anklängen an die Postmoderne vgl. Anz, Th., Spiel mit der Überlieferung. Aspekte der Postmoderne in Ransmayrs *Die letzte Welt*, in: Wittstock, U. (Hg.), Die Erfindung der Welt. Zum Werk von Christoph Ransmayr, Frankfurt a. M. 1997, 120–132.

27 Ransmayr, Ch., Die letzte Welt. Roman, Frankfurt a. M. ^{11}2001 (Erstausgabe: 1988), 15; 111.

28 Ebd., 123.

selbst an den Steinen wahr."[29] Ihm wurde „zum erstenmal die federleichte Bauweise der Welt bewusst, die Anfälligkeit der zu Sand verfliegenden Gebirge, die Flüchtigkeit der Meere, die zu Wolkenspiralen verdampften und das Strohfeuer der Sterne ...".[30]

Wie bei Rilke ist auch bei Ransmayr diese Vergänglichkeit jeder einzelnen Gestalt eingebettet in die große Bewegung der Natur, einer Bewegung aus Untergang und neuem Leben. Die verfallende Stadt Tomi zum Beispiel wird von der Pflanzenwelt zurückerobert:

> „Unter den Umarmungen der Zweige war schließlich nicht mehr zu erkennen, ob ein Wetterhahn oder eine Giebelfigur noch an ihrem Platz stand oder längst zerfallen war. Das wuchernde Grün ahmte die Formen, die es umfing, anfänglich spielerisch und wie zum Spott nach, wuchs dann aber nur noch seinen eigenen Gesetzen von Form und Schönheit gehorchend weiter und unnachgiebig über alle Zeichen menschlicher Kunstfertigkeit hinweg."[31]

Oder ein Erdrutsch, der zwei Hirten mit ihren Herden unter sich begräbt, wirft sich in den Hochtälern des Gebirges „zu einer neuen Sohle" auf, von der es heißt, dass sie „nach dem Pech zersplitterter Bäume, nach dem frischen Blut der Wildtiere, nach Moos und Erde roch und wieder grün zu werden und zu blühen begann."[32] Vom Tod des einen der Hirten wird wenig später noch das Detail berichtet:

> „Eingeklemmt im Geröll, zerschlagen und mit seinen gebrochenen Gliedern unfähig, sich gegen den Hunger und die ungeheure Kraft der Vögel zu wehren, waren dem Hirten die Augen wohl noch bei lebendigem Leib aus dem Kopf gehackt worden; das Zarteste und Weichste immer zuerst."[33]

Es zeichnet sich ab: Während Rilke noch auf eine durch Liebe und Vergeistigung gestiftete bzw. gewährleistete Resonanz zwischen Natur, Mensch und Kultur vertraute, die mit dem Tod versöhnen sollte, gewinnt bei Ransmayr die Einbettung der Vergänglichkeit in den immerwährenden Wandel der Natur einen vollkommen anderen, gegenteiligen Sinn. Die Natur erweist

---

29 Ebd., 111.
30 Ebd., 111.
31 Ebd., 271.
32 Ebd., 222.
33 Ebd., 227.

nämlich nicht lediglich ihre absolute Gleichgültigkeit gegenüber dem Dasein der Menschen und der Existenz des Menschengeschlechts; vielmehr gibt es auch in Ransmayrs „letzter Welt" ein gemeinsames Prinzip, welches durch das Innere des Menschen, seine Psyche, hindurchgreift, ihn mit der Natur „draußen" verbindet und in *einem* Resonanzraum zusammenschließt, und dieses Prinzip lautet: Verwilderung – der Ausbreitung der Wildnis in der Natur korrespondiert der Selbstverlust an die innere Wildnis, an tierische Triebe und primitive Leidenschaften.[34] Sobald Cotta in Tomi eintrifft, beschleunigen sich dort, am Rand der Welt, die Naturkatastrophen: Erzählt wird von einer rasanten Klimaerwärmung, von sintflutartigen Unwettern, von gewaltigen Erdrutschen und Bergstürzen. Parallel dazu tragen die Geschichten, die von der „eisernen Stadt" und ihren Bewohnern erzählt werden, mehr und mehr das Gepräge der Barbarei und Bestialität. Signalfunktion hat die Liebesgeschichte zwischen Cotta und Echo. Zwar liebt der Römer die rätselhafte Frau, kann jedoch die Begierde nach ihrem Körper nicht beherrschen und vergewaltigt sie auf brutale Weise. Sie empfindet, „daß Cotta nicht anders als ein Viehhirt oder Erzkocher der eisernen Stadt war, als irgendeiner ihrer Liebhaber, die sich aus der Alltäglichkeit zu ihr flüchteten, um im Schutz der Nacht zu verwildern."[35] Mehrere narrative und sprachlich-metaphorische Details untermauern das Korrespondenzverhältnis zwischen innerer und äußerer Wildnis. Ovid „übersetzt" die Steinwelt des Gebirges mit ihren Sedimenten und Ablagerungen in Geschichten von Versteinerungen, die Echo wie folgt wiedergibt: Sie

> „erzählte von Trauernden, die in ihrem Schmerz über die Sterblichkeit, und von Rasenden, die in ihrem Haß zu Steinen wurden, zu unzerstörbaren Abbildern der letzten und vielleicht einzigen wahrhaften Empfindung ihres Daseins ... Selbst den Tieren blieb in diesen Geschichten nur die Versteinerung als Weg aus dem Chaos des Lebens [...]."[36]

[34] Vgl. Schmitz-Emans, M., Christoph Ransmayr: *Die letzte Welt*, in: Interpretationen. Romane des 20. Jahrhunderts, Bd. 3, Stuttgart 2003, 200–225.

[35] Ransmayr, Die letzte Welt (Fußnote 27), 150.

[36] Ebd., 156.

Die Katastrophengeschichte von der Sintflut (Deukalion und Pyrrha) handelt, wie Echo eigens betont, vom Ende der „wölfischen Menschheit“[37]; sie erblickt darin eine „Prophetie“ und „Offenbarung der Zukunft“[38]. Im Schicksal der Grubenstadt Limyra sehen die Einwohner von Tomi ihr eigenes Ende vorweggenommen. Der Erzähler berichtet:

> „Als alle Speicher geleert und die Stalltiere geschlachtet waren, begannen sich die noch in der Stadt verbliebenen Bewohner selbst um Brot zu schlagen und fielen übereinander her, bis in einer Augustnacht eine von den Horizonten der Kupfergruben zerschnittene Bergflanke in sich zusammensank und die nahezu entvölkerte Stadt unter sich begrub.“[39]

Dass „umkämpftes Land“ an die „Wildnis“ zurückfällt – und die Bewohner der Randzonen im Elend verwahrlosen – ist Folge der fortwährenden Kriegszüge des Imperiums: „Irgendwann in diesen Kriegsjahren, als beinah alles, was zu vernichten und zu verlieren, vernichtet und verloren war und viel umkämpftes Land wieder an die Wildnis zurückfiel [...].“[40] Mit diesen Worten leitet der Erzählbericht die Entscheidung Thies des Deutschen ein, sich dem Militärdienst zu entziehen und zu desertieren; die geschilderten Kriegsverbrechen der Armee enthalten deutliche Anspielungen auf die Menschheitsverbrechen des Nationalsozialismus.[41] Die Erinnerung an die erlebten Kriegsgreuel und die „Vernichtungswut“[42] festigt in Thies die Überzeugung,

> „daß den Lebenden nicht mehr zu helfen war, daß es keine Grausamkeit und Erniedrigung gab, die nicht jeder von ihnen in seinem Hunger, seiner Wut, Angst oder bloßen Dummheit verüben *und* erleiden konnte; jeder war zu allem fähig.“[43]

Gleichgültigkeit und Rohheit, die während des Verfalls der eisernen Stadt zunehmend um sich greifen, scheinen ihm dabei recht zu geben. Thies, der zum Totenbestatter von Tomi wird, da ihm humanes Handeln nur noch im Dienst an den Toten möglich ist, führt denn auch einen Leitspruch im Munde,

---

37 Ebd., 162.
38 Ebd., 162.
39 Ebd., 228f.
40 Ebd., 262.
41 Ebd., 261f.
42 Ebd., 264.
43 Ebd., 265.

der das Gesetz der Metamorphose – „keinem bleibt seine Gestalt“ – ergänzt und (im Roman) ebenfalls Ovid zugeschrieben wird: *„der Mensch ist dem Menschen ein Wolf.“*[44]

Und so ist es nicht nur die Antizipation der Zukunft,[45] sondern bedeutet ein Menetekel über diese letzte Welt, dass diejenigen Bilder, welche die Schönheit und Größe der Natur offenbaren, ohne Menschen sind. Arachnes Webteppiche, die ebenfalls Ovids Erzählungen widerspiegeln (sollen), zeigen die Weite des Himmels, „leer, blau, bewölkt oder stürmisch verhangen, immer aber *belebt*, gemustert von Vögeln im Flug und unterteilt von ihren Schwärmen“[46]; sie zeigen die Schwerelosigkeit des Vogelflugs im Element der Luft; sie zeigen Flußläufe, die sich mäandrisch durch schöne Landschaften winden: „Die Uferwiesen, die Urwälder und Steppen waren erfüllt von Scharen jagender, äsender, flüchtender oder schlafender Tiere – aber sie waren menschenleer. / Ein Paradies?“[47] Wer als Mensch in dieses Paradies eintritt – und nicht zum Tier verwandelt wie zum Beispiel Lycaon, der Seiler und Cottas Hausherr in Tomi, der seine Ausflüge ins Gebirge in Wolfsgestalt unternimmt; als Wolf kommt er dort um –, kann dies nur um den Preis des Verrücktwerdens tun. So geschieht es – nach Ovid, Pythagoras, Echo und vielleicht allen, die in der „letzten Welt“ im Gebirge verschwinden – am Ende auch Cotta. In einem epileptischen Anfall wechselt er sozusagen die Seiten, gerät „außer sich“[48] und findet zum Einklang mit einer erhabenen Natur: „Er war verrückt geworden, aber die Welt hatte ihn trotzdem nicht verlassen, sondern harrte geduldig bei ihm aus, ihrem letzten Bewohner. Das Meer blieb bei ihm. Das Gebirge. Der Himmel.“[49] Der Roman schließt mit Cottas letztem Gang ins Gebirge, ein Gang ohne Wiederkehr. Wohinein sich aber Cotta in seiner Verrücktheit verliert, ist das menschenleere Bild, das „Ziel“ der Metamorphosen, in all seiner Schönheit. Die Prophezeiung des apokalyptischen Untergangs der Menschheit, Tomis Zukunft, wird zur Verheißung:

---

[44] Ebd., 266, Kursivierung im Text.
[45] Ebd., 189.
[46] Ebd., 196.
[47] Ebd., 191.
[48] Ebd., 241.
[49] Ebd., 241.

„Cotta hörte die Worte nicht, die man ihm zurief, [...] hörte wohl das Gezeter der Lachmöwen, die Brandung, auch Vogelsang und das Rascheln von Palmfächern im Wind – aber keine menschliche Stimme mehr; hatte allein die Bilder vor Augen, die ihm die Inschriften auf seinen Lumpen verhießen: Das Schlachthaus war nur noch ein bemooster Felsen, an dem eine Schar Nebelkrähen ihre Schnäbel schärfte; die Gassen waren Hohlwege durch dorniges, blühendes Dickicht und ihre Bewohner in Steine verwandelt oder in Vögel, in Wölfe und leeren Hall. Über Arachnes Klippe rauschte ein ungeheurer Möwenschwarm auf; befreit aus den Kettfäden verschimmelter Webbilder stürzten die Vögel in einen Himmel, dessen Blau wolkenlos war."[50]

Gleichwohl ist Ransmayrs Roman keine eindimensionale Dystopie, sondern eine negative Utopie, die den Stachel eines utopischen Entwurfs – die Vision eines menschenwürdigen Lebens ohne Entwertung durch Endlichkeit und Tod – enthält. Wie im Ovidschen Original, den *Metamorphosen*, vorgeprägt, bleiben die „letzte Welt" und das „eiserne" Zeitalter rückbezogen auf eine erste Welt, einen paradiesischen Urzustand, dessen Bild eine moralische Forderung an die Menschen richtet. Ovids Imagination des „goldenen Zeitalters" wird als eine „Utopie" bezeichnet,[51] in der die Widerstandsbewegung gegen die kaiserliche Diktatur das eigene politische Programm erkennen kann:

„Das erste Menschengeschlecht
Kannte kein Gesetz und keine Rache
Ohne Soldaten zu brauchen
Lebten die Völker sorglos
Und in sanfter Ruhe dahin"[52].

Eine vergleichbare Zielvision hegt Pythagoras, Ovids Gefährte in Tomi, der wegen seiner subversiven Philosophie „vor dem Regime eines Despoten aus seiner griechischen Heimat"[53] fliehen musste. „*Samos* nannte er diese Heimat und schwärmte von der Kraft der Zeit, die nicht nur den Despoten dieser

50 Ebd., 286.
51 Ebd.,127.
52 Ebd., 127, Kursivierung im Text.
53 Ebd., 251.

Insel, sondern alle Herrschaft von Menschen über Menschen zermürben und in eine heitere Gemeinsamkeit verwandeln werde."[54]

Solcher Erinnerung an eine bessere Welt mit einer humanen Ordnung entspricht, dass Ransmayrs Figuren zwar sämtlich viel zu schwach oder zu gierig sind, um Liebe zu geben, aber alle voller Sehnsucht danach, Liebe zu empfangen; sie alle dürsten nach Liebe, allen fehlt sie. Repräsentativen Charakter hat die Geschichte von Philomela, Procne und Tereus – von Nachtigall, Schwalbe und Wiedehopf –, die letzte der erzählten Metamorphosen kurz vor Cottas finalem Aufbruch in das Gebirge. Einerseits markiert sie einen Höhepunkt der Bestialität in den zwischenmenschlichen Beziehungen: Sie handelt von der Vergewaltigung und grausamen Verstümmelung Philomelas durch Tereus, den Gatten ihrer Schwester Procne, sowie von deren Rache, die darin besteht, dass sie den gemeinsamen Sohn Itys umbringt. Andererseits bringt der Moment der Verwandlung der Akteure in Vögel die in ihrem menschlichen Dasein angelegten und verlorenen, versäumten Möglichkeiten zum Vorschein. Von den Stimmen der beiden Frauen, der Schwalbe und der Nachtigall, heißt es, es sei ein Gesang „von solchem Zauber, als wäre die Schönheit Procnes, ihre Jugend und ihr verlorenes Glück in reinen Klang verwandelt wiedergekehrt."[55] Die Ermordung des kleinen Itys durch seine Mutter deutet der Erzähler nicht lediglich als „hilflose, blinde Rache für Philomelas Verstümmelung"[56], sondern als einen aus der Verzweiflung geborenen Liebeserweis: „Procne hatte ihren Sohn herausgenommen aus der Zeit und zurückgelegt in ihr Herz."[57] Ein gleiches gilt für Tereus, den Schlachter: Die Vernichtungswut, mit der er seine Frau sucht, um sie zu töten, wird motiviert durch den Schmerz der Liebe, mit der er um seinen Sohn trauert:

> „Erst als er dem Toten das Hemd abstreifte [...] hörten alle [...] daß der Schlachter stöhnte, hörten eine vom Schmerz verwandelte Stimme, die so fremd und ungeheuerlich war wie die Klage der Verstümmelten. [...] Tereus ließ das blutige kleine Hemd am Brunnen zurück, als er Itys wieder ins Haus

[54] Ebd., 251.
[55] Ebd., 284.
[56] Ebd., 281.
[57] Ebd., 281.

trug. Er brachte sein Kind zu Bett, deckte es mit einem weiß gestärkten Tuch zu, nahm eine Axt und verließ das Haus für immer."[58]

Um die Unbedingtheit des Tötungswillens zu bezeichnen, mit dem Tereus die Mörderin seines Sohnes sucht, bemüht der Erzähler die Metapher vom Raubtier in der Wildnis auf der Spur seiner Beute. Doch der Vergleich trifft nur deshalb zu, weil keiner in Tomi bereit ist, ihn zu besänftigen und zu trösten, in ihm (auch) den Vater zu sehen und ihm menschlich zu begegnen. Tomi sieht zu – erst dadurch bewahrheitet sich die Wildnis-Metapher:

„Wer ihn sah, [...] der wußte, daß der Schlachter Procne suchte, um sie zu töten. Aber keine Hand und keine Stimme erhoben sich, um ihn zu besänftigen oder zu trösten. Wie die Wildnis teilnahmslos aus hundert Augen ein Raubtier seine Beute jagen sieht, sah Tomi den Schlachter auf der Spur einer Frau, die schon verloren war."[59]

So zieht sich eine Reihe von Signalen durch den Text, die anzeigen, dass das Schicksal der Verwilderung und Versteinerung keinem Naturgesetz gehorcht, sondern reversibel wäre durch die Kraft der Liebe, der Selbsttranszendenz, die auch in der Natur einen anderen Resonanzraum erwecken würde – ein Paradies.

5. Schlussfolgerungen und Fazit

Werten wir abschließend unsere Analysen im Blick auf das Tagungsthema aus. Drei Punkte möchte ich festhalten. Zum einen fällt auf, mit welcher Selbstverständlichkeit in diesen säkularen, gegenchristlichen, im Falle Ransmayrs irreligiösen literarischen Texten die Selbsttranszendenz für ein gelingendes Leben eingefordert wird, welches Wissen von der inneren Verbundenheit alles Lebendigen in ihnen herrscht, was man ein spirituelles Wissen nennen könnte, und welche Sehnsucht sie ausdrücken nach dem, was größer ist als das Ich und deshalb seinem Zugriff entzogen, wobei dieses Größere und Reichere mit dem Zusammenhang, der Gemeinsamkeit und inneren Verwandtschaft alles Lebendigen, identifiziert wird. Zugleich, und damit bin ich

[58] Ebd., 281.
[59] Ebd., 281f.

beim zweiten Punkt, tritt trotz diesem Bekenntnis zum allumfassenden Zusammenhang sowohl bei Rilke als auch bei Ransmayr eine Differenz zwischen Mensch und Natur hervor. Denn weder das Korrespondenzverhältnis der lebensbejahenden Kraft (wie bei Rilke) noch dasjenige der Verwilderung (Ransmayr) sind durch die Natur vorgegeben, sondern in beiden „Beziehungsarten" ist der Mensch, obschon Teil der Natur, entweder über sie hinausgehoben oder hinter sie zurückgefallen; so will es die Logik der poetischen Einbildungskraft, die wir in den literarischen Beispielen verfolgt haben. Die resonierende Liebe (zum Leben), in der das Ich über sich hinauswächst, wird von Rilke vollkommen zu Recht als eine Steigerung und Vergeistigung begriffen, für die es kein unmittelbares „natürliches" Vorbild gibt; und der Satz, der in Ransmayrs Roman das Leitprinzip einer verwildernden Gesellschaft zusammenfasst, dass der Mensch des Menschen Wolf sei, ist nicht die Feststellung einer Tatsache, sondern Anklage. Und so ist es eben auch allein der menschliche Blick, der in der menschenleeren Natur eine erhabene Schönheit und Harmonie zu erkennen vermag. Hier, an dieser Bruchstelle zwischen Mensch und Natur, schließen sich Fragen an, die den immanenten Rahmen selbst zur Diskussion stellen und dabei die ethische Dimension der Selbsttranszendenz berühren: Welches wäre die Quelle der verbindenden Kraft, liegt sie im Bereich des Natürlichen oder wäre sie außerhalb zu verorten, und welche Transformation des Selbst zur Überwindung der Ich-Zentriertheit wäre dem Menschen in Verbindung mit dieser Quelle möglich oder von ihm gefordert? Die Positionierung bezüglich dieser Fragen, die insbesondere aus Ransmayrs Roman, aber auch aus Rilkes Konzept der „intransitiven Liebe" herauszulesen ist, ist vielleicht repräsentativ für eine Mehrheit innerhalb der modernen westlichen Gesellschaften. Damit bin ich beim dritten Punkt angelangt. In der Dystopie der „letzten Welt" kommt zwar ein radikal Anderes als Gegenentwurf zum Vorschein. Dieser Vorschein von Schönheit, Glück und Erfüllung beruht jedoch auf der doppelten Prämisse, dass, erstens, durch die Verwirklichung selbstüberschreitender Liebe in den zwischenmenschlichen Verhältnissen und auch der Natur gegenüber Endlichkeit, Vergänglichkeit und Tod aufhörten, für den Menschen problematisch zu sein, und dass, zweitens, der Mensch prinzipiell dazu fähig ist, diese Selbstüberschreitung in seinen sozialen und Natur-Beziehungen tatsächlich zu leisten; deshalb die Heftigkeit der Anklage. Sofern hier jedoch ein Konsens herrscht, handelt es sich nicht um Wissenschaft oder gar Empirie – die Erfahrungen des 20. und 21. Jahrhunderts sprechen ja vielmehr dagegen –, sondern um einen säkularen Glauben, der sich den gleichen intellektuellen Herausforderungen stellen muss wie der Glaube an ein Jenseits und die Verwandlung unseres Selbst in die Gemeinschaft mit Gott und seinen Heiligen hinein.

Dirk Evers

Leben – Sterben – Auferstehen
Zur Frage nach der menschlichen Identität

Das Thema meines Beitrags ist die Frage, wie aus einer christlich-theologischen Perspektive die Transformation verstanden werden kann, die sich mit dem menschlichen Sterben und dem endgültigen Tod eines Menschenlebens verbindet und diesen als einen Übergang zum ewigen Leben bestimmt. Genauerhin soll es um die Frage gehen, wie man es denn denken kann, dass ein mit sich selbst identisch bleibender Mensch nach seinem Tod „auferweckt" werden und am ewigen Leben Gottes selbst teilnehmen[1] kann. Das stellt zunächst die Frage nach menschlicher Identität, also der Selbstübereinstimmung eines menschlichen Lebens mit sich selbst. Nach ein paar längeren Vorbemerkungen dazu schließen sich in meinem Beitrag sechs Thesen an, die eine solche Perspektive skizzieren wollen.

---

1 Vgl. zu dieser Fragestellung mit dem Fokus auf ein entsprechendes Verständnis von Ewigkeit auch Jüngel, E., Anteilgeben an der Ewigkeit. Erwägungen zu einem christlichen Ewigkeitsbegriff, in: Kratz, R./ Spieckermann, H. (Hg.), Zeit und Ewigkeit als Raum göttlichen Handelns. Religionsgeschichtliche, theologische und philosophische Perspektiven, BZAW 390, Berlin 2009, 299–316; dazu Evers, D., „Gewiss, das Leben bist Du, ... die Ewigkeit bist Du". Bemerkungen zum Verhältnis naturwissenschaftlicher und theologischer Zeitbegriffe, in: Hutter, A./ Sans, G. (Hg.), Zeit – Sprache – Gott, Münchener philosophische Studien NF 34, Stuttgart 2019, 87–108.

1. Vorbemerkungen zu einem gefüllten Verständnis menschlicher, personaler Identität

Die Frage nach der Identität des je individuellen menschlichen Lebens ist allerdings eine überaus komplexe und mit mancherlei Verwirrungen belastete Frage. Es ist entscheidend, bei ihr die verschiedenen Aspekte zu unterscheiden, die mit ihr einhergehen. Da ist zum einen der *numerisch-logische* Aspekt von Identität, der sich in der zunächst trivialen Relation a = a ausdrückt. In dieser Relation der Identität steht jeder Gegenstand nur zu sich selbst und zu keinem anderen Gegenstand. Nicht-trivial wird diese Relation, wenn es im Sinne einer so genannten Identitätsaussage zum Beispiel darum geht, die Identität eines Gegenstands über Zustandsänderungen hinweg oder in verschiedenen Hinsichten festzuhalten. Eine Aussage a = b, zum Beispiel „Der Morgenstern ist derselbe wie der Abendstern" oder „Der Mörder war der Gärtner", soll festhalten, dass zwei unterschiedliche singuläre Ausdrücke sich auf denselben Gegenstand beziehen. Damit solche Aussagen sinnvoll sind, müssen wir, jedenfalls im Prinzip, über Kriterien verfügen, den Bezug auf denselben Gegenstand – z. B. denselben Planeten Venus im Falle des Morgen- und Abendsterns oder dieselbe Person im Falle des Mörders und Gärtners – feststellen zu können: „Wenn uns das Zeichen a einen Gegenstand bezeichnen soll, so müssen wir ein Kennzeichen haben, welches überall entscheidet, ob b dasselbe sei wie a, wenn es auch nicht immer in unserer Macht steht, dies Kennzeichen anzuwenden."[2] Bei raumzeitlich existierenden Gegenständen ist dies zum Beispiel die Trajektorie[3] des betreffenden Körpers dieses Gegenstandes, also die Bahn des Planeten Venus oder der mit einer Person verbundene Körper.

Mit den Ausdrücken „derselbe Planet" bzw. „dieselbe Person" wird ein so genanntes *Sortal* angegeben, also ein Allgemeinbegriff, der eine bestimmte

---

2 Frege, G., Die Grundlagen der Arithmetik. Eine logisch mathematische Untersuchung über den Begriff der Zahl, Stuttgart 1987, 94 (§62).

3 Unter einer Trajektorie versteht man in der Physik die kontinuierliche Bahn eines Körpers in Raum und Zeit. Bei atomaren und subatomaren Teilchen kommt diese Vorstellung allerdings wegen bestimmter Phänomene der Quantentheorie an ihre Grenzen.

Sorte von individuierbaren und also zählbaren Gegenständen unter sich begreift, die diesen Begriff exemplifizieren, also als ein Exemplar der mit diesem Begriff bezeichneten Gegenstände gelten können. Schon Gottlob Frege hatte darauf aufmerksam gemacht, dass es eine Klasse von Begriffen gibt, die Ganzheiten oder Einheiten als Individuen meinen und die auch unserem Zahlbegriff zu Grunde liegen. Ein solcher Begriff hat die Eigenart, dass er „das unter ihn Fallende bestimmt abgrenzt und keine beliebige Zerteilung gestattet"[4]. Zu dieser Kategorie von Prädikaten gehören auch Begriffe wie „Stuhl", „Katze" oder „Jupitermond". Die neuere analytische Sprachphilosophie nennt eben solche Prädikate „Sortale"[5]. Sortale Terme bezeichnen Arten oder Sorten von Dingen und sind mit *Kriterien des Unterscheidens und Identifizierens* verknüpft, die – je nach Kontext und Begriff mehr oder weniger bestimmt – festlegen, was als einzelnes Exemplar der betreffenden Art in Frage kommt und wie dies synchron und diachron zu identifizieren ist. Bei unseren Beispielen waren das die Sortale Planet und Person.

Die Identitätsaussage bedeutet dann, dass gemäß eines solchen Identitätskriteriums die beiden Erscheinungsweisen z. B. des Abendsterns und des Morgensterns sich auf denselben Gegenstand beziehen, der zu der Sorte „Planet" gehört. Diese Identifikation wäre zum Beispiel schon in der Antike widerlegt gewesen, wenn man Abendstern und Morgenstern – also das hellste Gestirn kurz nach Sonnenuntergang und das hellste Gestirn kurz vor Sonnenaufgang – so hätte auftauchen sehen, dass es sich nicht um denselben Himmelskörper hätte handeln können. Heute können wir den Lauf der Venus auch mit Satelliten beobachten und die Bahn des Planeten auf höchst präzise Weise mathematisch beschreiben, so dass seine Trajektorie mit den entsprechenden Himmelsphänomenen sehr präzise übereinstimmt. Auch die Identität der Person des Mörders – in einem bestimmten Mordfall – mit der Person des Gärtners ließe sich im Prinzip dadurch überprüfen, ob der Gärtner für den entsprechenden Zeitpunkt ein Alibi hatte, ob die DNA des Mörders,

---

4 Frege, Grundlagen (Fußnote 2), 88 (§54).

5 Der Terminus wurde von Peter Strawson in die moderne Debatte eingeführt: Strawson, P. F., Individuals. An Essay in Descriptive Metaphysics, London 1959, 168.

die durch entsprechende Spuren belegt ist, mit der des Gärtners übereinstimmt, usw. In der klassischen Logik war man deshalb davon ausgegangen, dass zwei Dinge genau dann identisch sind, „wenn alles, was von dem einen ausgesagt wird, auch von dem anderen ausgesagt werden muss"[6]. In rein referentiellen Kontexten gilt dann die so genannte Ersetzungs- oder Substitutionsregel, nach der man bei identischen Ausdrücken in einer beliebigen Aussage „den einen für den anderen einsetzen kann, unter Erhaltung des Wahrheitswertes [der Aussage]"[7].

Doch von dem Phänomen selbst, der Erscheinungsweise „Abendstern" sagt man offensichtlich nicht in jeder Hinsicht dasselbe aus, wie von der des „Morgensterns", auch wenn wir beide auf denselben Planeten zurückführen. Nach Gottlob Frege haben beide Ausdrücke zwar dieselbe Bedeutung, weil sie sich auf denselben Gegenstand beziehen, aber einen unterschiedlichen Sinn, weil sie zwei verschiedene Weisen des Gegenseins desselben Gegenstands beschreiben.[8] Schon Aristoteles hatte deshalb von der einfachen numerischen Identität der Zahl nach noch eine *qualitative* Identität unterschieden[9], wenn etwas z. B. der Art oder Gattung nach identisch ist. So sprechen wir etwa davon, dass in unserem Viertel dasselbe Wasser aus dem Hahn kommt wie im Nachbarviertel, aber ein anderes als im Nachbarort, der an eine andere Wasserversorgung angeschlossen ist. Es handelt sich also nicht um das physisch identische, sondern um das qualitativ identische Wasser. Ähnliches gilt, wenn wir feststellen, dass wir gerade dasselbe Buch lesen wie unser Nachbar. Es handelt sich nicht unbedingt um das physisch identische Buch, so dass die raumzeitliche Trajektorie hier als Identifikationskriterium in Betracht käme, sondern um ein Exemplar desselben Werkes, möglicherweise sogar in einer anderen Ausgabe. Als eher qualitatives denn physisches Identifikationskriterium kämen hier der Inhalt des Buches und sein Verfasser in

---

6 Aristoteles, Topik 7,2, 152b27f.

7 Leibniz, G., Specimen Calculi universalis, in: Gerhardt, C. (Hg.), Die philosophischen Schriften von Gottfried Wilhelm Leibniz VII, Hildesheim 1978, 218–227, hier: 219; vgl. die deutsche Übersetzung in: ders., Fragmente zur Logik, Berlin (Ost) 1960, 130.

8 Frege, G., Über Sinn und Bedeutung, in: Patzig, G. (Hg.), Funktion, Begriff, Bedeutung. Fünf logische Studien, Göttingen 1994, 40–65, hier 41.

9 Vgl. Aristoteles Topik 1,7, 103a.

Betracht. In vielen, aber auch nicht in allen Fällen, kann man im Deutschen im Übrigen anstatt von „demselben" auch von „dem gleichen" reden, wobei dann allerdings der semantische Bezug oft von der Identität zur Ähnlichkeit hin verschoben wird.

Auch in Bezug auf die Identität von Menschen bringen wir beide Formen von Identitätsaussagen in Anschlag, die numerisch-logische wie die qualitative. Ein Mensch ist insofern mit sich identisch, als es sich immer um dieselbe Person handeln muss. Und ein Mensch ist dadurch ein solches, mit sich selbst identisches „Ding", dass er ein Exemplar der Gattung Mensch ist. Denn nur dann können wir auch seinen Weg durch Raum und Zeit mindestens von der Geburt bis zum Tod verfolgen. Dabei sind die Grenzen nicht vollkommen scharf. Nicht jeder würde schon von einer befruchteten menschlichen Eizelle, die sich noch nicht in der Gebärmutter eingenistet und deshalb noch nicht begonnen hat, sich zu einem lebendigen Exemplar unserer Gattung zu entwickeln, behaupten, dass es sich um ein Exemplar der Gattung Mensch handelt. Vor den Erkenntnissen der modernen Wissenschaften wusste man von diesen Vorgängen ohnehin nichts.[10] Und auch die Todesgrenze ist heute unscharf, auch wenn die meisten das Hirntodkriterium als hinreichend ansehen. Auf jeden Fall ist der Mensch nach seinem Tod im biologischen Sinne kein physisches Exemplar seiner Gattung mehr, sondern eine Leiche, die dann auch ziemlich schnell zerfällt und, um in biblischen Vorstellungen zu sprechen, zu der Erde, also zur reinen Stofflichkeit, zurückkehrt, von der der Leib des Menschen genommen ist (vgl. Gen 3, 19).

Doch wir müssen noch eine dritte Hinsicht hinzunehmen,[11] um im Fall von Menschen die Frage nach der Identität angemessen in den Blick zu nehmen.

---

10 Im Anschluss an Aristoteles galt bis ins 19. Jahrhundert hinein auch in der römisch-katholischen Morallehre, dass ein männlicher Embryo nach 40 Tagen und ein weiblicher nach 80 Tagen nach der Zeugung „beseelt" wird. Inzwischen gilt eher die Auffassung, die Günter Rager so formulierte: „Wenn aber die Zygote in kontinuierlicher Weise sich zum Neugeborenen und zum erwachsenen Menschen entwickelt, dann bleibt die Identität [!] dieses individuellen Lebewesens erhalten.", Rager, G., Die Person. Wege zu ihrem Verständnis, Studien zur theologischen Ethik 115, Freiburg i. Br. 2006, 282.

11 Man könnte darüber hinaus auf verschiedene Typen von Identität verweisen, die Hegel anhand unterschiedlicher Verhältnisse von Identität und Differenz unter-

Nachdem schon Sigmund Freud das „Ich" als Aufgabe der Identitäts*bildung* eines Menschen im Zusammenhang der verschiedenen Rollen, die ihm oder ihr jeweils zugeschrieben werden, bestimmt hatte, hat dann Erik H. Erikson den Begriff der Ich-Identität als psychologische Kategorie in die Debatte eingeführt.[12] Erikson unterschied dabei eine *personale* Identität, die für das Subjekt selbst die Sich-Selbstgleichheit und Kontinuität der Person in der Zeit erzeugt, von der Gruppen-Identität, zu der Individuen gehören und über die sie sich definieren. Schon die Ausbildung der personalen Identität geschieht durch typische Krisen hindurch, die auch den Zusammenhang beider Identitäten betreffen. So bestimmt sich die konkrete Ich-Identität eines Individuums aus dem Wechselspiel zwischen individueller und sozialer Identität. Über den Soziologen George H. Mead und den Philosophen und Soziologen Jürgen Habermas, der ein rollentheoretisches Konzept der Ich-Identität als einer Balance zwischen der sozialen und der persönlichen Identität entwickelte,[13] sind solche Debatten auch in die deutschsprachige Philosophie gelangt.

Für unser Thema halten wir nur fest, dass im Falle von Menschen alle drei Momente von Identität zusammenkommen: die *numerische* Identität, die darauf verweist, dass wir mit dem Leib als unserem Identitätsträger in Raum und Zeit in dieser Hinsicht identisch sind; die *qualitative* Identität, gemäß der wir von der Geburt bis zum Tod ein Leben als Menschen führen und als eben ein Exemplar dieser Gattung identifiziert werden können; und die *personale*

---

schieden hat. Steine, Pflanzen, Tiere, Menschen, Staaten usw. haben bzw. entwickeln Identität nur in Bezug auf das, was sie nicht sind, so wie selbst das Göttliche erst durch das mit sich selbst übereinkommt, was es nicht ist. Es ergibt sich, „daß die Wahrheit nur in der Einheit der Identität mit der Verschiedenheit vollständig ist", Hegel, G., Die Wissenschaft der Logik II, in: Werke in zwanzig Bänden Bd. 6, Frankfurt a. M. 1970, 42. Wir können auf solche dialektisch-prozessualen Denkfiguren hier nicht weiter eingehen.

12 Vgl. Dubiel, H., Identität, Ich-Identität, in: Historisches Wörterbuch der Philosophie Bd. 4 (HWP 4), Basel 1976, 148–151, hier 148.

13 Vgl. zum Beispiel Habermas, J., Moralentwicklung und Ich-Identität, in: Zur Rekonstruktion des Historischen Materialismus, Frankfurt a. M. 2001, 63–91 und ders., Können komplexe Gesellschaften eine vernünftige Identität ausbilden?, in: ebd., 92–128.

Identität, die eng mit unserer spezifisch menschlichen Lebensform verbunden ist und die wir in einem gefüllten Sinne nicht einfach haben, sondern als Aufgabe erfahren. Wir sehen uns als personale Wesen vor die Frage gestellt, worauf es in unserem Leben ankommt oder ankommen soll: „Wer bin ich und wer möchte ich sein?" Diese drei Hinsichten von Identität bauen gewissermaßen aufeinander auf, insofern numerische und qualitative Identität einander wechselseitig bedingen und sie zugleich Bedingungen der Möglichkeit der Ausbildung einer Ich-Identität sind. Schon in krisenhaften und pathologischen Zuständen im Laufe eines Lebens, aber vermehrt auch am Lebensende kann sich die Ich-Identität beeinträchtigen, verwirren oder auflösen.[14] Und mit der Auflösung der qualitativen Identität als menschliches Lebewesen im biologischen Vorgang des Sterbens wird die numerische Identität einer Kontinuität des Lebensweges in Raum und Zeit abgebrochen. Die Frage nach der bleibenden Identität eines menschlichen Lebens durch Tod und Auferweckung hindurch bricht an eben dieser Konstellation auf.

2. Erste These: Menschen fragen nach Sinn und Bedeutung der eigenen Identität über den Tod hinaus

Damit komme ich zu meiner ersten These: *Mit dem biologischen Tod löst sich der Leib als der Träger unserer numerischen und qualitativen Identität und damit auch als Grundlage unserer personalen Identität auf. Es macht die Eigenart personaler menschlicher Existenz und der in ihr sich bildenden Identität aus, dass hieran die Frage nach Sinn und Bedeutung der eigenen Identität über den Tod aufbricht.*[15]

---

14 Man denke zum Beispiel an Altersdemenz, aber auch an Rollenkonflikte etwa in Bezug auf das Geschlecht oder die Erfahrung von Transsexuellen, „im falschen Körper" zu leben. Vgl. dazu Evers, D., Transsexualität. Menschliche Vielfalt und die Aufgabe theologischer Anthropologie, in: Krannich, L.-C./ Reichel, H./ ders. (Hg.), Menschenbilder und Gottesbilder. Geschlecht in theologischer Reflexion, Leipzig 2019, 185–214.

15 Analog fragen Menschen auch hinter ihre eigene Geburt zurück und verstehen ihre personale Identität gerade auch im Zusammenhang mit ihren Antworten auf die Frage nach dem Woher menschlicher Existenz. Für die biblischen Traditionen und entsprechend auch für den christlichen Glauben entsteht hier die Frage nach der

Diese Perspektive einer personalen Existenz über den Tod hinaus ist in dem elementaren Wissen vom Tod begründet. Menschen als Menschen wissen, dass sie sterben müssen, dass alle menschliche Existenz an ein Ende kommt und dass dieses Ende nicht in jedem Fall als relative Vollendung eines gelebten Lebens angesehen werden kann, sondern es durch Unfälle, Krankheit und durch menschliche Absicht zu einem unvorhersehbaren, als Abbruch anzusehenden Ende kommen kann – immerhin ist gerade der Mensch „der einzige unter den Primaten", der bis heute „die Tötung seiner Artgenossen planvoll, in größerem Maßstab und enthusiastisch betreibt"[16]. Während viele Lebewesen wohl den Tod als Grenze fühlen und spüren und das Sterben bei sich und anderen erleben, nimmt durch die Ausbildung personaler menschlicher Existenz und Identität das Bewusstsein des Todes eine andere Qualität an, die uns Menschen, gerade auch aufgrund unseres Zusammenseins mit anderen, danach fragen lässt, was von uns bleibt.

Damit keine Missverständnisse entstehen, sei sogleich angemerkt, dass damit nicht der Tod als schlechthinnige Infragestellung menschlicher Identität beschworen und dann das Religiöse im Allgemeinen und die christliche Auferstehungshoffnung im Besonderen als Antworten darauf plausibilisiert werden sollen. Nichtreligiöse, weltlich-säkulare Perspektiven auf und Umgangsformen mit Sterben und Tod haben längst ihre eigenen Plausibilitäten entwickelt, die mit diesem Hinweis nicht diskreditiert werden sollen. Es geht mir an dieser Stelle erst einmal relativ schlicht darum, die allgemeine Herausforderung anzudeuten, vor der die Ausbildung personaler Identität angesichts des mit ihr sich entwickelnden Todesbewusstseins steht, um dann vor dem Hintergrund eines durchaus verschiedenen Umgangs damit die spezifisch christliche Perspektive in ihrer Eigenart zu entwickeln. Wie plausibel diese dann erscheint, hängt eher von dem Verständnis dessen ab, was Menschen unter Gott verstehen, und also vom Glauben, als dass es sich als denkerisch alternativlos oder inhaltlich überlegen inszenieren könnte.

Geschöpflichkeit der personalen Existenz, vgl. dafür als ein eindrückliches Beispiel den Psalm 139. Wir können diese Dimension personaler Identität in der Frage nach ihrem Woher hier nicht weiter verfolgen. Sie hat nach meinem Verständnis elementar mit dem Phänomen zu tun, das Hannah Arendt als „Natalität" bezeichnet hat, vgl. Arendt, H., Vita activa oder Vom tätigen Leben, München 2001, pass.

16 Enzensberger, H., Aussichten auf den Bürgerkrieg, Frankfurt a. M. 1996, 9.

3. Zweite These: Alles menschliche Leben enthält ein nicht eingelöstes Versprechen

Meine zweite These führt diesen Gedanken weiter: *Das menschliche Fragen über den Tod hinaus ist nicht nur Ausdruck eines fundamentalen Lebenswillens, wie er jedes Leben prägt, sondern es erhält auch dadurch seine existenzielle Bedeutung, dass es mit dem Status von Menschen als moralischen Personen eng verbunden ist.*

Wir hatten schon festgehalten, dass menschliche Identität nicht einfach gegeben, sondern aufgegeben ist. Das ist nicht als ein abstrakter existenzialphilosophischer Allgemeinplatz zu verstehen. Die menschliche Form von Dasein nimmt in unterschiedlichen Konstellationen durchaus unterschiedliche Formen an. Unsere Gegenwart mag vor allen Dingen in den Gesellschaften, die man als „westlich" bezeichnet, und in deren Einflusssphäre in einem besonderen Maße von der Forderung nach Authentizität und Selbstbestimmung geprägt sein. Zugleich ist dies eingebunden in Formen von Anspruchnahme und Rechtfertigung sowie von Selbstdarstellung und Privatheit, die das Individuum vor immer neue Fragen nach der eigenen Identität, ihrer Stimmigkeit und dem Unabgegoltenen in der eigenen Biographie stellen. Das mit dem modernen Freiheitspathos beschworene autonome Individuum dürfte nur selten zum Tragen kommen, und wenn, dann bleibt es nur zu oft in eine Dialektik von Fremd- und Selbstzuschreibungen verstrickt, dem unentwirrbaren Dickicht von antizipiertem, imaginiertem und tatsächlichem Erwartungsdruck, von Selbstbestimmung durch Abgrenzung, Angst vor Verwechslung und Protest, von Moden und Anti-Moden, von Inszenierung, Täuschung und Tarnung. Als Begleiterscheinung der an sich großartigen Errungenschaften der modernen Medizin hat sich die Frage nach personaler Identität und Selbstbestimmung sogar bis in das Sterben und den eigenen Tod fortgesetzt, die mit Hilfe von Patientenverfügungen im Sinne des Sterbenden geregelt werden sollen und in individualisierten Formen der Sepulkralkultur ihren Ausdruck finden. Auch was in der Moderne als reife und erfüllte Form von personaler Identität gelten kann, bleibt umstritten, und was von einem Leben über sein bloßes mehr oder weniger gelungenes Gewesensein hinaus bleiben mag, ist eine offene Frage.

Dies aber setzt fort, was schon in diesem Leben für uns als Menschen identitätspolitisch entscheidend ist. Für den Status und das Selbstverständnis von uns als einer Person ist eine diachrone, also zeitübergreifende Identität wichtig: Das bin ich, weil ich irgendwie so geworden und auf Bestimmtes ausgerichtet bin, das ich erreichen möchte. Das umgreift die drei Modi der Zeit, Vergangenheit, Gegenwart und Zukunft: das habe ich getan, das habe ich unterlassen, das lehne ich ab, davon „distanziere" ich mich, das erwarte und erhoffe ich etc. Aber auch in negativer Form ist dies zumeist ein Teil unserer Existenz: Das wollte ich nicht, ich bin mir selbst fremd geworden, ich fürchte mich zu verlieren etc. Nur für moralische Personen kann es deshalb auch eine Identität geben, die mehr und anderes ist als die bloße Fortsetzung einer numerisch-qualitativen Identität. Und eben dies drängt dazu, den Tod nicht einfach als Ende eines leibbezogenen Ich-Bezugs zu verstehen, sondern als Infragestellung des Gelingens eines ganzen Lebens. Die Frage nach Sterben und Auferstehen ist deshalb noch überhaupt nicht in ihrer Tragweite verstanden, wenn sie auf die Frage nach der Kontinuität eines Ich-Bezugs reduziert wird und nicht die Frage stellt, was das Ende unserer körperlich-leiblichen Existenz für Gewinn und Verlust von personaler Identität bedeutet.

Das hat im Übrigen noch einen weiteren Aspekt, der im Allgemeinen unterbelichtet bleibt. Man kann ein Selbstverhältnis als Person und also eine personale Identität nur ausbilden dadurch, dass man in personalen Wechselverhältnissen existiert und sich einerseits davongetragen weiß, andererseits aber auch davon abzugrenzen sucht. In solchen Prozessen der Bildung und Aushandlung von Identität, die man auch nie wirklich unter Kontrolle haben kann, und überhaupt in der Existenzweise als personal verantwortliche, handelnde Akteure bilden sich auch schuldhafte Täter-Opfer-Zusammenhänge, wobei wir in unterschiedlichen Kontexten bald das eine, bald das andere sind. Und wie oben schon erwähnt, können solche Zusammenhänge auch einschließen, dass Menschen das Leben anderer Menschen gewaltsam oder durch Sorglosigkeit beenden und damit sogar schuldig am Tode anderer werden. Insofern stellt die Todesgrenze uns Menschen nicht nur vor die Frage nach dem Unabgegoltenen in Bezug auf die eigene personale Identität, sondern auch vor die Frage nach der Gerechtigkeit für die Opfer unserer

Lebenszusammenhänge, nach der Verantwortung für die Täterinnen und Täter und damit dem Unabgegoltenen in Bezug auf das, was Menschen anderen Menschen antun und wie die Dimensionen von Ausgrenzung, Gewalt, Vergebung und Versöhnung mit Bezug auf die jeweils individuelle Ausbildung personaler Identität in Rechnung zu stellen sind.[17]

4. Dritte These: Nur für moralische Personen kann es Identität über den Tod hinaus und also Auferweckung in einem identitätserhaltenden Sinn geben

Meine dritte These zieht aus dem bisher Erörterten Konsequenzen für ein christliches Verständnis von Auferweckung: *Nur für moralische Personen kann es diachrone Identität* über den Tod hinaus *geben. Nur* Personen *kann Gott als die, die sie sind (!), auferstehen lassen.*

Natürlich kann man versuchen, sich eine Auferweckung von nicht-menschlichen Lebewesen vorzustellen. In den biblischen bilderreichen Texten über die kommende Neuschöpfung sind ja auch der neue Himmel und die neue Erde der Endzeit mit Lebewesen bevölkert. Was die Texte und Traditionen allerdings nicht hergeben, ist eine je individuelle Auferweckung dieses oder jenes Tieres oder Lebewesens. Ohne die Dimension personaler Identität jedoch, so scheint mir, ist eine Auferweckung bei gleichzeitiger Identitätserhaltung unmöglich und letztlich sinnlos. Man könnte sich vorstellen, dass eine Art Schöpfergott nach ihrem physischen Tod z. B. auch Bakterien, Schmetterlinge, Maultiere oder selbst menschliche Körper so wiederherstellt, dass dieselben Moleküle (Atome? Quarks und Leptonen?) in denselben

---

[17] Vor dem Hintergrund der eigenen Biographie, die von den Ereignissen im kommunistischen Jugoslawien und den post-kommunistischen Kriegen und Völkermorden auf dem Balkan geprägt ist, hat der kroatisch-amerikanische Theologe Miroslav Volf seine Eschatologie besonders von diesem Aspekt her entworfen, vgl. Volf, M., Exclusion and Embrace. A Theological Exploration of Identity, Otherness, and Reconciliation, Nashville TN 2008 (deutsch: ders., Von der Ausgrenzung zur Umarmung. Versöhnendes Handeln als Ausdruck christlicher Identität, Marburg a. d. Lahn 2012) sowie ders., The Final Reconciliation, Modern Theology 16/1 (2000), 91–113.

Zuständen zusammengefügt werden – auch wenn das etwa aufgrund der „Unschärfe" von Zuständen in der Perspektive der Quantentheorie gar nicht möglich sein könnte. Doch selbst wenn das geschehen könnte, wäre es letztlich eine Erschaffung neuer Bakterien, Schmetterlinge, Maultiere oder menschlicher Körper, die mit den vorigen nicht einfach „identisch" wären und auch keine sich fortsetzende Identität konstituieren könnten, nicht in numerisch-qualitativer und erst recht nicht in personaler Hinsicht.

Das macht noch einmal deutlich, dass der physische Tod eine echte Grenze unseres Verstehens und unseres Handelns darstellt, und wir ihn im Allgemeinen in unserem Sprachgebrauch auch so verstehen. Man kann einen Unfall oder eine Krankheit überleben; den eigenen Tod kann man nicht überleben. Es muss in der Auferstehung um anderes gehen als um Fortsetzung eines Lebens oder eine identitätserhaltende Transformation desselben. Deshalb scheinen mir auch traditionelle oder modernisierte Konzepte einer Seele, die statt des Körpers für die Identitätserhaltung gut stehen soll, an dieser Stelle hilflos bzw. überfordert zu sein, von ontologischen Schwierigkeiten ganz zu schweigen.[18] Der römisch-katholische Kollege Matthias Reményi hat zum Beispiel die Intention der traditionellen thomistischen Vorstellung einer unsterblichen Seele so zusammengefasst: Die Seele sorgt für eine „leibliche Auferstehungsidentität ganz unabhängig von der im Grab verwesenden Körpermaterialität". Die Seele ist nach diesem Verständnis so etwas wie das Programm, das Betriebssystem, das einen Körper „beseelt", Reményi selbst spricht von der „Prägekraft leiblicher Existenz". Diese „Prägekraft" soll dann nicht an den irdischen Körper gebunden sein, sondern auch auf einem himmlischen Körper zur Wirkung und Ausprägung kommen und so diesen Körper als das „formende und strukturierende Prinzip" zu einem Individuum machen können, das mit demjenigen vor dem Tod identisch ist. Nach dieser Vorstellung ist die Seele über den Tod hinweg bei allen damit einhergehenden Transformationsprozessen unter Wegfall der körperlich-leiblichen Grundlage der entscheidende „Identitätsträger" für eine „sich

18 Vgl. Evers, D., Überforderte Seele? Bemerkungen zur Auflösung eines traditionellen Seelenverständnisses im Kontext der protestantischen Theologie im 20. Jahrhundert, in: Becker, P./ Jöris, S./ Meuthrath, A. (Hg.), Die Seele. Genese, Vielfalt und Aktualität eines vergessenen Konzepts (QD 318), Freiburg i. Br. 2021, 229–246.

auch über den Tod hinaus durchhaltende […] personal-ganzmenschliche […] Identität".[19] Reményi selbst nennt den durch den Tod vermittelten Übergang vom physischen zum ewigen Leben einen Gestalt*wandel*, nicht Gestalt*wechsel*. Wenn jedoch die Person bei gleichzeitiger Identitätserhaltung „ganz und gar [!] transformiert" wird, dann bleibt völlig offen, was denn ganz und gar hier heißen soll, wenn andererseits die personal-ganzmenschliche Identität erhalten bleiben soll.

Mitunter wird unterstellt, dass mit einer Ablehnung der Seelenvorstellung als identitätserhaltender Instanz nur die Alternative bleibt, die personale Identität des Menschen als von seiner numerisch-qualitativen Identität schlechthin abhängig anzusehen und also in naturalistischer Perspektive jedes Menschen Leben auf die Summe aller seiner Erlebnisse, Taten, Widerfahrnisse, Freuden, Leiden etc. zwischen Geburt und Tod zu beschränken. Mit dem Tod ginge dann auch die personale Identität eines Menschen unter, die ohnehin nur darin besteht, subjektive Erfahrungen zu machen. Sie würde allenfalls noch in der Erinnerung anderer Menschen für eine Zeit ansatzweise nachwirken, aber als solche nicht mehr vorhanden sein. Hier wäre die Möglichkeit der Auferweckung einer mit sich identischen Person zu neuem Leben ausgeschlossen. Ich versuche deshalb einen dritten Weg zu skizzieren, der ein integratives Verständnis menschlicher Personalität ins Zentrum stellt und die Auferweckung weder als den Tod überlebende Weiterexistenz noch als bloße Erinnerung an ein gelebtes Leben missversteht.

5. Vierte These: Auferweckung in einem christlichen Verständnis begründet sich auf eine von Gott selbst fortgesetzte Identitätsbildung menschlicher Personen

Mit der Auflösung von numerischer und qualitativer Identität im Tod des Menschen kommt auch die personale Identitätsbildung als existenzielle Aufgabe eines Menschen *als solche an ihr definitives Ende, das aufgrund der oben geschilderten Struktur menschlicher Identitätsbildung in keinem Fall mit einer*

[19] Alle Zitate: Reményi, M., Wo sind die Toten?, in: Schweizer Kirchenzeitung 186 (2018), 126–127, hier 127.

Vollendung dessen, was Menschen als Personen sind, zusammenfällt. Für ein Gottesverständnis allerdings, das sich auf Gott als das die menschliche Identitätsbildung begleitende Woher und Woraufhin menschlicher Existenz bezieht, wird diese Identitätsbildung nun durch Gott selbst *auf ihre Vollendung hin fortgesetzt. Dies geschieht in der Auferweckung (jenseits gegenwärtiger leiblicher Verhältnisse) zu einem neuen Leben mit dem Ziel einer Partizipation am göttlichen Leben selbst.*

Wie wir zu Beginn unserer Ausführungen versucht haben deutlich zu machen, stellt menschliche personale Identität eine Einheit dar, in die vieles eingeht und integriert wird – auch solches, was als Abgewiesenes einbezogen ist. Diese Einheit, dieses *Integral*, ist aber nicht aus Teilen einfach wie ein Aggregat zusammengesetzt, sondern darin von der kontinuierlichen Selbstähnlichkeit eines Aggregats unterschieden, dass es sich um eine konstruktive Lebensleistung von Menschen in einem komplexen Wechselspiel von Selbst-, Fremd- und Gottesverhältnis handelt. In einer christlichen Perspektive kann man nun den biologischen Tod als einen Kipppunkt betrachten, in dem die Bildung menschlicher personaler Identität von einer menschlichen Aufgabe[20] in ein Handeln Gottes selbst übergeht, das dieser nach dem Ende unserer leiblich-körperlichen Existenzweise und unter Anknüpfung an das ihm als Schöpfer und Ziel der Wirklichkeit gegenwärtige, tatsächlich gelebte Leben von Menschen vollzieht.

Die Verhältnisse werden gewissermaßen umgedreht: nicht die leibseelische, biologische Existenz des Lebewesens Mensch bringt die Möglichkeiten, Bedingungen und Formen einer Bildung personaler Identität hervor, sondern umgekehrt die von Gott selbst fortgesetzte, endgültige Integration unserer Personalität bringt neue, ihr angemessene Formen von Leiblichkeit hervor, die in den entsprechenden neutestamentlichen Schriften als geistiger oder himmlischer Leib angesprochen werden (vgl. z. B. 1 Kor 15; 2 Kor 5, 1–10 u. ö.). Als der exemplarische Fall dieses Übergangs wird in den

---

[20] Vor allem am Anfang, in Krisenzeiten und gegen Ende eines Lebens ist diese Bildung immer auch mehr als nur eine individuelle Aufgabe. Es ist das Anliegen von Bildung in einem umfassenden Sinne, eigene Bildungsprozesse gerade von heranwachsenden Individuen zu ermöglichen und anzuregen, wie es gegen Ende eines Lebens notwendig sein kann, die Ich-Identität von Menschen zu stützen, die haltlos zu werden und sich zu desintegrieren beginnt.

neutestamentlichen Berichten von den Erscheinungen des auferstandenen Jesus Christus eben dessen Form von Leiblichkeit verstanden, mit der er eine Zeit unter den Bedingungen von Raum und Zeit wahrgenommen worden sein soll und die dann die Tradition nach der „Himmelfahrt", also der endgültigen Erhöhung zur Teilhabe an Gott, in andere, durch den Geist vermittelte Präsenzformen etwa im Zusammenhang gottesdienstlichen Handelns oder im Gebet transformierte. Im Fall von uns Menschen wäre dann dies die christliche Hoffnung, dass eine von Gott im Anschluss an unser gelebtes Leben begründete, endgültige, bejahte und nicht mehr verlierbare personale Identität eine ihr entsprechende leiblich-geistige Existenzform erhält, die uns dann auch unsere numerische und qualitative Identität erneuert und uns mit dem Leben Gottes selbst verbindet.

Das ewige Leben verlängert also unser begrenztes menschliches Leben nicht einfach über den Tod hinaus, und es fügt der Zeit und Summe des Lebens nicht additiv ein zusätzliches Stück Leben hinzu. Der Tod ist und bleibt das definitive Ende eines in Raum und Zeit gelebten Lebens. Doch die Auferweckung legt das gelebte Leben auch nicht einfach nur auf das fest, was es als gelebtes Leben war. In ihr knüpft Gott vielmehr so an ein gelebtes Leben an, dass er es einer ultimativen, integrierenden *Identitätsbildung* zuführt, die – so die in Jesus Christus begründete Hoffnung des Glaubens – die Versöhnung mit Gott realisiert und zudem eine wahrhaftige Selbstannahme ermöglicht.

6. Fünfte These: Der Übergang zum ewigen Leben vollzieht sich als Gottes zurechtbringendes Gericht

Diese Sicht impliziert aufgrund der Strukturen menschlicher Existenz sofort zwei fundamentale Vorbehalte, die die abschließenden beiden Thesen formulieren: *Die Hauptherausforderung für eine christliche Hoffnung auf Auferstehung ist nicht eine detailgetreue Denkbarkeit des Vorgangs, sondern die Einsicht, dass das, was wir in unserem je individuellen und in unserem gemeinschaftlichen Leben aus der Perspektive personaler Identität hervorbringen, von Gott noch einmal nach dem Ende unseres Lebens und nach dem Abbruch* unserer *Möglichkeiten grundlegend verwandelt und erneuert werden muss, um überhaupt als Basis für eine Teilhabe am ewigen Leben dienen zu können. Insofern impliziert unsere Sicht der Auferstehung notwendig den Gedanken eines letzten Gerichts über das menschliche Leben. Dass dieses zu unseren Gunsten ausfallen kann und soll, dafür stehen das Leben und Geschick Jesu Christi gut ebenso wie die darin begründete Erfahrung der Rechtfertigung in diesem Leben, die etwa Martin Luther im Anschluss an Paulus als ein tägliches Sterben und Auferstehen verstanden hat.*

Die christliche Auferstehungshoffnung hat darin auch ihre harte und nicht notwendigerweise tröstliche Pointe, dass der Tod keinen Ausweg aus Verantwortung darstellt und das ewige Leben nicht als *happy ending* zu verstehen ist. Und es geht auch nicht einfach nur um uns und unseren vermeintlichen Anspruch auf Leben. Es geht um uns in Beziehung auf Gott und deshalb auch in Beziehung untereinander. Gott und das Leben und Geschick Jesu Christi sind geradezu missverstanden, wenn sie als bloßes Mittel zum Zweck menschlicher Lebenserfüllung angesehen werden. Hier sind religionskritische Geister zu Recht kritisch, wenn sie die christliche Gottesvorstellung als eine Art Rückversicherung und Wunscherfüllungsphantasie wahrnehmen. Und es sind nicht wenige im Christentum, die das jüngste Gericht als eine Art Belohnung dafür angesehen haben und ansehen, religiös auf das richtige Pferd gesetzt zu haben und im Rahmen der eigenen Möglichkeiten anständig gewesen zu sein. In primitiven Formen einer „winner-takes-all-religion“[21] ist dann das erlöste Weiterleben die Belohnung für Regelkonformität in diesem Leben, während die Verdammnis die endgültige und ewige Strafe für diejenigen darstellt, die sich in diesem Leben um die Eintrittsbedingungen für das Reich Gottes nicht gekümmert haben. Doch es dürfte einen guten christlichen Sinn für die Mahnung Schillers geben: „Was man von der Minute ausgeschlagen, / Gibt keine Ewigkeit zurück.“[22]

Die Pointe eines Lebens im christlichen Glauben an Gott ist jedenfalls nicht die Kompensation oder Belohnung in der Ewigkeit, sondern Gott selbst.

---

21 So Phillips, D. Z., The Problem of Evil and the Problem of God, London 2004, 247.

22 So die Schlussverse von Schillers Gedicht „Resignation“, in Schiller, F., Sämtliche Werke Erster Band: Gedichte, Dramen I, Darmstadt 1987, 133. Vgl. dazu auch Jüngel, E., Tod, Gütersloh 1983, 151.

Nicht die Erfüllung unserer Wünsche und Bedürfnisse ist der Sinn von Auferstehung und ewigem Leben, sondern das Zusammensein mit Gott. Es geht primär um Gottes Gerechtigkeit und erst in Verbindung damit auch um unsere eigene Existenz als einer in ihrer personalen Dimension eng auf Gott als Woher und Woraufhin bezogenen. Der Tod ist kein Ausweg in paradiesische Verhältnisse, sondern der Beginn des Prozesses der endgültigen Bildung unserer Personalität. Der walisisch-amerikanische Religionsphilosoph Dewi Z. Phillips hat gerade darin eine Pointe der Auferstehungshoffnung gesehen, dass man das Urteil Gottes über das eigene Leben deshalb sucht, um damit eine letzte Wahrhaftigkeit zu erlangen:

> „To want to stand naked before God is to want his judgement, that is, to see one's life in the light of purity and perfection without self-deception or evasions. During life, the intrusion of the self makes this impossible. This is why 'facing death' in the right way is held to be a great hope. [...] The wrong use of death is to think of it as a way out; as if, thereby, one could escape the evils one has done."[23]

Erst durch Tod, Auferweckung und Gericht wird unser Leben in seine Eigentlichkeit gebracht. Erst dann werden wir in einem gefüllten und emphatischen Sinne „Ich" sagen können und müssen, wenn das endgültige Integral unseres gelebten Lebens von Gott gebildet wurde. In dieses Integral gehen die menschlichen *Selbstbezüge* (unser Selbstverständnis, unsere Eigenverantwortung, unsere Wünsche, Hoffnungen, Befürchtungen, Traumata etc.) ein, *soziale Bezüge* (Ereignisse aufbauender und selbstvergessener Liebe und deren Gegenteil zum Beispiel), kontingente Verhältnisse (Widerfahrnisse) sowie unser *Gottesbezug* (zum Schöpfer, zum Erlöser, zum erneuernden Geist in Glaube, Hoffnung, Liebe etc.). Als Hoffnungsmoment kommt dabei in christlicher Perspektive die Erfahrung zur Geltung, dass uns schon in diesem Leben nicht nur mit dem Geschenk unseres Lebens selbst, sondern in vielen Momenten unserer Existenz, und gerade in den Momenten besonderer Wahrhaftigkeit, vermittelt durch Jesus Christus und individuell wie gemeinschaftlich erneuernde Anfänge geschenkt werden, denn, so hält Martin Luther fest, „wo vergebung der Sunden ist, da ist auch leben und

[23] Phillips, Problem of Evil (Fußnote 21), 263.

seligkeit“[24]. In den Vorgängen einer Erneuerung dieses unseres gelebten Lebens erkennen wir schon die Macht Gottes zur Versöhnung und Erlösung, die die Dinge zum Guten zu wenden, aber auch endgültige Abschiede zu vollziehen vermag.

7. Sechste These: Auferweckung hat auch eine gemeinschaftliche Dimension

Unsere letzte These formuliert ein Desiderat: *Menschliche Identität bildet sich immer im Zusammenleben mit anderen Menschen heraus. In dem Beziehungsreichtum menschlichen Lebens liegen Bedingungen und Möglichkeiten, aber auch Abgrenzungen und Einschränkungen menschlicher Existenz begründet. Gegen eine im Grunde durch die ganze Theologiegeschichte mitgeführte Reduzierung menschlicher Identität auf die jeweils individuelle, letztlich kontextlose Einzelseele wären in einer christlichen Hoffnungsperspektive über den Tod hinaus auch soziale und gemeinschaftliche Aspekte von Versöhnung und Identitätsbildung zur Geltung zu bringen.*

Diese These soll der Tatsache Rechnung tragen, dass menschliche personale Identität sich immer im Zusammenhang gemeinschaftlichen Menschseins ausbildet, durch dieses ermöglicht und begrenzt, an diesem aber auch schuldig wird. Auch unser Gottesverhältnis ist immer auch gemeinschaftlich vermittelt, insofern nach christlichem Verständnis Gottesliebe und Menschenliebe, und zwar nach der Bergpredigt Nächstenliebe ebenso wie Feindesliebe[25], auf das engste zusammengehören. Wir hatten es am Schluss unserer zweiten These schon herausgestellt, dass unabgegoltene Täter-Opfer-Verhältnisse Menschen dazu veranlassen, über den Tod hinaus nach Gerechtigkeit zu fragen. Auch biblische Traditionen bis hin zu apokalyptischen Vorstellungen des Weltendes thematisieren diese Dimension. Das christliche

[24] Luther, M., Der kleine Katechismus, in: Dingel, I. (Hg.), Die Bekenntnisschriften der evangelisch-lutherischen Kirche. Vollständige Neuedition (BSELK), Göttingen 2014, 852–899, hier 890.

[25] Vgl. dazu vom Vf.: Evers, D., Brauchen wir Feinde?, in: Stengel, F./ Ulrich, J. (Hg.), Kirche und Krieg. Ambivalenzen in der Theologie, Leipzig 2015, 235–260.

Glaubensbekenntnis formuliert entsprechend keine Erwartung einer jeweils individuellen Auferweckung von solitär vereinzelten Gestorbenen, sondern die Erwartung einer allgemeinen Auferstehung *der* Toten. Das auszuarbeiten ist ein Desiderat, wie es überhaupt die christliche Eschatologie noch vor sich hat, die innere Zusammengehörigkeit der Hoffnung auf die Auferweckung der Toten mit der Hoffnung auf das Reich Gottes als „Vollendung der Bestimmung der Menschen zu einem Leben in Gemeinschaft" durch die „Verwirklichung von Recht und Gerechtigkeit"[26] auszuarbeiten. Auf jeden Fall sind Auferweckung und Gericht so zu verstehen, dass sie auch eine soziale und eine sozialethische Seite haben. Die Auferweckung von den Toten und der Übergang ins ewige Leben sind gewissermaßen mit der Vaterunser-Bitte zu verbinden: „und erlöse uns von dem Bösen". Eine solche Transformation unserer gelebten Leben würde auch schmerzhafte Abschiede und Verwerfungen mit einschließen, wenn dem Bösen endgültig ein Ende gemacht werden soll. Und doch wäre das Gericht geradezu als „das therapeutische Ereignis schlechthin"[27] zu verstehen, sollten danach unser Selbstverhältnis, unser Verhältnis zu anderen sowie unser Gottesverhältnis nicht mehr in schädlicher Konkurrenz zueinander stehen, sondern im Verhältnis gegenseitiger Begünstigung. Dann könnte das ewige Leben von Frieden und Freude im Sinne eines ganzheitlichen „Schalom" begleitet sein.

---

26 So die Zusammenfassung bei Pannenberg, W., Die Aufgabe christlicher Eschatologie, in: ZTK 92/1 (1995), 71–82, hier 75.

27 Jüngel, E., Das jüngste Gericht als Akt der Gnade, in: Anfänger. Herkunft und Zukunft christlicher Existenz, Stuttgart 2003, 37–73, hier 65.

Autoren und Autorinnen

Prof. i.R. Dr. Manfred Stöckler
Universität Bremen,
Theoretische Philosophie, Philosophie der Naturwissenschaften

Prof. Dr. Jörg Mey
Hospital Nacional de Parapléjicos, Toledo (E) /Universität Maastricht (NL)

Prof. Dr. Fred Salomon
Chefarzt a.D. Anästhesie und Intensivmedizin Klinikum Lippe/
Leitung Mobile Ethikberatung in Lippe

Dr. Joachim Nicolay
Diplompsychologe, Diplomtheologe,
Promotion in Philosophie
Netzwerk Nahtoderfahrung, Lemberg

Prof. Dr. Barbara Drossel
Technische Universität Darmstadt, Institut für Physik kondensierter Materie

Dr. Ulrich Harbecke
Journalist und Schriftsteller, Erftstadt

Martí Faber
Künstlerin, Zülpich

Prof. i.R. Dr. Monika Fick
RWTH Aachen,
Lehr- und Forschungsgebiet Neuere Deutsche Literaturgeschichte

Prof. Dr. Dirk Evers
Universität Halle/Saale,
Institut für Systematische Theologie und Religionswissenschaft

Dr. Frank Vogelsang
Evangelische Akademie im Rheinland

Dr. Georg Souvignier
Bischöfliche Akademie des Bistums Aachen